ATLAS COELESTIS,
seu
HARMONIA
MACROCOSMICA

人一生不可不知的
科学理论

张红军 编译

光明日报出版社

图书在版编目（CIP）数据

人一生不可不知的科学理论 / 张红军编译 . –– 北京：光明日报出版社，2012.6（2025.1 重印）

ISBN 978-7-5112-2364-7

Ⅰ . ①人… Ⅱ . ①张… Ⅲ . ①科学知识 – 普及读物 Ⅳ . ① Z228

中国国家版本馆 CIP 数据核字 (2012) 第 075518 号

人一生不可不知的科学理论

REN YISHENG BUKE BUZHI DE KEXUE LILUN

编　　译：张红军

责任编辑：李　娟　　　　　　　　　责任校对：日　央

封面设计：玥婷设计　　　　　　　　封面印制：曹　净

出版发行：光明日报出版社

地　　址：北京市西城区永安路 106 号，100050

电　　话：010–63169890（咨询），010–63131930（邮购）

传　　真：010–63131930

网　　址：http://book.gmw.cn

E – mail：gmrbcbs@gmw.cn

法律顾问：北京市兰台律师事务所龚柳方律师

印　　刷：三河市嵩川印刷有限公司

装　　订：三河市嵩川印刷有限公司

本书如有破损、缺页、装订错误，请与本社联系调换，电话：010–63131930

开　　本：170mm×240mm

字　　数：204 千字　　　　　　　　印　张：15

版　　次：2012 年 6 月第 1 版　　　　印　次：2025 年 1 月第 4 次印刷

书　　号：ISBN 978-7-5112-2364-7

定　　价：49.80 元

出版说明
PUBLICATION DIRECTIONS

　　一个人在其一生中，掌握基本的科学知识和对人类发展产生重大影响的科学理论，不仅可以丰富个人的知识储备，而且还有助于培养正确的科学思维方式，获得更多解决问题的新方法，甚至树立正确的人生观和世界观。

　　本书是写给大家的科普书。全书分为宇宙的奥秘、物质与能量、生命的起源、思想和行为四章，作者只用很少的篇幅，就全面系统地展示出自然科学发展的全景，深入浅出地阐释了每一个对人类文明产生重大影响科学理论，把一些深奥难懂的科学知识，用每个人都容易理解的方式表达出来。

　　本书一经出版，就得到了读者的喜爱，阅读此书，可以最大限度地理解人类与自然万事万物的关联，激发人们的创作热情。相信，本书一定可以成为读者的良师益友！

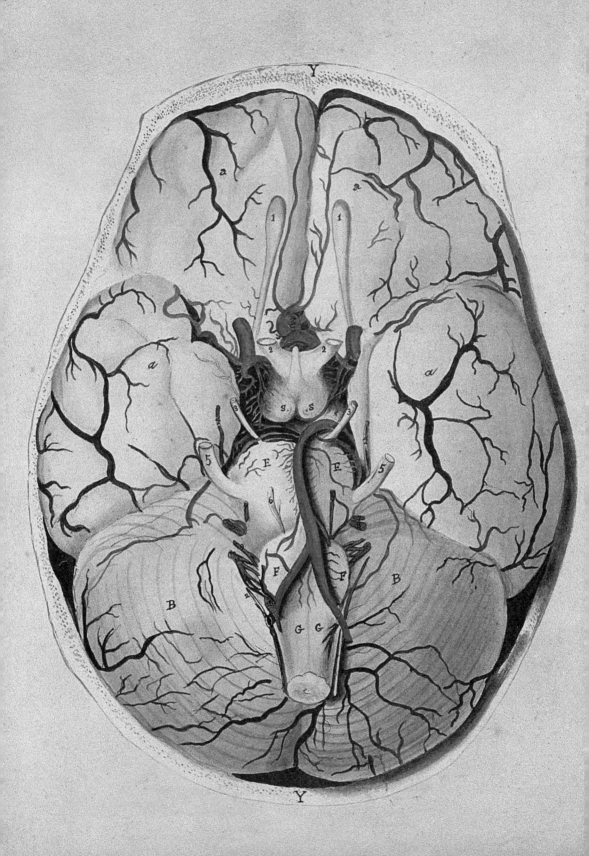

目　录
CONTENTS

绪　论

当我们在打开收音机或者电视机的时候，当我们为了抵御疾病而接种某种疫苗的时候，当我们意识到虽然太阳看似东升西落却只是地球在绕着太阳运行的时候，都包含了运动的概念。而这些运动本身及其规律，都是人类在数千年的历史过程中不断吸收前代成果的基础上取得的。尽管我们尚未揭开许多神秘现象的面纱，但是已经对我们所居住的星球以及遥远宇宙的本质有了更多的了解。人类对于这些知识所进行的探索被称为"Science"（即科学）。该词源自希腊文，它有两个层面的含义：一是"知道、了解"，二是"辨别、鉴别"或者是"将某一事物与另一事物区别开来"。科学的目标不仅仅是发现事实，更重要的是要找到一般性真理并将其基本法则予以澄清。科学家们把人类通过智力建构起来的成果称为"理论"。

在科学的专业领域内，"理论"一词并不像我们在日常谈话中那样，只包含"猜想"或者"想法"的意思。事实上，科学理论首先要对客观事实进行陈述。要实现这一点，我们必须运用我们所熟知的科学方法。科学方法是科学家们在对各种假设进行验证后所共同认可的一种逻辑程序，它包括细致入微的观察、实验和测量3个阶段。任何假设（有时候是一系列假设）在经受住了所有试图推翻其成立的检验之后，都可以被称为"理论"。因此，无论是重力理论还是进化理论都不是主观臆测。相反，这些理论所描述的是地球上的生命所蕴含的重要事实，正如牛顿的三大运动定律、波义耳的气体定律、孟德尔的遗传定律以及能量守恒定律那样。

那么，一种理论有没有可能被证伪呢？如果科学发现了相反证据，而且这一证据得到证实，那么这种理论要么通过自身的改进（如果可能）来迎合新的证据，要么被抛弃。通常，一种理论必然具有可以被证伪的性质，也就是说，由各种判断建构起来的理论在原则上是可以被事实证据所推翻的。这种情况出现的原因在于，理论所揭示的事实与人们的推测或想法相违背，因此它必须接受检验，从而对其进行证实或者证伪。

正如我们所了解的那样，科学是一门正式调查方法在其中占据着支配地位的特殊学科，它仅仅存在了几百年的短暂时间。但是，我们目前掌握的科学知识与人类祖先的科学知识之间是一脉相承的。我们甚至不会把科学的某些来源看作是科学本身，原因在于科学已经改变了我们看待世界和知识的方式。作为对科学理论的发展史所进行的回顾，本书也可以被看作是对人类观察世界和理解世界的方式的演变史所进行的描述。

这一类型的知识，几乎不会迎来获得意想不到的发现时出现的戏剧性时刻，因此，这种知识和通过假设中所包含的小概率事件来获得突破性的科学发现一样稀少。科学看上去似乎是一个连续的进程，每一代人都会在前人的认识基础上有所超越和提高，也就是说，一个由各种小的新

大钟
　　11世纪的中国工匠设计并建造了这座大钟塔，这是一项规模巨大的机械作品。

发现累积而成的连续过程将会带来伟大发现，但是它实际上往往会更加复杂和凌乱。人类在通往科学发现的旅途中，往往要经过无数的死胡同，原来的许多想法往往都会陷入错误的泥沼，就算是有一定程度的正确性也要经受猛烈的抨击和驳斥。此外，虽然很多想法从表面上看无懈可击，但是它们有时恰恰把真相掩盖起来了。

某个全新概念体系的横空出世或者某位极不平凡的卓越思想家的诞生，并不是科学进程中的常态。事实上，许多伟大的思想更多的是把其他人的成果加以融合和提炼。艾萨克·牛顿不仅是一位伟大的思想家，而且也是一位心胸宽广的人。他曾经写下这样一句脍炙人口的句子："我能够比别人看得更远，那是因为我站在了巨人的肩膀上。"虽然有很多科学巨人不像牛顿、法拉第和爱因斯坦的名字一样耳熟能详，但是正是他们为科学的发展铺平了前进的道路。

科学对人类历史所发挥的促进作用是毋庸置疑的，但是它也曾经发挥了相反的作用。与此同时，商业、文化交流、探索航行、战争、宗教和艺术等也对科学的发展发挥了各自的作用。

技术的创新也是如此。本书并非记载所有技术的发展历史，而只是列举了那些对科学的发展进程起到了推动作用的机械、工具和技术。比如，望远镜和显微镜使科学家能够对人类从未涉足的领域进行观察；发电机、X射线发射机和电子计算机使一些原来不可能实现的众多发明和发现成为可能。很多发明或发现给科学带来了意想不到的结果。比如，在火药和蒸汽机这两项科学技术被人类充分了解之前，它们已经改变了历史发展的轨迹；无线电和发电机是在其他科学技术的基础上发明的。

一直以来，创新和发明与科学之间都是互相促进的关系。在200万年以前，远古"能人"开始用木头和石块制作工具。这些工具制作工艺的普及，说明人类在石器时代就已经知道能够导致稳定后果的、相似的技术所具有的价值。

《圣经》里说，上帝在6天之内创造了世界，所以在古代，许多基督徒认为研究地球及地球上各种现象的产生是多余的。由此，人类在地球上生活了数十万年以后，才发现可以用不同的思考方式来面对脚下的星球就不足为奇了。

进行科学论证的爱因斯坦

有些理论（比如由阿尔伯特·爱因斯坦阐述的两个理论）对科学的所有领域以及其他相关学科的重新定义发挥了重要的推动作用。

大约在公元前 8000 年，随着上一个冰川期的冰河对人类的威胁不断减退，人类开始形成了种植和培育农作物以及饲养哺乳类野生动物的能力。通过一次又一次的尝试和失败，通过在随后数个世纪在世界各地所积累的经验，人们终于学会了培育新的杂交农作物和新的家畜品种。

在公元前 6000 年的时候，中东地区新月沃土的居民成功地培育出更加高产的野生大麦品种和小麦品种。在目前墨西哥所在的地方，远古人们培育出了墨西哥类蜀黍，它是现代玉米的前身。秘鲁、中美洲和中国东部地区的文化族群已经开始饲养各种动物。这次农业革命的成果传播到了地球的每一个角落，从而改变了人类文化和文明的进程。

人们放弃了他们原来的游牧生活，开始了定居生活。这一改变直接导致了城市的出现。人口聚集地的不断增加使更加有效的资源共享成为可能。资源共享也意味着知识的共享和比较。在这样的历史条件下，诸如巴比伦和美索不达米亚之类的地区出现了初级科学的"第一个春天"。

人们需要计算粮食的储量和牲畜的头数，于是计数系统便应运而生。刚开始的时候，符号只以黏土作为载体，很快，这些计数系统最终演变成书面的数字体系。大约在公元前 2400 年的时候，美索不达米亚地区的闪族人成功发明了一种以符号位置为基础的示意系统。这种新的方法被称为"位置记数法"，它的发明使计数和算术变得更加简单，也使数学思维变得越来越复杂和高深。

美索不达米亚的计数系统及其衍生出来的、在该地区被广泛使用的版本都是以 60 为基数（六十进制）。虽然我们现在使用的是以 10 为基数（十进制）的计数系统，但是在我们的日常生活中到处都可以见到人类祖先六十进制计数系统的痕迹。比如，一个小时有 60 分钟、一分钟有 60 秒，以及一个圆的度数为 360 度，这些都归功于拥有 4000 年历史的中东文化在计数上所取得的成果。然而，伟大的美索不达米亚文化（包括闪族文化、巴比伦文化和迦勒底人文化）并没有发明"零"的概念，也没有创造出一个代表它的数字符号。

早在公元前 1800 年，也就是在比第 1 批古希腊哲学家的诞生还要早的时期，美索不达米亚的思想家们已经开始研究较为复杂的几何学，而且他们当时已经能够计算指数幂为 2 的等式方程。此外，他们还绘制了一些几何乘法表，即我们现在所说的毕达哥拉斯三元数组或毕达哥拉斯数。运用这些毕氏公式，可以计算出直角三角形任何一边的长度。而阐述三角形各边长度之间的数学关系的通用定理（这一数学定理以数学奇才毕达哥拉斯的名字命名，被称为"毕达哥拉斯定理"，即勾股定理或商高定理），一直到古希腊文化时代才得以正式确立。

在很大程度上，数字模式都是人类思想的伟大创造。但是，还有一个比它更加贴近人类基本生活规律模式的事物，那就是太阳在白天的运行轨迹以及月亮和星星在夜晚的运转规律。由于太阳的位置以及有序交替的四季对人类的生活产生了直接的影响，它们在很早以前就成为人类记载的对象。因此，天文学成为第 1 个具有高度组织性的学科。

公元前 3000 年，古埃及人发明了 365 天制的历法。按照他们的年历制，一年的开始以尼罗河的洪水暴发为标志，这是因为它对当时的农业而言具有举足轻重的意义。在公元前 1600 年左右，迦勒底人制作了十二宫图（记载星星位置和运动轨迹的示意图），并配以系统和全面的文字记录。到了公元前 750 年，巴比伦人开始对日食和月食现象进行详细

公元前 5 世纪，雅典出现了许多哲学家和科学家。17 世纪的画家彼得·保罗·鲁本斯在他的杰作《雅典学园》中生动地体现了这一点。画中毕达哥拉斯手里捧着一本书，而赫拉克利特则独坐一角。

的记录。在同一历史时期，古代中国人也拥有了详尽无遗、复杂精确的天文记载，这些记载于 19 世纪和 20 世纪的天文学家对彗星的运行轨迹的确定发挥了巨大作用。

天文学的研究不仅需要大量的智力投入，而且往往需要工程浩大的劳动，以便建立起有关第一手观察资料的数据库。比如，在大约公元前 2500 年，为了建立今天的英国史前石柱群（又称巨石阵），建筑工人们把约 4 米长、30 多吨重的巨石运送到 300 多千米之外的索尔兹伯里平原。史前石柱群的建立是否出于现代天文学的研究，目的尚无历史依据。如今，我们对真正的天文学与作为伪科学的占星术进行了严格的区分，然而当时并不存在这一界限，而且这种状态持续了数千年。然而，客观和严谨的天文观察记录仍然被保留了下来，虽然这些记录的初始目的是为了找到某些被认为可以预示吉凶的天文征兆。

大约在公元前 6 世纪的时候，一种足以从根本上改变人类发展进程的新的思考方式在刚刚兴起的古希腊城邦中出现。现在，我们用平常的知识就可以对这种新的思想加以诠释：

在任何两点之间拉上一根细绳，然后用手指去随便拨一下，我们就可以听到一个声音。将细绳的长度减半，然后再次用手指去拨，在这时候，我们仍然可以听到同样的音调，但是音高却有所不同。如果再将细绳减半且又一次去拨动它的时候，音调依然不变，但是音高则变得更高。

在公元前 6 世纪（或者公元前 7 世纪）的某个时候，人们发现如果将一根细绳的长度减半，那么当人们拨动它的时候，它的音高恰好提高了八度（现在我们知道那是因为此时细绳的震动频率比原来增加了一倍）。这一原理同样适用于长笛，因为笛管的长度与笛音的音高之间也存在着这一规律。当时的希腊人还发现，人们可以对这一音阶规律进一步予以细化：在乐器原来长度的 2/3 处，音高会高出 1/5；而在 3/4 处，音高则比原来高出了 1/4。

长久以来，人类在夜间利用星相判断自己所处的位置、确定方位，并且描述行星和月亮的运动轨迹。古巴比伦时期，天球赤道附近的星相图被分为 12 个部分，用 12 种动物图形来表示，即黄道十二宫。

史前石柱群

有人认为位于英国索尔兹伯里平原的史前石柱群肯定曾经举办过很多古代的仪式或祭礼，因为按照 19 世纪早期艺术品迷信的观点，对于自然世界的详细知识在建造这一巨石圈的过程中显得尤为重要。

几乎在希腊人发现了一种与众不同的音阶规律的同时，中国人也发现了这一原理。与此同时，他们还发现这一新知识可以为他们带来具有实际意义的好处——他们把以人的身体部位作为测量手段的测量方式改成以调整管子的长度为基础的新测量方法。人们可以用斗来计算粮食的容量，其原理是：盛有不同体积粮食的斗在敲击时所发出的音高之间存在着细微的差别。在古代中国，粮食的计量单位也往往与钟和斗有关。

毕达哥拉斯学派不太注重其思想的实用性，但是他们那些几乎可以用数学公式来完整表达的思想并不亚于许多伟大的发现。这一现象足以让人们认识到：自然现象不仅受到猜想和观察的影响，而且也受到数量分析的影响。由此，古希腊科学的时代即将开启。

自然哲学诞生于公元前 16 世纪早期米莱图斯的爱奥尼亚城。当时，自然哲学的研究兴趣和影响力得到了拓展，而且，这一极富创造力的历史时期一直持续到公元 1 世纪。与科学史的这个发展阶段紧紧联系在一起的名字有：泰勒斯、阿那克西曼德、赫拉克利特、毕达哥拉斯、帕尔米尼底斯、苏格拉底、柏拉图、希波克拉底、乌多西奥斯、亚里士多德、欧几里得、托勒密和阿基米德。这些人的名字不禁让人联想起以他们的创造能力为基础的众多科学分支，比如天文学、地

理学、生物学、医药学、几何学、物理学和心理学。

这些人的多数成果被后来的学者、科学家和数学家所继承、修正和进一步完善。文艺复兴的先驱不仅包括那些航海家，而且也包括那些在书房和图书馆里进行研究的人。这些人把前人的发现当作他们的起点。印刷机的引进使那个时代的人具备了敢于冒险和大胆猜想的精神动力。与此同时，航海的新发现也拓宽了科学世界的疆域。就这一点而言，它的作用并不亚于望远镜和显微镜的发明。而所有这些发现或者发明，都需要全新的探索和研究方法。

牛顿与苹果

不管有没有一个苹果恰好掉在了艾萨克·牛顿的头上，他对自然世界所进行的科学观察与测量都使他的名字为数学界和力学界的同仁们所知晓，而且也给后辈的科学家带来了很多启发。

正如我们现在所知道的一样，科学拥有许多不同的研究领域，这些研究领域在 16 世纪和 17 世纪的时候开始逐渐步入快速发展的轨道。然而，一直到 19 世纪的时候，人们才越来越明显地认识到，各个学科之间的界限实际上并没有之前认为的那样泾渭分明。那时的人们已经发现热能、光能、电能和磁能之间存在着明显的共通性；作用于分子和原子的能量形式与作用于行星与恒星的能量形式似乎也是异曲同工的……随着 DNA 的发现，人们越来越清楚地认识到，生命形式同样要受到支配整个宇宙的共同法则的制约。那么，有没有一个理论能够把这一共同法则统一和整合起来呢？这个问题要留待 21 世纪的人们来回答。另外，由新发现所带来的神秘事物还包括病毒、朊病毒以及生活于海洋深处的古细胞。

每一门科学的发现和发明都有曲折的历史，包含着动人心弦的故事。所有这些故事的共同点是，它们与古希腊和中世纪伊斯兰的科学、数学及哲学之间存在着千丝万缕的联系。正是这个缘故，不断重复出现的自然哲学家和科学家的名字（比如柏拉图和亚里士多德）才会让读者耳熟能详。他们的真知灼见影响了很多领域的科学思想。这些哲学家和科学家还包括伽利略、达·芬奇、牛顿、培根、笛卡儿、拉瓦锡、莱尔和法拉第等。

第一章
宇宙的奥秘

在一个月朗星稀的夜晚，如果你抬头仰望晴朗的夜空，那么你会看到成千上万的恒星、行星和很多团模糊黯淡的发光体。等到夜更深的时候，你还会发现很多颗原来看不到的星星匆忙步入东边的夜空，而其他原来看得到的星星则在西边的地平线附近逐渐消失。如果你是站在人类处于优势的立场上，那么很难避免会产生这样的想象图景，即像一个巨大的、中空的圆球形贝壳的天空，以静止的地球为中心，缓慢地围绕着地球旋转。毕竟，星星好像就固定在这个永远旋转不停地巨型圆球上，而它们之间则从来没有发生过任何位置上的移动。也有一些反常的事件（比如彗星、流星、日食和月食），它们的偶然出现将会打破人们所认定的原有宇宙秩序。古希腊的天文学家在当时就认为这个天体圆球就好像是一个巨大的水晶球，而星星则是镶嵌在其中的珠宝。另外，一些土著文化认为星星是祖先点燃的营火。

我们今天都知道地球并不是这

个巨型天体圆球的中心。相反，地球以地轴为中心自转，从而使恒星、太阳、月亮和行星看上去好像是在我们的天空中不断地升起和降落。当我们对古代天文学家的研究成果进行考察的时候，必须铭记在心的是：人类已经在这个地球上生生不息地繁衍了250多万年。按每代人的周期为25年来计算，那么在有记载的人类历史中，大约有240代人曾经在地球上生活过。除此之外，还有超过10万代的人类祖先生活在史前社会。人类祖先在那个漫长的历史时期里有过什么样的智力创造，我们基本上一无所知。虽然很多人造物品被保存了下来，但是这些东西仍然很难让我们对史前人类的智力状况有一个更加透彻的了解。

然而，人类祖先的遗留物品仍然让我们清楚地了解到：天文观测在几千年前就已经兴起了。有些古代遗址，比如英国史前巨石群的石圈和墨西哥奇琴伊察的玛雅金字塔，都是史前文化对群星闪耀的天体进行观察的铁证。

几乎每一种古代文化都存在着关于宇宙是如何开始的说法。而在多数文化中，牧师都是天文知识的传播者，他们通过这些天文知识告诉人们什么时候是播种和收获的最佳时机。在古埃及，人们可以通过某些特定行星的位置来预测尼罗河洪水暴发的准确时间。在当时，这是一件具有重大意义的事，因为所有的农业生产活动都要按照观测结果进行安排。诸如日食和月食、"行星会合"或者彗星的出现之类的天文事件，通常被看作是地球上即将发生重大事件的征兆。

公元前 3000 ～公元 150 年

约公元前 3000 年	公元前 2686 ～前 2345 年	公元前 1361 年	约公元前 750 年
英国史前世石群建成。	埃及金字塔开始修建，它们所处的位置被认为具有某种天文学意味。	中国天文学家首次记载了月食。	巴比伦尼亚的天文学家根据月亮的周期创建了第 1 部历法。

古巴比伦的天文学

最早的占星师大多是牧人。当他们彻夜看守兽群时，他们需要不时盯着天空，以便发觉天气变化的迹象，进而知道把兽群赶到新牧场的最佳时机。当他们凝望天空时，把点点繁星想象成各式各样的图像，比如熊和蛇、国王和皇后等。此外，他们还为这些想象出来的人物编造了一些动人的故事。不久之后，他们的神灵和英雄也被纳入到关于天空的文化传说中。

早先对星空的幻想最终被后来的天文观察和天文记录所取代。世界上最早的天文记载源于中国。古代中国人记录了发生在公元前 2679 年的一颗特别耀眼星星（或新星）的出现，以及发生在公元前 2316 年的一颗彗星划破天空的情景。在公元前 11 世纪的时候，中国的天文学家也曾记载了某个冬至时太阳靠近宝瓶座 β 的景象。从今天该星座所在位置来看，其观测仰角约为 40 度，也就是说，它就位于人马座 γ 旁边。

巴比伦人将太阳、月亮和行星的日常运动轨迹描绘成图，而这些天体在他们的创世神话中扮演着非常重要的角色。自古巴比伦时期（公元前 1700 ～前 1600 年，即汉谟拉比统治

巴比伦边界石

图中这一尊古巴比伦的黑石灰石雕刻被称为库杜如，用于标识财产的所有权。这一尊库杜如在伊朗的苏萨（伊朗西部古代遗址，古代埃兰王国的首都）被挖掘出来。这块边界石记载了公元前 12 世纪梅理希舒二世将其女儿（图中抱着竖琴的人物）贡献给掌管健康和医药的女神娜娜伊的情景。石碑上有太阳、月亮和星星的图形。

约公元前 340 年	约公元前 270 年	约公元前 240 年	约公元 150 年
希腊哲学家亚里士多德向他的学生授课时称，宇宙中任何事物都处于和睦相处的状态，并都围绕着地球旋转。	萨摩斯岛（爱琴海东部的希腊属岛屿）的阿里斯塔克斯大胆地提出了"宇宙日心说"，即太阳是宇宙的中心，而地球等行星则沿着固定的轨道围绕着太阳旋转。	中国的天文学家最早记载了哈雷彗星的出现。	托勒密在他的星表中列出了 48 个星座，并提出了"宇宙地心说"。

月亮

月亮围绕地球一周所需时间是 27.322 天。月亮的形状发生变化，正是月亮所经历的几个不同的月相，即：满月、盈凸月、上弦月、蛾眉月、新月、蛾眉月、下弦月和残月。月亮的轨道公转周期与其自身的自转周期相同，因此其展现给地球的总是同一个侧面。

初期）开始，很多史诗都有关于创世的故事和传说，《埃努马·埃里什》便是其中之一。根据这部史诗的描述，月亮的方位与其他 36 颗星星的运动轨迹和出没都是随着时间变化而变化的。根据史诗《马杜克》的说法，是马杜克神"为众神灵指定星位"，并"分别为他们创立对应的星座"。他还"设立了纪年制和一年的时间分界线"，并"指定由 3 颗星星分别司掌 12 个月份"。

大约在同一个历史时期，天文学家首次观测到了金星。公元前 1600 年左右，阿米萨杜卡开始统治巴比伦。对于金星的天文观测就发生在他的统治时期，而且历时长达 21 年之久。这次观测的信息最终被载入当时的楔形文字（一种早期的文字形式）和阿米萨杜卡的金星纪念泥板中。虽然这些观测和记载具有非常重要的历史意义，但是其精确性并不是特别高。实际上，一些记载只是基于进化理论的计算来推测金星的出没时间，而不是基于实际的观测结果。当时，巴比伦人开始研究金星在天空中的运行轨迹理论，并用这一理论来预测行星早晨和傍晚在地平线上出现和消失的时间和位置。

尽管这些预测的精确性欠佳，但是古巴比伦人对科学的发展仍然做出了杰出的贡献。天文观测在当时成为古巴比伦的社会体系中一个不可缺少的部分，它不但具有实际意义，而且还具有宗教意义。即使在个别观测记录出现错误的情况下，我们也可以通过对一系列长期观测数据的考察找到固定的模式，并绘制出目标星体运动轨迹的图像。这种大规模的考察已经由来已久，它曾促进了很多天体运行理论的诞生，甚至还为关于天体目标对象如何诞生的理论奠定了基础。

古代的科学家还把地球上的一些重大事件与天空中的变化联系起来。在这一历史时期，天文学家的天文观测与占星师的预言和猜想之间并没有任何实质性的区别。如果恰好在木星的光亮比正常时候更加耀眼的同时爆发了洪水，那么当人们看到木星的光亮再次出现异常的时候，就会把这种现象视为一场洪水即将爆发的前兆。

在喀西特王朝长达400年多年的统治时期内，当时的文士雕刻了近70块泥板。这些泥板被统称为"洪荒世界、天空和中空"，它们以文字形式保存和记载了人们对天空中数以千计的

不同征兆的解读。神庙里的占星师也会进行一些天文观测，但是他们会以这些泥板作为参考工具，然后把得出的预测上报给当时的国王。

古巴比伦的天文学记载被收集到被称为"Mul Apin"（Mul 是星星的意思，而 Apin 则是犁）的几个黏土书写板上。这些记载均以某部史诗的开头两个字命名。

"Mul Apin"泥板成为最重要的天文历书应归功于古巴比伦人。这些历书包含了一系列的列表，列表首先从各个星体和星座的名字开始，然后是这些星座和星体在地平线上出现的具体时间、一些星体和星座同时出现或消失的时间，以及某些星座早晨在天空中相继出现的时间间隔。

这些天文历书现存最早的复制品可以追溯到公元前700年，但是历书本身只是天文资料的简单编辑册（包括了金星泥板的内容和"洪荒世界、天空和中空"系列的内容），因此其初始版本的出现时间可能要早得多。人们对"Mul Apin"历书的复制一直延续到古希腊时代。然而，保存下来的各个版本之间也存在着细微的出入。

古希腊的天文学

考古学者认为，"Mul Apin"最早的复制品的制作时间应当与希腊文学巨著《伊利亚特》和《奥德赛》中口头史诗

古代雕刻

在古巴比伦人对天体、天空和地球表达观点和立场的背后，就是他们的神话传说。在这些神话传说中，风和大气之神恩利尔被看作是天神安和地神祺的后代。

出现的时间大体上一致。在对星座及其相关的神话传说进行对照和研究之后，荷马认为希腊的天文知识并不像古巴比伦的天文知识那样复杂和精深。在公元前7世纪的晚期，赫西奥德所著的作品《田功农时》也指出，古希腊仅仅找到了关于天体运转与季节变化之间的规律而已。"当昴宿星团和毕宿星团及强大的猎户星座同时落下时，"赫西奥德写道，"一定别忘了播种的季节即将到来。"

希腊人关于天空变化的知识均来源于埃及人。公元前5

历　法

早期的古巴比伦历法以太阴月为基础。太阴月即两个满月之间的时间段，相当于29.5天。按照这样的周期计算，一个太阴年的天数为354天，这个天数要小于太阳纪年的平均天数。根据太阳纪年的观测数据计算，一年应该包括365.24199天。

古埃及人最早将太阳纪年作为历法的基础。当时，古埃及人的生活几乎是以尼罗河洪水为核心进行运转。夜空中最亮的天狼星总是在一年当中尼罗河即将要发水的某个日出之前出现，埃及人根据这一现象定制历法。玛雅人也非常重视对时间的计量，但是他们的历法与一年的时间长度不发生任何联系。相反，他们所设计和制定出来的历法能够很好地将

过去以及未来的时间推算得非常巧妙。现代历法源自公元前8世纪。所有这些历法

公元前7世纪的古巴比伦历法已经列出了很多吉利和不吉利的日子。

最终导致了罗马儒略历（即公历）的诞生。它是公元前46年由尤利乌斯·恺撒大帝首先发明的，并在公元8世纪奥古斯都皇帝统治时期形成了其最终版本。然而，最终的版本仍然出现11分14秒的误差。此外，由于设计之初的失误，罗马公历的误差在数个世纪之中不断累积。

1582年，教皇格里高利十三世从两个方面对这部历法制度进行了重新修订。首先，他去除了10天制所造成的误差，从而每年的3月21日成为春分。他向神圣罗马帝国的所有国民宣告了这一改动，而且同时命令把1582年10月4日那一天统一改为10月15日。

接着，格里高利十三世修改了闰年的计算规则。自此以后，闰年有两种计算方法：第一，如果是新世纪的元年，那么能被400整除的年份就是闰年；第二，其他年份只要能被4整除就是闰年。闰年中的二月要额外增加1天的时间。按这样计算出来的格列高利年的平均天数为365.2425天。如此一来，每3300年才会相差1天的时间。

世纪，希腊历史学家希罗多德以一种钦佩和羡慕的口吻写道："埃及人聪明地把一年分为 12 个月，每个月分为 30 天。"他还写道："据说埃及人最早发明了纪年，并把一年中的四个季度分成 12 个组成部分。""在这里，依照我的看法，埃及人的计算能力要比希腊人更加敏锐。就此而言，在希腊人知道每过 3 年便要增加一个闰月来保持四季不出现差错的时候，埃及人已经将他们的 12 个月都拆分成 30 天，再给每年都额外增加 5 天的时间。"

埃及人在当时也发明了日晷和水钟。在公元前 13 世纪的时候，埃及人已经确认了 43 个星座和水星、金星、火星、木星、土星五大行星。埃及人对这些星座和行星都进行了神话般的解说。火星是"若隐若现的何露斯（古代埃及的太阳神）"，它经常与被描述成能够像猎鹰一样变形的神灵联系在一起。在刚开始的时候，金星被认为是掌管阴曹地府的神灵奥西里斯的化身。后来，金星被正式称为启明星或者长庚星，但是这是埃及人开始认识到行星在天空中的运行规律之后的事情了。

罗马作家西塞罗在公元前 1 世纪时曾经写道，埃及人把金星和水星称为"太阳的两个好伙伴"。如今，我们已经知道这只是一种拟人化的说法。与地球相比，金星和水星离太阳要近得多。而且在我们的早期观察中，这两颗行星决不会远离太阳一步。

在公元前 1 世纪的时候，古希腊的历史学家狄奥多罗斯·西库路斯写道，在古埃及最为宏伟的城市之一底比斯，牧师们有预测日月食何时发生的能力，而这种能力是一种智力技能，需要高深的数学计算能力和丰富的天文知识。

古希腊的思想家不但吸收了古巴比伦人的思想，而且还引进了古埃及人的智慧结晶。他们通过这种方式最终形成了现在被称为天文学最早版本的学科。米利都人泰勒斯据说曾预测过一次日全食，它发生于公元前 585 年 5 月 28 日。根据希罗多德的说法，当时，正如预测的那样，在两个敌对城邦对战的

第 1 批哲学家出现于希腊并不是巧合事件。古希腊人曾是精明干练的商人、冷静老练的水手和发明家。在希腊，新思想比在任何其他地方都能更快找到受众。

过程中发生了日食的景象。白天与黑夜的突然交错，使那场战争得以停止。泰勒斯惊人的预知能力，使他能够在希罗多德和柏拉图以及亚里士多德的著作中占有一席之地。

泰勒斯更倾向于把他在天文学上的敏锐洞察力归功于古巴比伦人，因为是他们在公元前8世纪纳巴那沙统治时期大大提高了天文观测技术。他们详细记载和揭示了日食及月食的各种可能形式，特别是得出了周期约为18年（223个太阴月）的伟大结论。古巴比伦人的方法在预测月食上已经相当精确，但是他们对日食还不是非常精确，知识渊博的泰勒斯正好赶上了好运气。

作为大哲学家柏拉图最有名而且最有成就的学生，亚里士多德坚持认为观测手段必须作为自然科学研究的指导原则。在他的两大巨著《天文学》和《气象学》中，亚里士多德对恒星、行星与月球各自不同的运行轨迹规律进行了解释。

亚里士多德的研究模式始于公元前4世纪。同时，他也提出了被后来的科学家证明是错误的许多假设：亚氏学说属于宇宙地心说或以地球为中心学说；该学说认为宇宙中每个物体都沿着正圆形轨迹以匀速运行；该学说忽略了在众多物体互动时客观存在的物理作用。

亚里士多德观测方法所得出的是一种复杂的宇宙论模式，即56个星体圆球以静止不动的地球为中心不停地运转。根据亚里士多德的逻辑推理，如果地球是旋转的，那么向上抛出的物体是不会落回到其被抛出的原点的。亚里士多德还继续进行这样的逻辑推理：如果地球是围绕太阳旋转，那么恒星每年都会发生位置上的变化。就人类的肉眼而言，这个变化根本不明显，因为恒星离我们太遥远了。然而，现在的天文学家实际上可以测算出这一细微的位置变化，并把其称为"恒星视差"。他们还通过这种位置变化来计算地球与很多离地球相对不远的天体之间的距离。

亚里士多德完成了很多详尽细致的天文学观测记录。在运用这些观测数据构建一个不甚精确的宇宙论学说的时候，

亚里士多德是第一个产生了地球是球形的想法的人，这在当时是非常勇敢的。当时，大多数哲学家，或者说大多数人都还把地球当作是扁平的土块。一次观察月食后，亚里士多德得出了一个结论，即世界是球形的。

他也确实得出过很多准确无误，而且对科学的未来发展颇有助益的科学理论。

　　亚里士多德曾认识到，地球必然是一个圆形球体。之所以得出这一结论，是因为除其他证据之外，他曾在一次月食的过程中发现，地球在月球上的投影是曲线形的。从这一假设出发，他继续计算地球的直径长度，并得出了地球直径为5100千米的计算结果。

　　尽管亚里士多德的这一计算结果与实际数值相去甚远，但是即便是公元前3世纪希腊人埃拉托色尼所得出的计算结果，也只是比亚里士多德的答案精确了一点而已。埃拉托色尼发现了仲夏正午时分的太阳在埃及赛印和在亚历山大地区所投射影子的长度差，在已知亚历山大和赛印两个地区之间的距离的条件下，埃拉托色尼计算出地球直径约为13400千米，这一结果数值已经相当接近今天12752千米的精确测量结果了。

　　另外一位古希腊伟大的天文学家阿里斯塔克斯大约生活在公元前310～前230年，因估算出了地球与太阳和月

喜帕恰斯

　　古希腊天文学家，伟大的天文观测者。他根据亮度将恒星划分为几个等级，这在天文学史上还是第1次。目前，天文学界仍沿用他的这种排列体系。

亮之间的距离而闻名于世。他罗列出了大约 675 颗恒星，并进行了大胆的假设：地球以一条倾斜的轴线为中心进行自转。同时，阿里斯塔克斯被认为是主张以太阳为宇宙中心（即宇宙日心说）的思想家。根据他的宇宙观，恒星和太阳都是固定不动的星体，他们同处于一个庞大的巨型圆球之内，而太阳则位于这个圆球的中心，地球在其中沿着一个圆形的轨道运行。但是，当时很少有人认同这种宇宙观，甚至有些人把这种宇宙观看作是一种对神灵的不敬。经过了 1700 年的漫长历史时期，日心说才重新回到西方科学的前沿，而这一切都要归功于波兰天文学家尼古拉斯·哥白尼。

公元前 2 世纪，在阿里斯塔克斯的研究成果的基础上，喜帕恰斯绘制出地球沿着自转轴线缓慢运行的轨迹图案，并根据太阳和月亮的运动规律创建了数学模型。但是，喜帕恰斯最值得称道的却是他发现了对恒星的视觉亮度进行准确推算的计算方法。此外，喜帕恰斯把所有恒星分为 6 大类，并授予亮度最高的恒星一级恒星或者一等星的特殊称号。以此类推，亮度最暗的恒星是六级恒星或者六等星，仅凭人的肉眼几乎是看不到这种级别的恒星的。根据这种亮度等级划分模式，喜帕恰斯对大约 850 颗恒星进行了分类。

如今，天文学家仍然沿用这种星体等级划分法，但是较原来所针对的范围已经有所扩展，不仅把其他各种天体（如太阳）也吸收进来，而且把那些喜帕恰斯肉眼从未见到过的天体也吸收了进来。根据喜帕恰斯原先的星球等级划分体制，一等星的亮度大约是六等星亮度的 100 倍左右。换句话说，一个物体的亮度越高，那么用以表示其目测的星球等级的数量词就越小。现代的星球等级制还把每个星球等级数之间的亮度差值定义为绝对数 100，但这种制度最后只能采用负数来表示亮度极高的物体。比如说，天狼星的对应星球等级为 −1.42；太阳的对应星球等级则为 −26.5。像哈勃望远镜这样的天文学工具可以观测到比绝对数为 28 的星球还要暗淡的物体，相当于比没有任何辅助工具的肉眼能够看到

阿里斯塔克斯通过观察和实验测量了我们到月亮和太阳的距离。不过，他错误地测量了太阳和月亮之间的角度，他的测量结果是 87°，而不是 89.2°。因此，他计算出太阳与地球之间的距离比月亮与地球之间的距离大 20 倍，而实际距离是这个数值的 390 倍。

的物体要暗 440 倍。

克劳迪亚斯·托勒密是最后一位伟大的古希腊天文学家，他生活于公元 100 ～ 170 年。托勒密提出了与亚里士多德太阳系地心说非常相近的模型论，即将地球视为宇宙的中心。然而，与亚里士多德不同的是，托勒密可以对月亮、太阳和行星的运行轨迹做出相当精确的预测和测算，但是这种预测和测算必须在 1 弧度的范围之内。在公元前 3 世纪时，佩尔格的阿波罗尼奥斯也曾提出过类似的模型论。喜帕恰斯对这种模型论做了进一步的拓展，而托勒密则使其趋于完善。

按照托勒密的宇宙观，所有的行星都是沿着被称为本轮的小圆轨迹运行，而本轮的中心又是以地球为中心的、呈均轮状的大圆运行。然而，这些简单的圆形轨迹与天空中所见到的实际运行轨迹之间并非完全吻合。此外，托勒密把地球从中心位置中稍微地移了出去。他也引入了一个被称为"对应点"的概念，从而使每个行星本轮的中心可以绕对应点做匀速的运动。

最终，托勒密的模型成为一个错综复杂的系统，几十个大小不一的圆圈以各自不同的速度不停运转。这个模型系统成为以后几个世纪里天体运行的标准图案。但是，随着时间的推移，特别是当天文学家把以主观猜

早期天文学家

第 1 批夜空观察者

约公元前 624 年
泰勒斯出生于米利都。

公元前 585 年
5 月 28 日，泰勒斯预言的日食发生。

约公元前 547 年
泰勒斯离世。

公元前 432 年
梅顿和埃克特蒙发现了夏至日。

约公元前 384 年
亚里士多德出生在古希腊的斯吉塔拉。

公元前 367 年
亚里士多德进入柏拉图的雅典学园。

公元前 350 年
亚里士多德完成了他的《天论》。

公元前 322 年
亚里士多德离世。

约公元前 310 年
萨摩斯的阿里斯塔克斯出生。

约公元前 285 年
阿里斯塔克斯进入"吕克昂"学习。

公元前 190 年
喜帕恰斯出生在今天的土耳其伊兹尼克。

约公元前 150 年
喜帕恰斯完成了《对欧多克索斯和阿拉托斯〈观测天象〉的注释》。

约公元 100 年
托勒密出生。

约公元 150 年
托勒密完成了《天文学大成》。

公元 170 年
托勒密去世。

托勒密

公元2世纪，托勒密创立了一种太阳系地心说的模型论。他根据这一模型来预测行星、太阳和月亮在1弧度范围内的运动规律。

想为基础的模型论与实际观测结果进行比较的时候，越来越多的错误与误差被揭示出来，托勒密的模型逐渐被认为是一种不太精确的理论学说。虽然存在着这样那样的错误和误差，但是那个时候没有比这一模型能够更好地预测行星运行轨迹的模型了。因此，在天文学界，托勒密的模型思想在长达1500年的时间内占据了统治地位。

托勒密最伟大的贡献便是其名为《天文学大成》的旷世巨著。这部著作的拉丁文书名源于阿拉伯，为"宏伟巨著"的意思。撰写于公元150年的《天文学大成》是古希腊天文学的完善版本和集大成者，这也使古希腊天文学成果得以保存至今。除此之外，古代许多大天文学家（包括亚里士多德和喜帕恰斯）的原创作品都已经遗失殆尽。幸亏有了托勒密的《天文学大成》，我们才可以了解到这些古代天文学家的

1543 ～ 1705 年			
1543 年 尼古拉斯·哥白尼公开发表了日心说的模型论。	**1572 年** 丹麦著名的天文学家、天文观测大师第谷发现了一颗新星（超新星），它在地球大气层外面运行，这证明天体是能够改变的。	**1608 年** 荷兰眼镜制造师汉斯·李柏希发明了第1部折光式望远镜，这项发明的出现注定要改变整个天文学的命运。	**1609 年** 约翰内斯·开普勒公开发表了他的第1部著作，该著作对行星运行的规律和法则进行了详细的描述。

研究成果以及托勒密本人的天文学成就。

"哥白尼的革命"

托勒密的地心说宇宙观一直盛行至 16 世纪。在那个时候，文艺复兴所带来的宗教、政治和意识形态的剧变开始塑造出一种文化氛围，而在这种文化氛围中，人们对宇宙的观点开始发生变化。科学思想领域内即将到来的伟大转变催生了尼古拉斯·哥白尼。据说哥白尼是一位不太爱说话但思维敏捷的幻想家。他大胆地提出了一种新的宇宙论，而且这种新的宇宙观就当时而言是相当激进的，因此其影响力也是革命性的。

1473 年 2 月 18 日，哥白尼出生于波兰托伦地区的一个比较富裕的家庭。他的父亲是一名商人，母亲则来自于一个富有的家庭。在哥白尼 10 岁的时候，他父亲就去世了，于是他的舅舅卢卡斯·华琛洛德——一名天主教的主教和大学教师，开始照顾哥白尼。在哥伦布航行于大西洋的时候，哥白尼还是波兰克拉科夫大学的一名在读大学生。他曾经在意大利的博洛尼亚大学和帕多瓦大学就读，主修教会法和医药学。也就在这个时候，哥白尼开始了他的天文学研究。1503 年，哥白尼在费拉拉大学获得了教会法专业的博士学位，并开始在他叔叔（东普鲁士海尔斯堡的一名主教）的教堂内研究药物学。一些皇族和高级神职人员都请求哥白尼为他们提供医疗服务，但是他却更愿意把所有时间都放在救助穷苦大

星盘

星盘的出现可以追溯到公元 6 世纪。它的出现使天文学家能够测算出太阳和相对于地平线、子午线的恒星位置。星盘被很多早期的水手广泛运用，直到六分仪的出现。六分仪作为更好的航海工具设备最终取代了原来的星盘。

更扫码获取资源

1610 年
伽利略发现了太阳黑子、月球上的环形山以及木星的 4 颗卫星。木星卫星的发现表明，并非宇宙中所有物体都是围绕地球旋转的。

1687 年
艾萨克·牛顿男爵公开发表了《自然哲学的数学原理》。在这部著作中，牛顿向人们介绍了包括宇宙地心引力理论和物体运动定律在内的三大定律。

1705 年
埃德蒙·哈雷的测算结果预言了彗星的再度出现。在彗星于 1758 年再度出现的时候，人们把这颗彗星命名为哈雷彗星，以示纪念。

众的事业上。

虽然哥白尼的专业是教会法和医药学，但是哥白尼的主要兴趣却是天文学和数学。他拜读了古希腊的很多著作，并于 1513 年购进了 800 多块建筑用的石块和一大桶石灰。这些建材均用于建造属于他自己的天文台。一年之后，哥白尼形成了条理非常清晰的宇宙观思想，并完成了他的天文学处女作《以天体的位置安排角度评论天体运行理论》。但是，他并没有公开发表这篇处女作的手稿，而仅仅是将其在自己的朋友圈中传阅。

也许他当时已经知道，这种全新的思想将会给世人带来多大的麻烦。《理论》（指哥白尼的处女作论文）一文是哥白尼对自己新思想的第 1 次表述。他的新思想对于其所处的时代而言近乎是一种威胁性论调，因为他认为地球沿着一条圆形的轨道围绕静止不动的太阳运行。这种思想在不久之后就促使科学思想和原有思维范式发生巨大的转变，从而引发了思想界的一次全新的革命。

在此之前的 1512 年，马丁·路德刚刚获得了神学的博士学位。当时的路德正在德国的维滕贝格大学授课（而此时的哥白尼则已经开始投入《理论》一文的撰写了），一边勤勉治学一边心持悔过的路德正让自己沉浸于研读《圣经》和教会的早期著作当中。这种广泛性的研究使路德得出了这样一个结论：当时的天主教会忽略并无视基督教的几个核心教条和原则，特别是对基于忠诚信仰的公义教条的违背，即一个信徒可以通过对上帝的信仰而不是行为，尤其不能通过免罪符或者对教会神职人员的金钱贡献来获得上帝的宽恕（在当时，天主教的很多高级教士大肆贩卖免罪符，并以此作为罗马圣彼得大教堂改建翻修的捐款手段）。

路德及其追随者为教会的改革而奋力斗争。与此同时，哥白尼则悄无声息地对他的日心说宇宙模型理论予以进一步完善。虽然这两个人获得巨大成就的领域相去甚远，但是他们具有革命性的新思想却最终殊途同归。

1492 年，一位来自热那亚的意大利航海家说服了西班牙国王，后者答应资助他去寻找一条向西经由大西洋通往印度的新航线。这位航海家就是克里斯托夫·哥伦布。虽然他最后到达的地方不是预计的东方，而是美洲东海岸的巴哈马群岛，但是却揭开了地理大发现的序幕。

哥白尼

16世纪，尼古拉斯·哥白尼对当时的宇宙观进行了革命性的批判。他指出，太阳才是太阳系的中心，地球围绕太阳公转而不是相反。

宇宙地心说的经典模型理论包含着这样一个前提假设，即最为完美无瑕的圣地便是在月亮之上的天上仙境，那里从来都被描述为存在于宇宙的最远方，而对于与地球这个中心距离较近的天体的描述则缺少完美的表达。这一点似乎符合基督教关于天堂在上、地狱在下的标准说法。要修正这一标准理论模型，不仅意味着要向亚里士多德和托勒密发起挑战，而且还要面对来自教会和基督教教义的阻力。

哥白尼与教会存在着千丝万缕的联系：他的舅舅是主教，他本人在24岁的时候还曾担任过教会的神职人员。哥白尼非常清楚地认识到，自己的天文观测结论与教会的基本教义之间是完全背离的，然而他依然既充满激情又沉着冷静地对哥白尼并不是第1个提出"地球及其他行星围绕太阳运转"的人。约公元前3世纪,古希腊天文学家阿里斯塔克斯就提出过这个观点。而在15世纪中叶,一个叫作库萨的德国牧师也持有基本相同的观点——他于1425年提出,不仅地球是围绕太阳旋转的,宇宙更加广阔无垠的、甚至那些曾经有人居住过的恒星,其实也围绕它运转。

地心说宇宙观予以驳斥。他在《以天体的位置安排角度评论天体运行理论》(简称《理论》)一文中写道:"我们就是在围绕着太阳公转,这和其他行星是一样的。"实际上,他的理论成果在当时还受到了"教皇法庭"的认可甚至赞许。考虑到哥白尼理论的强大和有力,教皇里欧十世还邀请哥白尼去罗马,以便帮助教廷重新制定新的历法和历制。

与此同时,哥白尼清楚地认识到他的思想也会招致经院神学家和从未担任过神职的一般信徒的无端蔑视。于是,他花了16年的时间潜心完善他在《理论》一文中首次提出的理论模型。1530年,哥白尼终于大功告成,但是他仍然没有将其公开发表。1543年,哥白尼的巨著《天体运行论》在他撒手人寰之后,在德国的纽伦堡印刷成册。《天体运行论》描述和论证了通过实际天文观测得出的行星的几何运行模型,而这一模型恰恰是古巴比伦人和古希腊人(比如阿里斯塔克斯)曾经梦寐以求的。通过对以太阳为中心的运行模型的展示,哥白尼彻底打破了人们原来对于地球乃至人类在浩瀚宇宙中所占位置的固有成见。地球不再稳稳当当地位于宇宙的正中心,从而使其他天体一成不变地围绕着地球运转。恰恰相反,地球仅仅是一颗行星,它也要根据运动的物理法则来运行,而这一物理法则普遍适用于所有围绕太阳旋转的其他行星。

哥白尼的新思想使当时的科学思想朝现代的正确原理又靠近了一步。然而,他当时提出的理论并非没有任何局限性和瑕疵。与托勒密一样,哥白尼的理论体系同样存在着这样的假设条件:所有行星以同样的速度沿着圆形的轨道运行。不同的是,哥白尼还是加进了一些新的思想,即行星离太阳的距离越近,那么其围绕太阳的公转速度就越快。以地球为例,它要比离太阳距离更远的其他行星的公转速度更快一些。这个新的假设使哥白尼能够解释为什么天空中的一些行星看上去好像是在自动倒退运行。这一现象造成了一种视觉假象,天文学家将其称为"逆行"。

哥白尼的模型论要比托勒密的更加精致和完善,但是他关于行星匀速圆形运动的假设最终证明了他的系统理论与托勒密的一样，即不太精确地预测出行星的运行轨道和位置规律，其所产生的误差为2弧度左右——相当于月球直径4倍的长度。

革命性改良

哥白尼模型理论被世人所接受的进程是极其缓慢的。到了16世纪末期，也就是在《天体运行论》首次出版发行60多年之后，只有少数有识之士愿意公开承认并相信哥白尼是正确的。虽然伽利略最终成为日心说宇宙观的代言人，但是他依然没有公开表明对哥白尼理论的支持态度。1597年，在写给天文学界同仁约翰内斯·开普勒的一封信中，伽利略承认他确实担心自己的公开声明而带来众多的责难。10年之后，通过望远镜的天文观察所得出的结论，使得他进一步确信要公开支持日心说模型理论。

1564年2月15日，伽利略出生于意大利中部城市比萨。后来，他在比萨大学专攻医药学，但是他最喜爱的专业却是数学，并且最终成为一名数学教授。1592年，伽利略辗转到了意大利东北部城市帕多瓦教书，这份职业差不多持续了18个年头。

与一般说法相反的是，伽利略实际上并没有发明天文望远镜。1609年

尼古拉斯·哥白尼

天文学家、日心说理论家

1473年
2月18日，出生于波兰的托伦地区。

1491～1494年
在波兰克拉科夫大学学习文科知识。

1496～1500年
就读于意大利的博洛尼亚大学，师从当时的大师级天文学家多美尼哥·马里亚·达·诺瓦拉，见证并参与了很多项天体天文观察实验。

1501～1503年
在意大利的帕多瓦大学专修医药学。

1503年
在意大利的费拉拉大学获得了教会法专业的博士学位。

1504年
开始搜集与其宇宙运行理论相关的天文观察资料、数据和各种学说。

1507年
把首次表达日心说宇宙模型理论的论文《以天体的位置安排角度评论天体运行理论》传阅给身边的人。

1522年
在格鲁琼兹皇家普鲁士财产代表大会上发表了一篇关于钱币铸造方面的论文。

1539年
收到了维滕贝格大学数学教授乔尔格·雅基姆·莱迪库斯的邀请。这名教授非常迫切地想了解哥白尼的日心说理论，并愿意帮助他公开发表一篇详细描述这一理论的宏篇巨著。

1543年
哥白尼最重要的著作《天体运行论》在德国纽伦堡公开发表，论文中提供了证实宇宙日心说模型理论的证据。

1543年
5月24日，哥白尼在东普鲁士的弗劳恩堡去世。

的夏天，还在威尼斯的伽利略听说有一个荷兰人发明了一种可以使被观察的事物看上去更近一些的、名叫"小望远镜"的玩意。这个设备由一根管子和嵌在管子里面的两片被扭曲的玻璃组成。当时，人们已经知道被扭曲的玻璃和曲面镜一样可以对所观察到的图像进行扭曲和变形。伽利略觉得肯定是传闻中使用两片被扭曲的玻璃的设备，把这种现象变得更加严重了。为了亲自证实这一想法，伽利略打造出了一部属于他自己的小望远镜（也叫折光式望远镜）。同年8月，伽利略在威尼斯用他自己设计制造出来的望远镜进行了试验。

伽利略自己制作的望远镜可以使被观察的物体比用肉眼所看到的体积放大将近30倍。他利用望远镜最先观测到的物体便是月亮。伽利略对他的观测结果进行了总结，他说地球上所看到的月亮上看似斑纹一样的东西实际上是月球表面上的一些山峰、峡谷和其他地形特征，他把月亮上

伽利略和望远镜

1610年，伽利略通过他最新制作的望远镜观测到了围绕木星不停旋转的4个亮点。实际上，他所发现的是木星最大的4颗卫星，分别为：木卫一、木卫二、木卫三和木卫四。这幅19世纪的雕版画描述了伽利略与一群威尼斯议员一起进行天文观测的场景。

的这些地形特征统称为"月海"。在通过望远镜对月亮进行观测之后，他计算出了月球山脉投射出的影子的长度，并利用这一数据计算出这些山脉的高度。他也尝试用望远镜来观察那些划过夜空和银河系的既模糊又黯淡的光带，发现其实这些

光带是由无数颗恒星组成的，只不过在没有任何辅助工具的情况下，仅凭肉眼看不清如此黯淡的光亮而已。最终，伽利略还是把他的望远镜对准了其他行星。当他看到明亮的木星时，发现并且认为就是围绕木星旋转的 4 颗行星——今天我们称这些星体为"伽利略卫星"。

　　伽利略的天文观测结论与亚里士多德的假设之间存在着冲突，因为伽利略认为天体和它们的运行轨迹是完美的几何形。比如说，月亮与地球都表现出一些不规则的特征。

　　伽利略对木星的天文观测也进一步支持了其日心说的宇宙模型理论。一些反对者认为，地球是不可能运动的，因为其从来没有离开过月球。但是，伽利略看到围绕木星旋转的那些卫星同时也在围绕着太阳公转，于是他做出了这样的推测：地球和月亮可以一起围绕太阳公转。围绕木星旋转的伽利略卫星的客观存在，同时粉碎了原先存在的另外一个理论：所有天体都在围绕地球旋转和运行。

　　1610 年 3 月 12 日，就在完成他的望远镜之后的几个月，伽利略再次公开发表了收录着他的天文观测成果的著作《星空使者》。除书名是拉丁文之外，整部著作都是用意大利文

撰写而成的，从而使更多的意大利读者得以阅读这部著作。当时，这本书非常畅销。在不到 5 年的时间之内，该部巨著已经被翻译成汉语。伽利略彻底抛弃了关于宇宙的传统假说，继续从事他的天文观察事业。在原先被人们认为静止不变和精致完美的太阳表面，他观测到了"太阳黑点"。很多人反驳说这些黑点实际上只是太阳的卫星，而不是太阳表面所具有的特征。事实上，这些黑点是太阳"表面"或者这个光球上的客观标记，我们现在把它们称为"太阳黑子"。伽利略不间断地天文观察使他能够把太阳黑子的活动规律绘制成图，并得出了一个正确的结论，即在太阳自转的时候，这些黑点也随之转动。

通过观察，伽利略揭开了他原先认为是土星自身附属物体的那些东西所蕴含的秘密：那些块状物总是在偶然间消失，只有在数个月之后才会重新出现。一直到了 1659 年，也就是伽利略逝世 17 年之后，当时的天文观测者才注意到包围在土星周围的一个细细扁扁的环状物。荷兰物理学家克里斯蒂安·惠更斯将这一最新的发现写入他于 1659 年发表的著作《土星系统》中。多年以来累积的翔实天文观察数据，使惠更斯做出如下的推论：在土星球体之外存在着一个薄环状系统。因为地球和土星都围绕太阳公转，所以我们观测这个环状物的角度也在不断地发生变化。如果我们在地球上观察，那么当这个环状物处于边缘位置的时候，它便会消失。当土星运转的角度出现倾斜或者朝与我们相反的方向运行时，这一环状物又在土星上出现了，并呈现出圆形突出状。惠更斯用观测结果和理论逻辑，澄清了伽利略关于土星附属物的似是而非的说法。

另外，伽利略通过望远镜发现金星的形状在其运转的过程也在逐渐发生变化。在观测金星的时候，我们所看到的情形与观测月亮时看到的情形是一样的，只不过由于金星的各个区域相对于太阳的角度存在着差异，从而使太阳的光线照亮这颗行星的不同区域的时间之间也存在着差异。那些处于

> 哲学就写在那本一直展现在我们眼前的伟大之书——宇宙之中。
> ——伽利略

我们观察范围的部分如果不能被太阳的光线所照射到，那么它们便在漆黑的夜空中"消失"了。如果从地球上观察，金星看上去似乎在月弯形和满月形之间周而复始地变化。在其处于"满月"的状态时，金星的位置正好处于离太阳最远的地方，因而从地球上根本看不到这颗行星。

在运用望远镜进行了长达 4 年的观测之后，伽利略越来越坚信哥白尼的学说是正确的。1613 年，伽利略公开宣称自己是哥白尼学说的支持者。当他大胆地宣布自己的主张时，罗马天主教会正在疯狂地强化宗教信仰。早在 1542 年，罗马教皇保罗三世便组建了枢机主教团，专门保护和支持其自身的宗教信仰。当时的宗教裁判意味着天主教官员将会对所有异教徒进行长期的追查，并对所有出版物进行清理，以便对任何威胁到基督教教条的内容进行封锁。

1616 年，教会官员认为哥白尼的宇宙学说属于异端邪说。大教主罗伯特·贝拉尔米诺向伽利略发出警告，要求他立即停止把日心说模型理论作为客观事实向其学生宣扬，哥白尼的著作"在纠正之前暂停发行"。在宗教裁判所列出来的被查禁书籍的索引列表中，我们可以看到《天体运行论》中"引人生厌"的片段，主要集中在哥白尼对其手稿做出倾向于支持日心

伽利略·伽利莱

天文学家兼物理学家

1564 年
2 月 15 日出生于意大利的比萨地区。

1581 年
开始了在意大利比萨大学的求学生涯。

1592 年
在帕多瓦大学执掌教鞭。

1604 年
开始在倾斜平面上做加速运动的物理实验。

1609 年
改进了望远镜的功能，并首次将其运用于重要的天文观测。

1610 年
通过望远镜观测到了木星的 4 个卫星，在此之后又观测到了金星的形状变化。

1613 年
公开发表了《关于太阳黑子的公开信》，并在信中公开支持哥白尼的学说。

1616 年
罗马天主教会的官员禁止其向学生讲述日心说宇宙模型理论的准确性。

1616 ~ 1618 年
把木星的几个卫星的运动轨迹规律，以及日食和月食绘制成图。

1632 年
公开发表了《关于两种主要世界系统的对话》，戏剧性地对托勒密和哥白尼的两种不同宇宙观模型进行了争辩。

1633 年
因为公开发表了日心说的宇宙观理论，受到了宗教法庭审判，罪名为异端邪说罪。

1642 年
1 月 8 日，在意大利的阿色特利地区与世长辞。

说模型理论的部分和声称该理论模型是绝对真理的部分。

在接下来的几年里，伽利略将自己的兴趣转移到其他科学领域中。1623 年，他的朋友默菲厄·巴尔贝里尼成为教皇乌尔班八世。不久，巴尔贝里尼便允许伽利略在原来日心说的基础上继续前进，唯一的条件就是要求他将这一理论模型作为一种猜想而不是一种事实。于是，伽利略的著作《关于两种主要世界系统的对话》于 1632 年面世了。伽利略将其设计成 3 个人对话的假定模式：哥白尼系统理论的反对者萨尔维亚蒂、亚里士多德系统理论的坚定捍卫者辛普利西奥、学习过哥白尼和亚里士多德两者理论的威尼斯贵族萨克拉多。

不久，伽利略便被传唤到罗马。这时，他的那位老朋友已经不再愿意继续支持他、他的思想以及他的出版自由。在漫长的审判结束之后，1633 年 6 月 22 日这一天，70 岁高龄的伽利略被判犯下了异端邪说罪。教会强迫他放弃自己的学说，他的书也被禁止发行，而他自己则被囚禁于托斯卡纳区的别墅里面，直至 1642 年 1 月 8 日，伽利略逝世，此时与哥白尼的去世时间相隔 99 年。

有一位与伽利略同时代的丹麦人也观测到了他毕生所见的第 1 个日食现象，这一次事件让年轻的第谷·布拉赫从此踏上了观测和记录天文事件的征途。

1546 年 12 月 14 日，第谷·布拉赫出生于丹麦斯凯尼的一个名门望族。第谷 13 岁的时候，开始在哥本哈根大学求学。他的叔叔和监护人都希望他学习法律，但一次日全食让第谷极度着迷并兴奋不已。于是，他暗下决心，要将毕生都投入到天文学事业中去。他把所有的补助和津贴都用来购买天文学书籍，并在晚上偷偷溜出去观测夜空。

1563 年的夏天，第谷观测到了木星和土星的会合。在夜复一夜的观测之后，他把这两颗行星在夜空中互相接近的过程和路径记录下来并绘制成图表。1563 年 8 月 24 日，这两颗行星几乎合并成一个亮点。在进行这些天文观测的时

望远镜

自伽利略时代以来，望远镜的发展取得了伟大的进步。除使用相对简单的透镜和反射镜的光学望远镜以外，我们现在多使用无线电装置、X 射线、α 射线和红外线望远镜研究任何波长的辐射。

候，他开始越来越清楚地察觉到利用托勒密宇宙模型所得出的天文历表中的严重错误。于是，他开始尝试对这些错误进行纠正。

1565 年，第谷的叔叔离开人世。从此以后，他便毫无顾忌地开始在维滕贝格大学钻研天文学。据说这位 20 多岁的小伙子非常性急，经常由于桀骜不驯而招人厌烦。他还曾经跟别人打架，甚至鼻子的一部分被打残，使他在以后的时间里不得不一直带一个金属制成的假鼻，而且还要时不时地给假鼻上蜡。

1572 年 11 月 11 日，第谷注意到了他头顶上一颗闪闪发光的"与众不同而且素不相识的新星，在亮度上远远超过其他恒星"。我们现在知道，这颗新星就是仙后座中那颗闪亮夺目的超新星。超新星是一种非常巨大而且会发生爆炸的恒星。它可以连续 18 个月发出璀璨夺目的光，亮度可以达到的星等值为 −4。

后来的历史学家也将这种现象称为"第谷星"现象。这一现象的出现使那些原先对亚里士多德的学说深信不疑的天文学家陷入了迷惘，因为这些天文学家认为完美无瑕的天体是不可改变，而且也不会改变的。按照这种经典的理论观点，出没在宇宙天体中的这种新星和其他任何物体（如彗星），必然存在于某些离地球较近、

第谷·布拉赫

天文学家、数学家

1546 年
12 月 14 日诞生于当时丹麦的斯凯尼地区。

1559 ~ 1562 年
在哥本哈根大学专修修辞学和哲学这两个专业；在目击了一次日食之后，便开始对天文学表现出了浓厚的兴趣。

1564 年
在和另一名学生的打斗中弄残了鼻子，之后便需要带着一个金属假鼻。

1572 年
目测到仙后座的一颗明亮新星（或者叫超新星），证明天体是会变化的。

1576 年
接受了国王弗雷德里克二世赠送的文岛天文台，这座岛屿成了第谷天文观测事业的中心。

1582 年
在文岛上的城堡天文台内建造了大墙象限仪。

1598 年
公开出版了《新天文学仪器》一书。在书中，详细描述了他为研究恒星而发明的各种机械和仪器。

1599 年
在长达数年的游历之后，第谷定居布拉格，并担任鲁道夫二世的御用数学顾问。

1600 年
雇用了约翰内斯·开普勒作为助手，在去世之前把研究任务交给了开普勒。

1601 年
10 月 24 日，在布拉格地区辞别人世。

离月亮较远的下等且不完美的球体范围中。第谷的发现对此提出了质疑。

作为一名专心致志的天文观测者，第谷对这颗恒星进行了连续2年的观测，并且搜集了全欧洲其他天文观测者对这颗恒星的观测数据。最后，他发现这颗恒星的位置是固定不变的：不管从哪个地点进行观测，仙后座那颗恒星的位置都不变。因此，第谷大胆地猜测：这颗恒星应该是某个完美天体的组成部分，而不属于任何一个在地球和月亮之间的不

天文台

象限仪在布拉格的望景城堡上静静地等候着第谷·布拉赫和约翰内斯·开普勒。

完美天体。这一观测结论使他不得不对地心说模型进行重新审视。他把他的研究成果写成一本简装书《论新星》，并于1573年公开发表。

随后，第谷·布拉赫和他的新星理论一举成名。1576年，丹麦国王弗雷德里克二世把位于丹麦海峡文岛上的一个天文台赠送给他。在得到了赞助人的资助之后，第谷建造了两座城堡。第1座城堡是乌拉尼堡，第2座城堡是星堡。在岛上生活的20多年里，第谷一直都在观测夜空。他所使用的主要工具差不多有上万种，包括六分仪和大墙象限仪等。

在文岛上生活的时候，第谷曾尝试过测算出精确的恒星视差，即恒星位置的细微变化。在没有测算出任何视差结果之后，他得出了地球是静止不动的结论，并由此宣称哥白尼的模型理论是错误的。现在我们知道，地球围绕太阳所产生的恒星视差实际上是可以被观测并计算出来的，但是这个计算结果要比第谷·布拉赫用他的天文工具测算出的结果值小

100 多倍。但是，他还是成功地测算出了 777 颗恒星的准确位置，而且这些测算是在没有天文望远镜的帮助下完成的。他在天文观测中表现出来的一丝不苟的严谨态度和他亲自设计的巨型设备，使他的数据具有更高的精确性，误差缩小到了 1 弧分，即 1/60 弧度的范围之内。

1588 年，在弗雷德里克二世去世之后，第谷的暴戾个性使他失去了新国王的支持。他整理好工具设备和记录文书之后，搬到一个新地方，并担任起布拉格神圣罗马皇帝鲁道夫二世的御用数学顾问。

在那个年代所有数据的基础之上，第谷企图创立属于自己的、第谷式的宇宙模型论。他招募了一些天文学家和数学家来专门负责计算事项。约翰内斯·开普勒便是这些天文学家和数学家中的一分子，而所有这些科学家都注定要成为天文学历史上的重要人物。1601 年 11 月，第谷·布拉赫一病不起。在他临终之时，他还在试图说服鲁道夫二世聘用开普勒来取代他的位置。

开普勒与第谷之间并没有太多的不同之处。开普勒出生于 1571 年 12 月 27 日，他是家中 6 个孩子中最年长的。他出生在一个位于维尔镇上的穷困潦倒的新教徒家庭。天主教在当时的维尔镇极其盛行。开普勒的父亲既不可靠又懒惰成性，而他的母亲则是一个疑神疑鬼的人。在开普勒母亲的晚年，她被指控使用巫术，而开普勒则在漫长的审判中为其母亲洗脱了罪名。

开普勒虽然是一个来自贫苦家庭的既体弱多病又沉默寡言的孩子，但是他却靠着勤勉治学的精神取得了非常优异的成绩。1587 年，他还获得了一项奖学金，从而可以到图宾根大学继续深造。在那里，他开始执着于神学专业。作为路德教的一名虔诚的信徒，开普勒对神在创造宇宙机制中所取得的丰硕成果进行了由衷的赞美。他认为，对行星运行的研究工作仿佛是对神的旨意的二度探索。在离开图宾根之后，他到奥地利格拉茨的一所路德教会学校里教学。

托勒密的太阳系十分小，根本没有和行星一样运动的彗星的位置。哥白尼的太阳系中，行星之间还有足够空间。第谷的发现十分重要，有助于人们在两种解释中做出选择。不过，第谷只专注于描述自己的太阳系。在第谷的系统中，地球位于宇宙中心，太阳围绕地球转动，而其他星球围绕太阳转动。

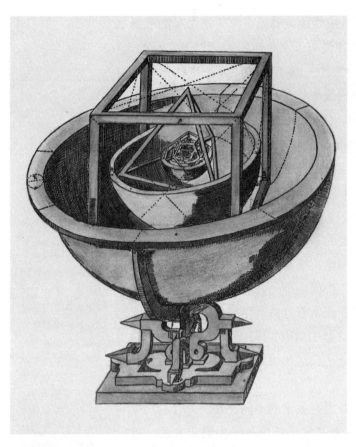

天体模型

约翰内斯·开普勒建立了一种复杂的太阳系数学模型，模型里有多个被嵌入球体和球体之间的几何天体间隔物，正如他在《宇宙的奥秘》一书中所提到的彩色木版画（上图）中所演示的那样。

开普勒一边担任数学课和品德修养课教授的职务，一边潜心研究哥白尼的系统理论。他提出，各种立体几何（如立方体、四面体、十二面体、二十面体和八面体等）的天体间隔物将6大行星（水星、金星、地球、火星、木星和土星）的轨道分割开来。他的计算结果表明，上述5种多面体的存在是导致各个行星与太阳之间距离出现差异的原因。开普勒根据自己的理论揭示了6大行星的基本原理，因为只有5种完美的固体形式。

1596年，开普勒在《宇宙的奥秘》中公开发表了他的综合数学模型。但即使在此之后，他对自己的模型理论仍不满意。由于他需要得到更多的有用数据，因此他把《宇宙的奥秘》一书的复制本发给了他那个时代的两位卓越的天文观测家——伽利略和第谷。他要求伽利略给予他精神上的支持，但是在当时，伽利略并没有看到哥白尼模型论中的有利证据，所以开普勒对于精神支持的请求只能是无果而终。在16年之后，伽利略才最终决定支持哥白尼的学说。

作为一名路德教信徒，开普勒在奥地利的生活也非常艰辛。1600年，当第谷邀请他去布拉格的时候，开普勒巴不得立刻离开格拉茨，以便能够有机会与这位有名的天文观测家一起工作和研究。不幸的是，这两个人的个性正好是两个极端，他们简直无法共处一室。第谷当时试图创立属于自己的宇宙模型论，因此他不愿意将他自己的观测数据和结果与开普勒分享。幸运的是，第谷最终还是赏识开普勒的才赋，并在过世之前把自己的设备和天文观测书籍都交给了开普勒，而且还敦促开普勒继续创立出一套第谷式的宇宙模型论。

开普勒对第谷所有关于火星的天文观测数据给予了特别的关注。虽然亚里士多德完美圆球体和匀速运动理论存在了2000年，但是开普勒依然做出了正确的推断，即火星的运行轨迹是椭圆形的，而且其运动速度并不完全一致。他还坚定地认为，行星在轨道上的运行速度会随着它与太阳之间距离的不同而发生变化。在行星逐渐靠近太阳的时候，其运行速度会变得更快些；而在行星离太阳比较远的时候，它的运行速度会减慢。1609年，开普勒出版了《新天文学》。在这部著作中，他把所有基本原理都列了出来，而这些原理就是我们今天所公认的关于行星运动的两大早期定律。

在以后的研究过程中，开普勒对哥白尼的宇宙模型理论进行了改进。1619年，开普勒公开出版了他的新作《宇宙和谐论》，并在这本书中概括了行星运动的第3个定律：行星轨道周期（即该行星绕完一圈所需要的时间）的平方值和该行星与太阳之间平均距离的立方值成正比。需要着重指出的是，开普勒的三大定律完全归功于第谷的天文数据，它们与其他猜想或者理论学说无关。

哥白尼、伽利略、第谷和开普勒，都生活在思想、文化、宗教飞速变化和动荡的历史时期。他们的研究成果改变了我们对宇宙的基本看法，从被人们长期认可的地心说模型理论（即完美圆球、匀速运动和类似于神权秩序的一成不变的等级制度）过渡到动态的日心说模型理论，后者将椭圆轨道、卫星、太阳黑子等都包括了进来。与此同时，伽利略和开普勒都做出了占星预言，但只有通过一分为二的概念才能

> 开普勒是17世纪早期最重要的天文学家之一，以行星三大运动定律闻名。他提出了行星是在一个椭圆轨道而非哥白尼假设的正圆轨道上绕着太阳旋转。开普勒还试图将行星轨道运动与经典的5个规则正多边体，即正六面体、正四面体、正八面体、正十二面体及正二十面体联系在一起。

新理论

　　约翰内斯·开普勒将他发现的关于行星运行的三大定律逐一解释给他的资助人，即当时的波希米亚国王和神圣罗马帝国（15世纪晚期和16世纪早期）皇帝鲁道夫二世。

合理地解释他们在思想动荡时代的所作所为。因为在那个时代里，宗教、谬论和科学三者之间相互纠缠在一起，难以划出彼此的界限。

站在巨人的肩膀上

　　1642年，也就是伽利略离开人世的同一年，英国内战爆发，而艾萨克·牛顿则刚刚来到这个世界。牛顿的诞生，似乎注定要影响地球和天体科学所有未来的研究。

　　牛顿出生于英国林肯郡的伍尔索普庄园。牛顿的出生日期按照当时英国的历法（牛顿出生时英国采用的仍然是罗马皇帝恺撒判定的儒略历）计算为1642年12月25日，而按当今公历计应为1643年1月4日。

　　我们今天一直沿用的阳历是1582年由罗马教皇的教令确定使用的。原来的罗马儒略历是以太阳纪年的估算时间为基础的，而这种计算方法所产生的误差为11分钟，在1600年之后，这个小小的年度误差将会导致数天时间的误差。于是，教皇格里高利十三世任命一群天文学家和数学家制定出一种新的、经过改进的历法。当他们最终完成使命的时候，教皇便下令（主要是为了纠正按旧历累积出来的大误差）1582年10月4日以后的那一天被修改成10月15日。当时的英国作为新教国家拒绝接受这一教令，并继续沿用早已过时的罗马儒略历。因此，英国的1642年12月25日实际上是天主教欧洲的1643年1月4日。英国及其殖民地一直到1752年才改用公历。而公历被俄罗斯接受和使用则是1917年十月革命之后的事情。

牛顿的父亲是一个快乐无忧的自耕农，并且是一个文盲。在牛顿出生后不到3个月，他便匆匆离开了人世。在牛顿3岁的时候，他母亲便改嫁到了北威瑟姆，并将牛顿一个人留在了伍尔索普外祖父母那里。后来，牛顿曾多次承认自己对母亲的抛弃行为感到憎恨和愤怒。在数年之后，他也承认曾经"希望尽快死去并且真的希望如此"。总而言之，他那时的生活非常孤独和寂寞。尽管如此，他总是表现出很强的好奇心，并对机械力学表现出了浓厚的兴趣，尤其喜欢阅读和进行各种实验。1653年，11岁的牛顿进入位于格兰瑟姆的一所语法学校就读，而就是在这所学校，这位年轻

约翰内斯·开普勒

天体力学的创立者

1571 年
12月27日，出生在德国的维尔镇。

1589 年
顺利毕业于图宾根大学。

1594 年
开始在奥地利格拉茨的一所新教学校里教授数学和天文学课程。

1596 年
出版著作并公开捍卫哥白尼的系统理论。

1600 年
收到了第谷请求其加入贝纳西城堡天文台研究工作的邀请。

1601 年
取代第谷，成为皇帝鲁道夫二世朝廷的御用数学顾问。

1604 年
观测到一颗意义非凡的超新星，后来这颗新星被命名为开普勒星；公开出版了其关于视觉和光亮的著作。

1605 年
向世人宣告了他的关于行星运行的第1定律。

1609 年
出版了著作《新天文学》，描述了他关于行星运动的前两大定律。

1610 ～ 1611 年
写信给伽利略，信中内容主要涉及了木星的卫星、光学和望远镜等话题。

1619 年
公开出版了《宇宙和谐论》一书，该书概括了行星运行的第3定律。

1630 年
11月15日，在德国的雷根斯堡去世。

的天才开始发现自己在机械建造上的特殊天赋。

在拜读了约翰·贝茨的大作《自然世界和艺术的神秘故事》之后，牛顿发现自己完全被时间和运动的课题所吸引。当时，他建造了一个可以运转的风车模型，这个风车模型是通过一只老鼠在踏车上跑动来作为动力的。他还设计和制作了很多风筝，并将灯笼挂在风筝尾部一同放飞到天空中，他的这一举动让人们着实吃了一惊。当时，牛顿一直在当地一位药剂师家中就餐，而正是这一机会使他对化学和炼金术产

牛顿三大运动定律

在其具划时代意义的著作《自然哲学的数学原理》中，英国科学家艾萨克·牛顿概括和总结出了三大运动定律和万有引力定律。

第一个运动定律是惯性定律，许多人也把这一运动定律称为能量守恒定律。任何物体都保持静止或匀速直线运动的状态，直到来自其他物体的作用力迫使它改变这种状态为止。换句话说，物体都有维持原有运动状态的性质，除非有外力迫使它的运动状态发生改变。

第二个运动定律是作用力定律，其内容是：物体的动量会保持不变，除非受到外力的作用。物体在受到外力的作用时会产生加速度，加速度的方向和外力的方向相同，加速度的大小与外力

被撞击后的台球可以对很多关于牛顿运动规律的概念进行阐释。

的大小成正比，与物体的质量成反比，即：外力等于质量与速度的乘积（F=ma）。

第三个运动定律是作用力和反作用力定律，其内容为：凡是存在作用力的地方必然存在与之相反的反作用力，并且两者大小相等，方

向相反。这个定律意味着所有的力都是成对出现的，即作用力和反作用力，而且作用力和反作用力的大小相等，方向相反。牛顿运用这些定律以及约翰内斯·开普勒所发现的行星运动规律，对行星的运行轨迹进行了分析。

牛顿的宇宙万有引力定律的内容是：宇宙中的所有物体之间都互相吸引，万有引力的大小与它们质量的乘积成正比，与它们之间距离的平方成反比。这一理论用公式来表示就是：$F = Gm_1m_2/r^2$。在这个公式中，F 代表两个球体即 m_1 和 m_2 互相吸引所产生的万有引力，r 代表 m_1 和 m_2 之间的距离，G 代表万有引力常数（或者重力常数）。

生了浓厚的兴趣。

在 19 岁的时候，牛顿顺利地以半工半读的减费生身份入学英国剑桥大学三一学院，前提条件是他要伺候高年级的学生和富家子弟。牛顿的卑微出身使他的个性更加内向。他尽量避开同学和导师，通常都是一个人待在自己的房间里学习。勤奋治学也成为他一生的品格和习惯。在临终之前，牛顿已经收藏了近 2000 本书，相当于一个小型图书馆的图书藏量。

三一学院的核心课程对亚里士多德持有一种与众不同的态度。牛顿那个时候也接受了这种态度，用当时最为流行的说法来表达就是："柏拉图和亚里士多德是我的挚友，但是我最好的朋友是真理。"牛顿当时还把这句话记在笔记本里。

在一年的学习生活结束之后，牛顿开始对数学进行研究。不久之后，他开始形成自己的理论观点，包括他对微积分和数学学科的思想萌芽，而这些理论观点后来使他声名大振。

1665 年，黑死病席卷整个英国，三一学院的校门也不得不关闭了 2 年的时间。因此，牛顿重新回到伍尔索普。在那里，他把所有的时间都放在对数学和哲学问题的思考上。就是在那段时间里，牛顿创立了微积分，并考察了光的本质属性，从而开始孕育关于运动物理原理的理论思想。据说也是

艾萨克·牛顿

伟大的英国物理学家

1642 年
12 月 25 日，出生在英国林肯郡的伍尔索普庄园。

1661 年
被剑桥大学三一学院正式录取，在可以接触到各种哲学理论和思想学说的条件下，他开始对当时的物理学和力学原理提出质疑。

1665 年
在欧洲暴发瘟疫的时候，牛顿回到了伍尔索普，而三一学院也暂时停学。

1666 年
在伍尔索普，他在微积分学、光学和宇宙万有引力学 3 个领域都创立了具有轰动效应的新理论。

1672 年
被选为英国伦敦皇家学会的会员。

1672 年
给皇家学会秘书亨利·奥尔登伯格发了一封《关于光和色彩的信》的信件。这封信被奥尔登伯格向其他学会成员宣读，从而受到了英国物理学家罗伯特·胡克的批判。

1679 年
开始与罗伯特·胡克通信，主要探讨关于行星运动规律的问题。

1687 年
公开出版了其最伟大的著作《自然哲学的数学原理》。在这部著作中，牛顿对其三大运动定律和万有引力定律进行了概括和总结。

1703 年
被选举为英国伦敦皇家学会的会长。

1704 年
公开出版了《光学》一书，并在该书中描述了针对光的本质所进行的所有实验及发现。

1727 年
3 月 20 日，在伦敦告别人世。

痛失天才

大量油画作品都以为英国的杰出人物设立的、虚构的纪念碑为素材。这幅《纪念艾萨克·牛顿的寓言纪念碑》展现的是自由之神和科学之神在牛顿的骨灰盒前痛哭流涕的情景。

在那个时期，那颗众人皆知的苹果掉了下来，在瞬间唤醒了他对万有引力和运行轨道的思考。

根据牛顿晚年的说法，他当时正在伍尔索普的果园里散步，突然，他看到一颗苹果掉了下来。当时，他提出这样一个问题：使苹果掉到地上的力量与使月球沿着自己所在的轨道围绕地球运转的力量之间是不是遵循同一个道理呢？根据他的推论，这个力量的大小与前述这两个物体之间距离的平方值成反比，即在后者增加的时候，前者反而变小了。这里的两个物体可以是一颗苹果和地球，也可以是月亮和地球。牛顿花了很长的时间，并且历尽千辛万苦才搞清楚这种力量的作用方式，但是最终的解答是 20 年之后的事情了。

在牛顿重新回到三一学院后，他把自己的研究成果与他的导师艾萨克·巴罗分享。这位老师很早之前就已经发现了

1800 ～ 1923 年

1800 年

威廉·赫歇尔用一块棱镜和一个温度计进行了第 1 个太阳光谱实验，并发现了不在色谱范围内的、用肉眼无法看到的红外线能量。

1843 年

德国天文学家海因里希·施瓦贝描述了他发现日斑循环的过程。

1868 年

威廉·赫金斯用吸收线探测出恒星的红移现象。这一发现首次揭示了恒星运动速度究竟有多快的问题。

这名学生的天赋，在巴罗即将退休之前，他说服其他人让牛顿接替自己的职位。1669 年，牛顿被任命为剑桥大学三一学院"卢卡斯数学教授"（今天的物理学家斯蒂芬·霍金也担任过这一荣誉职务）。

1671 年，牛顿已经建造了第 1 部折射式望远镜，并公开发表了很多关于光和色彩的论文。这些论文引发了极大的学术争议，特别是招来了当时声名显赫的英国物理学家罗伯特·胡克的尖锐抨击。这位物理学家之所以对牛顿的研究成果发起攻击，是因为牛顿的发现与他在色彩科学上的研究结果完全背离。

被触怒的牛顿选择了退却，并发誓从此再也不发表任何这个方面的研究成果。他对自己的理论进行了进一步的完善，但是并不对外公布和发表。牛顿的这种做法一直持续到 1684 年物理学家埃德蒙多·哈雷访问他之前。1682 年，一颗异常明亮的彗星划破了夜空。当时，哈雷开始怀疑这颗彗星与 1531 年和 1607 年观测到的那颗彗星是同一颗。这 3 颗彗星都以其他行星相反的方向围绕太阳旋转。他需要一个可以精确地计算他所观测到的轨道的方法，从而求证出这 3 颗彗星是否就是同一颗。

之前，哈雷已经与其他两位杰出的科学家（都是英国伦敦皇家学会的成员）进行了会面，他们分别是圣保罗大教堂的建筑师、闻名遐迩的克里斯多夫·雷恩和牛顿的早期死敌罗伯特·胡克。他们都曾对行星在轨道中的运行规律进行过

1901 年
德国物理学家卡尔·史瓦兹旭尔得开始着手黑洞理论的创建工作。

1905 ~ 1907 年
埃希纳·赫茨普龙创立了测量恒星亮度的新标准。这种标准证实了色彩和星等之间的内在联系。

1923 年
爱德温·哈勃在仙女座星云（即银河系）中发现了一颗易变的恒星，并由此证明了存在于我们所处星系之外的银河系星云。

哈雷

杰出的英国天文学家埃德蒙·哈雷在艾萨克·牛顿撰写《自然哲学的数学原理》一书的事情上扮演了一个非常关键的角色。哈雷不仅鼓励牛顿把他的著作公开出版，而且也为这本书的印刷出版花掉了一大笔钱。

热火朝天的探讨。其中，胡克曾公开宣称他已经从开普勒定律（即使所有行星在各自的轨道上运行的万有引力源自太阳）中找到了证据，但是，胡克并没有将所谓的证据和其他人分享。

当时，哈雷感到非常愤怒，于是他决定造访身处剑桥的牛顿。在会面和交谈中，双方都对当时一些所谓的最伟大的科学成果或发现进行了痛斥。哈雷还向牛顿请教，如果太阳对行星的吸引力等于其被该行星与太阳距离的平方所除掉的结果，那么行星运行的轨道将会是什么形状呢？牛顿不假思索地回答说："椭圆形。"

令哈雷颇为吃惊的是，牛顿竟然如此肯定地声称这是他利用开普勒第三定律计算出来的结果。于是，哈雷便问牛顿是如何知道椭圆形轨道这个答案的。牛顿回答说，他在3年之前就计算出这个结果，并开始寻找那些书面的计算结果。虽然没有找到，但是牛顿向哈雷承诺，一定会重新进行计算，并把书面结果寄给他。

3个月以后，计算的书面证据被寄送到了哈雷在伊斯林顿的家中。于是，哈雷强力劝说牛顿把这个结果公布于众，但是牛顿觉得当时的成果仍存在不完善的地方。1685年1月，牛顿在写给哈雷的一封信中写道："既然我已经开始了这个项目，那么我非常乐意对这个问题进行彻底地研究，然后再考虑发表我的论文。"牛顿在接下来的18个月里一心扑在这个问题的研究上，已经达到废寝忘食的地步，经常一天只睡几个小时。这项研究的结果铸就了他的传世名作《自然哲学的数学原理》（经常被简称为《原理》）。在这本书里，牛顿的很多研究成果和理论彻底改变了人们对整个世界的看法。

1687年，在哈雷的资助下，《原理》一书得以公开出版。这本书概括出一种新的运动物理学和万有引力的概念。牛顿使科学思想实现了伟大的飞跃，他证实了这样一个假设：适用于地球的运动定律同样适用于宇宙中的其他天体。他还通过数学证明了我们生活和居住在一个有秩序的和可知的宇宙空间中。牛顿的这些运动定律和宇宙万有引力定律的基本原则，一直到今天仍然被科学家们用来计算运行轨道并将太空飞船发送到其他行星上去。

牛顿的研究成果往往是对前人所得出的许多零散的天文观测数据、研究发现和理论观点等的整合。他的工作只是将古希腊哲学家早已着手的探索和研究提升到巅峰。在于1675年2月5日写给罗伯特·胡克的一封信中，牛顿这样写道："我能够比别人看得更远，那是因为我站在了巨人的肩膀上。"这句名言写在《原理》一书面世之前，似乎在阐述牛顿的光学理论，但其中隐含了牛顿对胡克扭曲的心态和狭窄的心胸的嘲讽。但是，从这句话的整体上看，还是可以解读出包含有更加深奥的哲理和针对牛顿研究成果的现实含义——如果没有毕达哥拉斯、哥白尼、伽利略、布拉赫和

埃德蒙·哈雷

天文学家、哈雷彗星的发现者

1656年
11月8日，出生在英国伦敦附近的肖尔迪奇地区的哈格斯顿。

1673年
就读于英国牛津大学皇后学院。

1676年
航行至南大西洋的圣赫勒拿岛，并把南半球的恒星编入星表中。

1678年
在公开出版了他的南半球星表之后，被选为皇家学会的会员。

1684年
第1次造访艾萨克·牛顿，在万有引力研究中扮演着非常重要的角色。

1686年
公开出版了第1张气象图——展示主要风向的世界地图。

1698年
下令让"红粉知己号"轮船踏上首次海上航行的旅途，这次航行完全出于科学考察的目的。

1701年
出版了第1张关于大西洋和太平洋的磁场图。

1704年
被任命为牛津大学萨维尔几何教授。

1705年
公开出版了《彗星天文学概论》；精确预测出彗星再次出现的时间，后来这颗彗星以他的名字命名。

1720年
接替约翰·弗兰斯蒂德成为格林尼治皇家天文台皇家天文官。

1742年
1月14日，在英国的格林尼治地区与世长辞。

其他科学家的贡献，牛顿不可能达到如此的高度。

1705 年，艾萨克·牛顿获得了爵士爵位，当时的安娜女王亲自将爵位授予了这位伟大的科学家。虽然他的后半生因为众多争议而变得黯淡失色，但是他的声望依然经得住磨炼。艾萨克·牛顿男爵于 1727 年 3 月 20 日在伦敦辞别人世。人们给他举行了盛大的葬礼，墓地选在威斯敏斯特教堂。虽然他的一生始终孑然一身，但是他的研究成果影响了数以百万计的人。牛顿所留下的物理定律和数学方法等遗产，对于现代科学和技术而言，有着极其重要的意义。

行星的早期发现者

在牛顿逝世 11 年之后，弗里德里希·威廉·赫歇尔出生在德国汉诺威的一个中等富裕的音乐世家。从小时候开始，威廉就喜欢与父亲一起盯着天空看上很长的时间。天文知识使他着迷，但是他首选的未来职业仍然在音乐领域。1757 年，赫歇尔到了英国。在那里，他开始向学生教授音乐课程。9 年后，他开始在巴思城的八角教堂担任风琴弹奏者。

数年的音乐教学和演奏生涯，丝毫没有减少赫歇尔对夜空进行观测的兴趣。他并没有进行专门的研究，只是养成了隔三岔五地去看星星的习惯。1773 年，35 岁的赫歇尔决定建造一架天文望远镜，并最终把所有的房间都变成了他的工作室。

1774 年 3 月 4 日，赫歇尔首次通过他刚刚制成的约 168 厘米反射式望远镜进行天文观测，而这标志着威廉·赫歇尔天文学生涯的开端。

赫歇尔还建造了其他几部望远镜，最大的长度达 12.2 米，所使用的透镜直径达 1.24 米。1781 年 3 月 13 日，他通过其中一部望远镜观测到了一个目标天体，他在笔记本上写道："在仔细观察一群在 H 双子座附近的小恒星时，我看到一颗看起来明显比其他星星更亮的恒星。"他当时认为自己所看到的是一颗彗星。

> 1675 年，意大利天文学家乔瓦尼·卡西尼（1625～1712 年）首次观测到土星环为双重环，内外两环之间被一条暗的缝隙分隔。该缝隙后被命名为"卡西尼缝"。

在对这个目标进行了连续几个夜晚的观测之后，他知道那是一颗新行星。这个新行星在离开土星的运行轨道时可以被看到。事实上，威廉·赫歇尔所发现的是天王星——在有记载的历史上，第 1 颗被确认出来的新行星。

他最初将这颗行星命名为"乔治之星"，以纪念英国国王乔治三世，但是在后来，他决定改换成"Uranus"（即天王星的意思），这是为了遵守依照希腊神话众神名字对行星命名的习惯。第 2 年，国王任命赫歇尔为皇家天文官。这个职位的薪酬不菲，因此，赫歇尔不用再继续去当乐师了，而是把精力和时间全部放在天文学的研究上。

实际上，认为在太阳系里面可能存在着 6 颗以上行星的想法可以追溯到天王星发现之前的 200 多年。在企图找到行星运行的机械力学原理时，约翰内斯·开普勒就已经发现了火星和木星运行轨迹之间不成比例的巨大差距。只不过对像开普勒那样具有丰富宗教涵养的人而言，这个结果有点难以置信，因为上帝是不太可能留下如此之多的空间的。他对原先的想法进行了一个戏剧化的修正，也就是说，在那个空间差距中应当存在着一个尚未被发现的行星的运行轨道。

在一个世纪之后，也有着高度宗教意识的艾萨克·牛顿同样也接受这样一个假设，即宇宙是一个稳定的系统，其运行机制是可预测的，而且也是精心设计的。行星之间不成比例的巨大差距的发现很有可能会彻底打乱整个结构，因此万有引力理论因为"神的设计"而被束之高阁。对牛顿而言，火星和木星之间的间隔差距，反而说明了上帝是如何小心地

赫歇尔和卡罗琳

天文学家威廉·赫歇尔经常花很长时间透过望远镜的目镜来观测天空。而他的妹妹卡罗琳则帮助他把观测结果如实地记录下来。

法国皇家天文台

　　法国皇家天文台是众多招募天文学家参加"搜索金星和木星之间的行星计划"的天文台之一。

把宇宙设计成一个稳定的系统的。

　　在《原理》一书公开出版 15 年之后，即 1702 年，牛津大学的天文学教授大卫·格雷戈里公开出版了他的著作《天文学基础》。该书概括出了行星轨道有规则间隔的理论。1766 年，约翰·丹尼尔·提丢斯对格雷戈里的数据进行了纠正。1772 年，同样的想法也出现在德国天文学家约翰·埃勒特·波德的头脑中。在格雷戈里研究成果的基础之上，波德通过创立一个数学公式来演示行星之间会产生的空间间隔，我们现在将这个数学公式称为"波德定律"。

　　通过这一成果，波德非常确信的一点是，在火星和木星之间必然还有另一个行星也在围绕太阳运转。9 年之后，赫歇尔发现了天王星，而天王星的运行轨道完全与波德定律所预测的相吻合。从此以后，找出在火星和木星之间那颗不见的行星的搜索工作终于展开了。哥达公爵的御用天文官巴隆·弗朗兹·沙维尔·冯·扎克把一群德国天文学家召集到了一起，并在欧洲范围内征募有关这一研究课题的天文台考察人员。

1801 年 1 月 18 日的夜晚，在并不知道有那么多人齐心协力地寻找推测中的行星的情况下，意大利巴勒莫地区的朱塞普·皮亚齐像往常一样观测着夜空中的星星。突然，他看到了一个亮度为 8 星等的天体目标。这个天体在接下来的几个夜晚继续出现，并且它的运动轨道看上去好像与其他一些星星的位置之间存在着关联。皮亚齐知道这个天体肯定不是恒星，而是太阳系的另外一个成员。对距离的测算结果显示，该天体的运行轨道介乎于火星和木星的轨道之间。皮亚齐把这个天体以收获女神和西西里岛守护神的名字命名为"克瑞斯"。

起初，"克瑞斯"被鼓吹为太阳系的第 7 颗行星。但是，当赫歇尔通过望远镜仔细观测它的时候，发现"克瑞斯"实际上比地球的卫星（即月球）还要小。在发现"克瑞斯"一年之后，另一个更小的天体被发现了，它几乎是在离地球同样的距离之外运转。海因里希·威廉·马特乌斯·奥伯斯把他所发现的这个天体称为"雅典娜"。赫歇尔计算了"雅典娜"的直径长度，结果发现其直径不足 179 千米。也就是说，它小得连行星都算不上。

实际上，"克瑞斯"和"雅典娜"都属于小行星。正如赫歇尔把它们称作"较小的运转物体"一样，它们既不是行星也不是恒星。1804 年 9 月 1 日，德国天文学家卡尔·路德维希·哈丁也发现了一颗小行星，它被称为"婚神星"；在 3 年之后，奥伯斯发现了"灶神星"。为了合理地解释在本应找到一颗未知行星的地方发现这么多小行星的问题，奥伯斯提出了一个大胆的设想，即小行星只是那颗曾出现在这个间隔空间位置的体积完整行星的碎片而已。

在天王星被发现的 60 多年之后，年轻的英国天文学家约翰·柯西·亚当斯也开始分析行星的运行轨道。赫歇尔是在 1781 年偶然发现天王星的，但是在 1 个世纪以前，天文学家们就曾看到并记录下了这颗行星，只不过误将其当作恒星而已。这些天文学家的早期天文观测数据，加上自天王星

地心引力
　地心引力的标准值约为 9.81 米／秒²（在海拔为 0 且纬度为 45° 的条件下）。月球上的地心引力值是地球上的 1/6。因此，一个在地球上体重为 90 千克的人到了月球体重会变成 15 千克。

恒星的生命周期

恒星是由氢气和氦气两种气体组成的、会发光发热的气态类球状天体。恒星把所有的气体物质全部放置在其核心部分。美国天文学家卡尔·萨根曾说："我们都是恒星。"

恒星的运行轨道决定于其体积的大小，也就是说，其运行轨道取决于其所受到的万有引力。物质蒸发成为一颗正在形成的恒星的核心部分；温度和压力同时升高，一旦温度达到可以引发核反应的程度，恒星便诞生了。只要可以抵挡得住足以将它们瓦解的万有引力，那么这些新星就可以存在下去。

和太阳一样，恒星的能量来源于能把氢气转变为氦气的"质子-质子链"反应。1个氦核子的质量要比4个氢核子少大概0.7%，但是氢气可以形成新的氦气，而这个反应可以将它们的质量转变成能量。太阳每秒钟要将大约7亿吨氢气转变成6.95亿吨的氦气。剩下的500万吨物质被直接转换成能量，而这些能量从核心部分辐射出去，抵消了恒星本身所受到万有引力的瓦解作用。

一旦一颗恒星把位于其核心部分的所有氢气都转变为氦气，那么它将会像火焰一样慢慢熄灭。没有核反应就没有对外辐射的压力，万

位于金牛座的蓝色、炽热、年轻的昴宿星团。

有引力便开始瓦解这颗恒星：恒星的核心部分开始收缩，并且开始升温。恒星核心之外的、新的氢气被引燃，从而形成了一个氢气燃烧层。恒星继续处于收缩之中，燃烧层的温度也逐渐升高并产生更多的能量。在其生命周期的这个阶段，辐射压力超过了其受到的万有引力所产生的瓦解作用力，此时的恒星扩张成一个巨大的红色圆球，甚至是一个超巨型的红色圆球。然后，这颗恒星将会在接下来的几百万年里继续燃烧它的氢气层。与此同时，它的核心部分逐渐瓦解并开始慢慢升温。如果核心温度达到1亿开尔文，

那么在恒星的核心部分将会发生氦闪形式的爆炸。在氦闪过程中，3个氦核子融合而成1个碳核子。

最终，氦全部被用光，恒星的核心部分再次关闭，然后在碳核心外面形成一个氦燃烧层的包围层。在这个阶段，恒星有点不太稳定。它不断发出脉冲式的震动并喷涌出气体物质，而这些物质可以在其炽热的内核周围形成一个环状物或者行星状星云。对体积与太阳一样大小的恒星来说，所有的故事都要收尾了。核心部分慢慢收缩成一个白矮星。然后，再经过几十亿年的时间，冷却之后的白矮星就变成黑矮星。

当一颗质量最少是太阳20倍的恒星将其内核部分的所有氢气都转变成碳时，它便开始收缩。当内核温度达到6亿开尔文度的时候，碳的燃烧开始以"闪"的形式出现，其足以将整个恒星炸开。这时，激变超新星横空出世。激变超新星的爆炸将该恒星的外层物质强行推向外部太空，而其内核则收缩成一个中子星。如果恒星的体积比这个还要大，那么其内核会不会收缩成一个黑洞呢？

被确认为行星之后的 60 多年记录下来的数据，却只得出一个违背牛顿运动定律的行星轨道结果。解决这个矛盾的唯一办法就是假定这是由于在天王星运行轨道之外，有一颗未被找到的行星的万有引力在作怪。亚当斯计算了这颗行星可能的轨道和位置，并于 1845 年 10 月把他的计算结果发给了格林尼治皇家天文台的天文学家们。然而，当时的皇家天文学家乔治·比德尔·艾里男爵并不重视亚当斯的预测结果，而是把他的文稿扔到了一边。奥本·尚·约瑟夫·李维里尔也得出了同样的预算结果，并请求柏林天文台的约翰·加勒帮助他对这些计算结果进行确认。就在加勒收到李维里尔预测数据的那一天，也就是 1846 年 9 月 23 日，他在望远镜旁边只花了 30 分钟的时间便发现了海王星，就在亚当斯所预测位置的 2 弧度角处。

热衷于火星观测的罗威尔天文台（位于利桑那州旗杆市）建造者帕西瓦尔·罗威尔，开始利用海王星运行轨道的不规则现象预测在海王星更远处的另一颗行星。他采用了亚当斯和李维里尔在寻找海王星过程中所用过的同一种数学方法，但是他的研究工作最终无果而终。在过了 1/4 个世纪之后，冥王星才被克莱德·威廉·汤姆勃所发现（国际天文学联合会第 26 届大会已将其列入"矮行星"）。

汤姆勃只是一名业余的天文学家。当时只有 22 岁的他刚刚开始用他亲自建造的长达 2.74 米的望远镜在堪萨斯州的家中观测夜空。1928 年的秋天，汤姆勃一边观测，一边将火星和木星的天文草图绘制出来。他后来回忆说："我记得我那天晚上并没有睡觉，而是一直在对木星进行观测。然后，在不到一个小时的时间内，我发现有一个亮闪闪的发光体正在绕着一个圆盘形的轨道漂移。那可真让我感到吃惊。我竟然看到了一颗以自己为轴心进行旋转的新行星。"

就在同一年稍晚一些的时候，汤姆勃将他的天文观测图发给了罗威尔天文台，希望那里的专家能给他指点迷津。但是，他所得到的回答与他原本所想要的有点不太一样：人们

1781 年，赫歇尔成为近代发现行星的第一人。最初，他想把自己发现的行星冠以英国君主乔治的名字，但是没有通过。后来，这颗行星最终被命名为天王星。

冥王星的发现

24 岁的克莱德·威廉·汤姆勃非常自豪地向别人展示他近 3 米长、建造于家中的牛顿式天文望远镜。在拍摄这张照片的一个月前，汤姆勃发现了冥王星这颗大行星。

为他提供了在那个天文台进行研究的工作机会。在那里，他可以使用最新的照相望远镜来进行天文观测。汤姆勃立即购买了一张直达亚利桑那州旗杆市的单程火车票。很快，他已经在用照相望远镜进行专业的天文观测了。天文台的台长让汤姆勃专门负责预测中冥王星所在天空位置地区的图像工作。夜复一夜，汤姆勃总会坐在望远镜前面，用望远镜配置的照相机在 14 英寸 ×17 英寸（约 35 厘米 ×43 厘米）规格的照相用玻璃板上将天体图案拍摄出来。白天，他会把几天以来拍摄的一对对玻璃板凑在一起。这些板子被安置到一台机器上面，从而查看到板子上面很小的成像，然后将它与另一张板子上的同一位置点进行比对。通过这种替换比对，较远的目标天体如恒星和太阳系等，都会保持静止不变的状态，但是有一颗行星则在几天以来的板子图像上出现了一个位移的路线。为了寻找到光亮有所变化或者在位置上发生变化跳跃的任何迹象，汤姆勃不停地把这些板子进行抽调比对。

在 1930 年 2 月的一个阴云密布的早晨，汤姆勃照常将几个星期以前拍下的两块板子进行抽调比对。一块是 1 月 23 号的，另一快则是 1 月 29 号的。在汤姆勃将两块板子进行抽闪对照的时候，他终于看到了一个发生了移动变化的亮点。当时，他想道："肯定就是它了！"在刚刚开始专业研究的 10 个月之后，汤姆勃便找到了冥王星。冥王星的位置就在帕西瓦尔·罗威尔曾预测的位置的 6 弧度角处。但是，后来的进一步分析表明，由于冥王星的体积过小，以至于无法在海王星的轨道上引起容易被发现的异常现象。所以，罗威尔曾用来预测冥王星位置的数据只是观测过程中偶然性误差的结果。汤姆勃所发现的冥王星的位置与罗威尔对这颗行星所预测的位置之间是如此接近，也纯属偶然或者运气。

2006 年 1 月 19 日，美国国家航空和宇宙航行局首次启动了一个对冥王星的探测计划。重量为约 478 千克、体积只有一架钢琴大小的"新视野"号宇宙飞船，按现在的预算要先飞行超过 48 亿千米的航程，于 2015 年 7 月左右开始给冥王星及其数个卫星拍下特写镜头，以便作为研究的素材。这艘宇宙飞船的有效载荷还包括克莱德·威廉·汤姆勃先生的一部分骨灰。

今天，多数的行星搜寻者都将研究重点放到了太阳系以外的行星上。到目前为止，大约有 200 颗行星已经被发现，它们都是位于其他恒星的周围或者旁边。

属于爱因斯坦的宇宙

早在 20 世纪初，阿尔伯特·爱因斯坦便开始思考宇宙空间和时间的本质属性，以及牛顿的运动定律和万有引力定律之间是如何互相作用和影响的。1902 年，爱因斯坦在瑞士专利局担任初级专利审查员的职务。在认真和仔细地审查每个专利申请的时候，爱因斯坦开始对那些属于不同物理框架的、作为参照物的观察者进行思考。当一个人在移动而另一个人静止的时候，为什么这两个人所看到的效果是一样的呢？

1905 年，爱因斯坦向世人宣布他创立了狭义相对论。依照他的狭义相对论的观点，在假定所有观察者的运动是匀速而且是速度相同的前提下，适用于他们的物理定律是完全相同的。让我们设想一下你现在刚刚坐上了一辆火车，然后就睡着了。当你醒来的时候，如果往窗外看，那么你

爱因斯坦

阿尔伯特·爱因斯坦最著名的不光是他辉煌的科学理论，还有他的幽默感。下图是他于 1933 年在美国加利福尼亚州圣巴巴拉地区喜形于色地骑着一辆自行车时的情形。

将会看到旁边的另一辆火车在缓慢地移动。在那种情况下，你无法判断究竟是自己所乘坐的火车启动了还是另外一辆正在运行。根据狭义相对论的原理，你是无法找到证据来证明究竟是你所乘坐的火车在动还是另外一辆在动。

所有的运动现象都是相对而言的。我们不可能通过测算物体运动情况的手段来判断另一辆火车究竟是处于静止状态还是以固定的速度进行运动。实际上，这种狭义相对论使静止的概念失去了原有的意义。按照同样的意思，就任何一个观测者而言，对于光速的测量结果肯定会是一模一样的，而不论观测者本身相对于光源做何种形式的运动。

对于在较短距离范围内做低速运动的物体而言，爱因斯坦的理论得出了与牛顿运动定律同样的预测结果。只有在对处于相当高速（接近光速）的运动状态，而且进行远距离运动的物体进行解释时，这两种理论才会得出不同的预测结果。牛顿的理论将空间和时间这两个问题分开来进行处理，但是却将运动和万有引力统一了起来。爱因斯坦的理论（指狭义相对论）则将三维空间和属于第四维的时间统一在一起。

爱因斯坦的狭义相对论还得出了一个把能量、质量，以及光速联系在一起的公式，即 $E = mc^2$。在这个公式当中，E 代表能量，其测量单位为焦耳；m 代表质量，单位为千克；c 代表光速，单位为米／秒。根据这一公式，宇宙中所有物质都是一种能量形式，而且所有能量都有质量。

1957 ～ 1995 年

1957 年	1961 年	1965 年	1967 年
苏联发射了人造地球卫星"斯普特尼克 1"号，揭开了美苏两个国家之间空间竞赛的序幕。	苏联宇航员尤里·加加林成为第 1 个在太空中围绕地球运行的太空人。	背景辐射或本底辐射被发现。科学家们认为，背景辐射是发生在宇宙刚刚诞生形成时的宇宙大爆炸所产生的残留物。	乔瑟琳·贝尔·伯勒尔和安东尼·休伊什发现了第 1 个脉冲星，即一种会发射出无线电波的快速旋转的中子星。

1915 年，爱因斯坦提出了广义相对论。这一新的相对论解决了处于加速状态下的这一新情形，并对万有引力做出了新的描述和定义。他对牛顿将万有引力概念描述成一种互相吸引的作用力提出了质疑，并提出了另一种定义方法，即万有引力可以使时空发生弯曲。这种弯曲现象统治着宇宙空间中所有物体的自然运动。

先将整个时空想象成一个铺在某个框架内的橡胶板，然后在这片橡胶板的中心位置放上一个保龄球，再将时空橡胶板折弯、拉紧再弯曲，使之可以包住整颗保龄球。

再想象一下将一颗高尔夫球在这块塑胶板外的层面上沿一条直线方向滚动的情形。如果滚动的速度足够快，那么这颗高尔夫可能会挣脱保龄球对它所存在的吸引作用。如果球速较慢，这颗高尔夫球则一直在这颗保龄球上滚动，当然这是因为受到了其所产生的约束。如果高尔夫球的速度介乎于两者之间，则可能会对这个保龄球形成弹弓效应，并以与原有运动线路形成 90 度角（或者其他介乎其间的角度）的轨道继续运行。就是说，物质使时空变曲，但是时空决定了物质的运动方式。

爱因斯坦做出了如下的推测：一颗遥远的恒星所发出的光，会在其经过太阳这个庞大球体的时候发生弯曲。天体物理学家亚瑟·斯坦利·爱丁顿爵士决定要证明这一推测。1919 年 5 月 19 日，在西非地区发生了一次日全食现象。在太阳逐渐变暗下来的过程中，所有的恒星都进入了人们的视

1969 年	1979 ～ 1989 年	1990 年	1995 年
"阿波罗 11" 号成功登陆月球，尼尔·阿姆斯特朗和巴斯·奥尔德林成为登陆月球表面的第 1 批人类。	美国航空航天局的 "旅行者" 号探测飞船发回了有关木星、土星、天王星及海王星的近距离图像。	"麦哲伦" 号宇宙飞船抵达金星，并通过雷达完成了该行星表面 98% 的地图。	天文学家首次发现了太阳系以外的行星。

爱因斯坦与记者

爱因斯坦曾经说："如果没有特别的问题占据我的思想，我喜欢对我早已熟知的数学和自然定理进行论据重建。这种事情没有终点，只是一个耽迷于职业性思考的机会。"

线。爱丁顿将在太阳侧翼附近的所有恒星迅速的拍摄下来。接着他对这些图像进行了仔细地观察，并对每颗恒星的位置进行了测量，而所有这些都是为了找到哪怕是一弧秒的位置变化。为了得出有用的结果，爱丁顿需要一张既包括离太阳较近的恒星，也包括离太阳较远的恒星的图像。他的运气非常好：那次日全食所发生的天空区域正好可以看到遥远的毕宿星团。在爱丁顿提起这件事的时候，他说："那是到那个时候为止所能遇到的最好不过的星域了。"如果不是这样，可能还需要数年的时间才能证明爱因斯坦的推论是正确的。

爱因斯坦的广义相对论恰好能够在他计算水星轨道的细小偏差时派上用场。约翰内斯·开普勒只知道水星的运转轨道是椭圆形的，但是他并没有猜想过天体轨道的轴心也会发生一种轻微到不易察觉的小幅度运动，即"地轴进动"。天文学家早就发现水星球体的轨道运行速度要比依照牛顿定律所预测的要快一些。

爱因斯坦解决了这个问题，他所使用的方法就是计算出太阳质量对于水星球体所在区域所产生的曲化结果值，并且计算出水星通过该区域的精确轨道。爱因斯坦发现，水星球体因为时空弯曲而发生了向前滑动的现象。我们现在知道，其实所有的球体（如金星、地球和小行星伊卡鲁斯等）都会因为在接近太阳时发生时空弯曲而发生向前滑行的现象。爱因斯坦的广义相对论的另外一个推论就是万有引力波（或重力波）。爱因斯坦推断说，以光速发射出来的万有引力在发生作用时是极其微弱的，轻如波浪般的推动。万有引力在时空结构中亦犹如波浪般波动着，它会在物质开始加速、振荡或剧烈颠簸的时候产生一种波纹。作为自然界最为微弱的力量之一，唯一能被探测到的万有引力波就是那些由极度庞大的球体所引发的那种，如巨型中子星、黑洞和超新星等近双子星星系。

恒星的光度和亮度

在 19 世纪早期的时候，天文学家们都将目光聚焦于太阳系，对太阳系的所有恒星都进行了观测并予以分类汇编，一直从事前辈早就开始的研究工作。恒星爆炸分别于 1572 年和 1604 年被第谷和开普勒观测到。当时，这两位天文学家就提出恒星是一些会发生变化的星体的猜想，但是数个世纪以来，天文学家对恒星仍然知之甚少。

1814 年，住在慕尼黑的一名光学仪器制造者约瑟夫·冯·弗劳恩霍夫发明了第 1 部简单的分光镜。这种分光镜设备可以将光分离出来。太阳光先是进入了分光镜狭小的切口，然后穿过一个棱镜，而这个棱镜则把阳光折射成一个有着近 600 条较暗光线的太阳光谱。弗劳恩霍夫的这个发明引起了物理学家、化学家，以及天文学家的广泛关注。

1859 年，德国物理学家古斯塔夫·基尔霍夫和他的化学家同事罗伯特·本生发现，每一种暗线都与特定的化学元素相对应。于是，他们确定了这些暗线所对应的各种金属种类，并在此过程中发现了两种新的化学元素：铯和铷。这两种金属的英文名称实际上都来自拉丁文，分别为蓝灰色和蓝红色的意思。

在接下来的实验中，基尔霍夫开始知道暗线的产生原理。在他将太阳的光谱穿越过黄色钠焰的时候，本以为高亮的

双子星

　　双子星是一对恒星的组合，它们沿着一个共同的重力中心运转。天文学家曾提出这样的猜想：银河系里面的将近一半的恒星都是以双子星甚至是多星的形式出现。

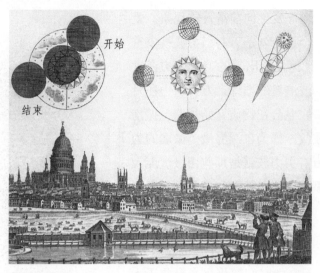

开始

结束

日食过程图解

当时的阐释图解释了 1748 年出现在伦敦上空的日全食的整个过程。

火焰会将太阳光谱中的暗钠线突显出来，然而事实正好相反，暗钠线反而变得更加暗淡了。于是，基尔霍夫做出了如下的推断：太阳的大气层（如钠焰一般）中含有被太阳光线的黄色波长所吸收的钠蒸气。

基尔霍夫关于光线吸收的理论，需要太阳表面存在着一层炽热的大气层。试验结果已经显示，白热物体或熔化中的金属会持续产生一种被称为"谱斑"的明亮斑片。随着时间的推移，物理学家在试验中发现，高压下的炽热气体也会产生一种持续性的光谱。

随着天文学家将越来越丰富的天文观测设备都指向太阳，人们对于所知恒星的本质问题也产生了越来越多的疑问。在一次日全食的过程中，很多人都被惊呆了，因为他们发现了在黯淡的月面外环周围有一个明亮的、白色的、薄如丝线的冠状物。与此同时，巨型天文设备也探测到了日珥。日珥是在离太阳侧翼较远处由气体喷发而产生的如羽毛般的、明亮的突出物。这些特征（指日珥和前述月亮周围的冠状物）是否属于太阳或月亮大气层的一部分呢？通过分光镜的进一步观测以及物理学的最新成果，人们逐渐找到了答案。实际上，它们是发生在太阳不同表层的物理过程所造成的。

1866 年，英国的业余天文爱好者约瑟夫·诺曼·洛基尔发现了一个可以仔细观测太阳的简单方法。他将太阳的远视图像投射到位于分光镜前面、有一个狭小的切口面（可以移动）的屏幕上。这样一来，太阳的不同特征所发出的光线就会穿过这里。此时，他观察到太阳黑子的光谱线强度要比黑子外区域的光谱线强度弱一些。根据光谱线强度随着问题

的变化而变化，洛基尔得出了太阳黑子发生区域是温度相对
较低地区的结论。

他还扫视了太阳侧翼的日珥部分。洛基尔得出的理论是：
这些外观明显的红色火焰实际上是炽热的气体形式，它们可
以发出属于不同光谱范围的明亮光线。在一次对天体进行观
测的时候，他找到了自己一直苦苦寻找的东西。他回忆道：
"我看到了一道明亮的光线闪过那个地方。"他对这条光线的
各种特征进行了分析，从而做出了如下的推断：日珥基本上
是由氢气组成的。

1868 年 8 月，法国天文学家皮埃尔·朱尔斯·恺撒在一
次日食中发现了属于太阳光谱的一道亮黄色光线。两个月之
后，洛基尔也探测到了这道光线。因为以前从来没有人曾经
发现过这种形式的光线，所以洛基尔推定其必然是由一种尚
未被发现或确认过的地球元素发射的。英国化学家爱德华·
弗兰克兰德后来将这一新的元素命名为氦气——这种气体以
太阳神赫利俄斯的名字命名。

在 19 世纪的后半期，许多新的天文台得以建立，许多
新的摄影技术在天文学中被广泛应用。月球的第 1 张照片
是当时银板照相技术的作品，它是 1840 年由英国天文学家
约翰·威廉·德雷珀亲手拍下的。他的儿子，美国天文学
家亨利·德雷珀
于 1872 年 拍 下 了
位于天琴座中光亮
夺目的恒星，即织
女星的光谱图。随
着越来越多的恒星
光谱的收集，科学
家们开始拼凑出一
张有关不同门类恒
星的一般结构和温
度统计的宏观布局

位于美国加利
福尼亚州洛杉矶市
好莱坞山的葛瑞菲
斯天文台，以及纪
念世界历史上伟大
天文学家的纪念碑。

图。在意大利天文学家皮埃特罗·安杰洛·塞奇的研究成果的基础上，德番珀发明了一种可以将恒星光谱分成 16 个种类的系统统计方法。1882 年，德雷珀英年早逝，他的遗孀在哈佛大学天文台成立了专门基金以继续完成其未完成的研究事业。当时哈佛大学天文台的台长爱德华·查尔斯·皮克林开始借助分光镜对整个太空进行大扫查。皮克林还雇用了很多助手来帮助进行这项研究工程，在这些助手中，多数都是女性。一直到 19 世纪 80 年代末期，女性还不享有投票的权利，多数 15 岁以上的女性都在天文台谋职求生。虽然报酬只有一个小时 25 美分，但是她们却要分析数以千计的恒星和恒星光谱的摄影图像，还要通过复杂的数学计算来确定每一颗恒星的准确位置和结构。

在皮克林台长去世之后，一位名叫安妮·詹普·坎农的女助手继续留下来检查这些含有恒星光谱的照相版。她的工作是先分析光谱图，然后把这颗恒星的分类告诉另一位专门负责记录的助手。她的工作速度快得出人意料，而且还很少出错——她可以在一分钟之内完成 3 颗恒星的分类工作。在 1915 ～ 1924 年间，坎农一直负责着"亨利·德雷珀星表"的项目。她对总数大约为 225300 颗恒星的光谱进行了汇编和分类。她的分类法（即"O，B，A，F，G，K，M"分类法）令人感到振奋和鼓舞。这种分类法至今仍然被天文学学生所使用。它来自于让人过目不忘的"Oh，Be A Fine Girl/Guy，Kiss Me!"（哦，亲爱的姑娘／小伙，亲我一下吧！）的首字母缩写。

到 1910 年，坎农的分类法得到了广泛接受和应用。天文学家也开始思考恒星的固有亮度与其所述光谱类型的关联性。1911 年，天文学家埃希纳·赫茨普龙和汉斯·路兹伯格开始用图形方式表示出金牛座中昴宿星团和毕宿星团的恒星成员之间的关系。普林斯顿天文学家亨利·诺利斯·罗素在不久之后也对距离测量结果相当可靠的恒星进行了相同的研究工作。

1800 年，意大利天文学家朱塞普·皮亚齐发现了谷神星，这是人类最早发现的小行星，其运行轨道位于火星与土星之间。可惜这些轨道的相关数据不幸丢失。一年后，德国物理学家卡尔·高斯重新发现了该小行星。

恒星的分类汇编

　　哈佛大学天文台的照相馆馆长安妮·詹普·坎农专门负责300000张照相版的编纂工作。她通过这些照相版对大概225300颗恒星的光谱进行了详细的分类。

　　这些天文学家的共同成果便是赫罗图的诞生。赫罗图展示了恒星光谱类型（该恒星温度的标志）与恒星亮度（发光度）之间的相互关系。

　　发光度被列在赫罗图的垂直轴上，温度则被列在水平轴上。位于赫罗图左上方的恒星属于炽热的、初期的、巨型蓝星；而在右上方的则是即将寿终正寝的、温度低一些的巨型红星或超巨型红星。位于左下方的恒星属于白矮星；炽热但是非常暗淡的小恒星，并且处于生命周期的边缘线上。在赫罗图正中央，从左上方一直到右下方，全部都是主序星，大约90%的恒星都处于这个地带。

　　但是，天文学家对恒星如何发光的问题仍然知之甚少。1917年，爱丁顿开始研究一种关于恒星能量产生和转化的理论。凭借着在天文学、物理学和数学领域非常深厚的知识背景，以及对原子物理学和狭义相对论理论的先知先觉，爱丁顿有足够的能力来证明热能是通过源自恒星的辐射来传递的。此外，他还进行了如下的推论：在恒星内部达到非常高的温度时，电子会从它们所属的核子身边逃离，由此形成所谓的离子。

最终，爱丁顿悟出了恒星质量和恒星发光度之间的关系。他认为，恒星的质量完全按照爱因斯坦的公式即 $E=mc^2$ 被转换成能量。他将自己的研究成果加以概括和总结，并于1926年写成《恒星的内在结构》一书。爱丁顿认为，虽然恒星将氢气转换成氦气，但是当时的亚原子物理学理论尚未能够对这一转化机制给出一个令人满意的解答。

一直到1939年底，也就是汉斯·亚布勒希特·贝特公开发表了他的论文《恒星的能量生产》的时候，科学家们才知道了恒星能量的源泉。贝特认为，98%以上的太阳能量都是来自氢气转换成氦气的反应过程。他的这个观点是正确无误的：在每1秒钟之内，太阳都要把7亿吨氢气转化为6.95亿吨氦气，余下的500万吨物质（约为尼亚加拉大瀑布1秒钟倾泻的水流质量的600倍）全部转化成纯能量的形式。

猜不透的宇宙谜语

在爱丁顿和贝特忙于探索恒星内部"熔炉"的奥秘时，爱德文·鲍威尔·哈勃（1889～1953年）已经为全新的宇宙学理论奠定了基础。哈勃出生于美国密苏里州的马什菲尔德地区，是一名律师兼保险代理人的儿子。1906年他在芝加哥大学求学，随后以罗氏奖学金学者的身份前往牛津大学皇后学院深造。1914年，他重返芝加哥大学完成博士学位。不久后，他在耶基斯天文台专心研究暗淡星云的课题。第一次世界大战期间，哈勃在美国步兵师服役2年。之后，哈勃成为威尔逊山天文台的专职工作人员。他一直留守在那里，主要工作是用规格为30米的天文望远镜来观测星云并对其进行分类。

在那个时候，对于通过天文望远镜观测到的黯淡无光、模糊不清的斑点似的星云的本质，存在着两种截然不同的说法。第1种源自查尔斯·梅西耶，而另一种源自威廉·赫歇尔。其中一个理论阵营认为，那些星云是银河系内星际气体所产生的；而另一个阵营则认为，那些星云是银河系之外

梅西耶星表

梅西耶星表列出了约109个永久性的深空天体，包括银河系、星云和星团。该星表对业余天文学爱好者来说非常有用，它是一张入门知识表。该星表由查尔斯·梅西耶和皮埃尔·梅襄于1717～1786年共同编纂而成。

的星云状物体。结果，这两个理论阵营都没有错，因为这两种物体均属于广义的星云概念。1922 年，哈勃成为第 1 次对银河系分散的星云予以分类的科学家。他把星云分为反射星云和发射星云（散射星云）。1923 年 10 月 4 日，哈勃发现了位于我们今天所知的仙女座星系之内的恒星。4 个月之后，他又发现了一颗位于仙女座星系的造父变星。

1784 年，造父变星由英国天文学家约翰·古德利克首次确认。硕大无比且呈有规律闪动的造父变星属于黄星，其亮度范围在星等值 0.1 ~ 2.0。它们的闪动周期（即由明到暗、再由暗到明的变化过程）在 2 ~ 60 天。

1912 年，皮克林的助手之一亨丽爱塔·斯旺·勒维特开始计算位于小麦哲伦星系的造父变星的数量（小麦哲伦星系属于银河系的卫星星系）。勒维特在对拍摄于秘鲁的照相版进行观察时发现，造父变星的周期与其平均亮度之间存在着密切的关系：周期较长的恒星要比周期较短的恒星亮度更强些。因为所有位于麦哲伦星系的恒星与地球的距离几乎完全相同，所以它们的固有亮度必然与它们的周期有关，而与它们和太阳之间的距离无关。

美国天文学家哈罗·沙普利注意到这种周期与发光度内在联系的重要性。他开始探索和研究球状星团中的恒星。球状星团属于恒星比较密集的庞大星团球状体，一个球状星团内的恒星数量为几万颗或者上百万颗。沙普利将造父变星称为"灯塔"，并利用这些灯塔来计算球状星团与地球之间的准确距离。哈勃也在造父变星研究成果的基础上证明了所谓的"灯塔"，实际上与银河系内所有的物体都有着极其遥远的距离。在再次观测了这一位于仙女座星系的造父变星之后，哈勃计算出其与地球之间的距离值，即490 000 光年。

哈勃关于众多星系的天文观测成果由于有了爱因斯坦广义相对论的诞生和存在而具有了更加深刻的意义和内涵。当时的天文学家无法确信宇宙究竟是静止的、膨胀的，还是收

1952 年，英国宇宙学家弗雷德·霍伊尔在广播稿中开玩笑地创造了"大爆炸"这个名词，并展示了超新星爆炸是如何产生形成重元素所必需的热量的。霍伊尔被《自然》杂志描写成一位"宇宙学家和好辩论的人"，他"在一生的大部分时间里都卷入了争论"，并"使自己名声扫地"。

缩的。在对 46 个星系的光谱进行测量和比较之后，哈勃发现这些星系的光谱都有倾向于被红端（即长波端）所取代的趋势，即所谓的"红移"现象（或红向移动）。

为了理解这种红移现象，可以假设你坐在铁路的路口，等待着即将通过此地的火车。当火车逐渐临近的时候，火车的汽笛声极其高亢，而在火车通过之后，音调马上变低了。汽笛发出一种平稳的音调，而这种音调的声波以循环的形式存在。这一音调上的变化源自火车自身的运动。在火车处于运行状态时，每一段声波的中心和火车一起向前移动。如果汽笛的声波与火车的运动速度相同时则频率会变得更高，而如果汽笛的声波传播速度慢于火车速度时则频率变得更低。这一现象被称为多普勒效应，它是以 1842 年首次对其进行

宇宙大爆炸

宇宙大爆炸理论经常被描述成宇宙形成的最终模式。实际上，这种理论只是基于对宇宙的现有观测数据所得出的一种假设性学说。20 世纪 20 年代的时候，亚历山大·弗里德曼和阿贝·乔治·勒梅特（1894 ~ 1966 年）使之成为较为完整的理论；20 世纪 40 年代的时候被乔治·伽莫夫所修正。其英文名 "big bang"，源于 20 世纪 50 年代弗雷德·霍伊尔在对这一理论提出质疑批判时所说的一个嘲讽式语句。

因为宇宙大爆炸之前的宇宙本原无人能知，所以宇宙学家开始做出各种猜想：在千万

人们只能推测大爆炸是如何产生的以及黑洞是什么样子。

分之一秒之后，宇宙究竟会变成什么呢？与此同时，整个宇宙充满了温度高达上百亿开尔文度的伽马射线，而且其密度与原子弹爆炸时一样高。随着宇宙的膨胀，伽马射线的波长也随之变长。这样一来，其能量将减少，而宇宙的温度也随

之降低。在炽热气体和辐射继续出现降温的时候，核粒子以及原子核便开始出现和形成。宇宙中所有物质结构的组成元素（即质子、中子和电子）都是在宇宙大爆炸之后的前 4 秒之内诞生的。在 30 分钟内，所有这些核反应都停了下来。宇宙质量的大约 25% 是氦气，而剩下的 75% 是氢气。在今天我们所能找到的最古老的恒星里，氦气与氢气的比率也同样如此。100 万年以后，宇宙开始降温，而核子和中子则开始组成了原子。但是，质子至今仍然独立地存在着，因此我们将这些质子称为宇宙背景辐射。

记录的奥地利物理学家克里斯蒂安·多普勒的名字命名的。6年之后，法国物理学家依波利特·斐索提出，光波的运动规律也是如此，事实证明他是正确的。

1929 年，哈勃公开宣布宇宙是膨胀的，而且仍然处于膨胀之中。此外，他还提供了支持这一理论的证据。这一理论在 2 年之前已经由一名比利时籍天主教牧师、天文学家乔治·爱德华·勒梅特提出。根据爱因斯坦的广义相对论，勒梅特得出了相同的结论和答案。

1948 年，勒梅特的理论遭到了由雷德·霍伊尔和其他理论家共同提出的"稳恒态理论"的坚决反对。实际上，勒梅特是以嘲讽的口吻，用"big bang"一词来形容自己的理论的，没想到这个名字一直沿用至今。

稳恒态宇宙模型认为，宇宙无始也无终。这一理论模型提出了"平坦"宇宙的学说，按照这种学说，宇宙空间以持续不变的速度在膨胀和扩张。在稳恒态宇宙模型理论中，宇宙中所有的"点"在任何给定的时间内应该都是一样的。这意味着宇宙物质存在着一个持续不变的平均密度。为了弥补这一膨胀所产生的空隙，物质必须以一个恒定不变的速度源源不断地被创造出来。

根据大爆炸的宇宙模型理论，所有物质和辐射都来自于一个密度相同，而且万有引力和时空弯曲度都是无穷意义上的属于理论假设上的"点"。这个点就是"奇点"，它没有半径或者体积大小。万有引力如此无穷大，以至于时空结构能够将自己弯曲。我们所知道的物理规律并不适用

于这个"奇点"。

还有人认为，这一理论暗示着仍然有一个大爆炸发生在宇宙的"中心"或者在"中心附近"的地方，然后所有事物都开始膨胀，从而将整个宇宙空间填满。这种解释是非常荒

星云

只要在炎热的午后抽出一点时间，观看一下在风力作用下缠绵在一起的卷云，或者似滚滚巨浪般堆砌而成的积云，你就会更加容易理解星云的形状。

星云的英文"nebula"来源于云一词的拉丁文。太空中，有些区域的星际气体和宇宙尘埃可能会变成越来越大的如巨浪般的分子云，从而演化成了新的恒星形式，有的只是一颗恒星死亡之后的美丽遗像。星云犹如为恒星、星系和行星的诞生所提供的建筑材料，而它们的结构组成和微妙的图案则揭示了在星云内部恒星孕育形成的自然本质，或者导致它们形成的恒星陨灭的真实面貌。

星云有3种不同的类型：反射星云、发射星云和暗星云（也叫吸收星云）。反射星云因为反射了附近恒星的星光而发光和发亮。在气云范围内的尘粒或微尘把星光向四周分散开来，这便使星云成了一个微微

发出暗淡光芒的星团。多数的反射星云呈蓝色，这是因为波长较短的蓝光比波长较长的红光更容易被漫反射掉。由于反射星云的光亮非常暗淡，因此它们中的多数只有通过长期的

仙后座星系的发射星云 NGC 281 号，包括一小簇由恒星组成的疏散星团。

照相使之曝光于天空之后才能被探测到。

发射星云则是炽热的散云或分立云，它们主要是由氢离子所组成，而且是在新星释放出来的紫外线辐射将电子从氢原子中剥离开的时候形成的。这一现象被称为光致电离或光化电离作用。发射星云利用处于活跃状态的原子和

离子所产生的光而发亮，有点类似于霓虹灯内气体原子的状态。这一光化电离作用的过程需要耗费一些能量，因此只有那些最为炽热的恒星才能制造出数量足够的紫外线光子，从而使这个星云保持发光的状态。发射星云通常形成于炽热的、新生的蓝星附近。

位于银河系内视线昏暗地区的暗星云，属于密度较高的气体和尘埃共同形成的云体。这种云层里既没有炽热的新星把气体电离化，也没有附近的恒星供其进行反射。之所以把它们称为暗星云，是因为在银河系或其他明亮星云的衬托之下，我们只能看到它那黑色的轮廓。

最小的暗星云就是我们所称的"博克球状体"，是以20世纪30年代首次发现它的、拥有荷兰和美国双重国籍的天文学家巴特·博克(1909～1983年)的名字命名的。它们的直径不足3光年，而质量则是太阳的10～100倍。

谬的。宇宙大爆炸理论实际上包括了整个宇宙，即时间、空间以及其他所有事物，就在一瞬间，所有的空间和时间以迅雷不及掩耳的速度开始膨胀，宇宙现在仍在继续膨胀。可以想象一下葡萄干面包生面团的膨胀画面：生面团是一个时空结构，随着它的隆起，葡萄干（代表一个个星系）相互之间的距离在朝着不同方向不停地拉伸和扩大。

　　这些相互对立的理论之间的论争持续了长达 20 年之久。1965 年，两位来自贝尔实验室的工程师偶然发现了源自早期宇宙的剩余背景辐射（残余背景辐射）现象。而这种宇宙微波背景辐射的存在，早就被宇宙大爆炸理论所预测过了。

　　1989 年，美国国家航空和宇宙航行局发射了一颗宇宙背景探测器，以便绘制整个宇宙的背景辐射示意图。后来，宇宙背景探测器却发现了背景辐射微乎其微的误差，即在原有平均温度的三千万分之一度的范围内波动（包括低一些或者高一些两种误差情形）。这些发现表明，在第 1 个星系形成的时候便已经存在那些结构，这就进一步证实了大爆炸理论的正确性。

　　2001 年 6 月 30 日，美国国家航空和宇宙航行局发射的"威尔金森微波各向异性探测仪"探测并记录下了能够告诉我们早期宇宙真实情形的信号。威尔金森微波各向异性探测仪探测到了宇宙微波背景辐射微乎其微的数值变化。这样一来，我们就可以揭开宇宙体积大小、物质内容、年龄周期、几何形状和过去的所有秘密，或许还可以预知它未来的命运。

　　在 3 年持续不断的观测和探索之后，威尔金森微波各向异性探测仪终于找到了支持宇宙大爆炸理论的证据，而且证实了在宇宙大爆炸发生的时候，宇宙处于加速膨胀的状态。根据威尔金森微波各向异性探测仪观测到的数据，就在宇宙诞生之后的下一个时刻，也就是在只有不足 1 秒钟的时间内，宇宙以 10^{50} 的速度开始膨胀。

　　随着时间的流逝，万有引力使宇宙膨胀的速度得以减缓。因为宇宙中既有这些明显可见的物质（即我们可以观察到的

多普勒频移

　　多普勒频移原理所描述的是，由某个物体所发射出来的电磁波，在相对某个观测者角度进行运动的基础上产生的频率漂移现象。当这个物体离开的时候，它会产生一个较低的频率，这就是所谓的红移现象。同样，当这一物体接近的时候，它也会产生一个较高的频率，就是所谓的蓝移现象。

恒星、星云、星系等物体），也有隐藏于黑暗之中的物质（即我们看不到的物体，只能通过万有引力来推断其存在的物质），所以我们会认为万有引力已开始踩刹车了（开始减少其引力作用）。然而，事实可能并非如此。

在20世纪90年代中期，2支互相独立的研究团队，即"超新星宇宙学计划团队"和"高红移超新星搜寻队"都开始对这种减速理论进行研究和考察。这2支团队都利用极其遥远的超新星来测量宇宙的膨胀速度。结果，他们的发现令人吃

时空弯曲论

牛顿认为，整个宇宙的几何形状是扁平的，而爱因斯坦并不赞成这个假设。实际上，根据爱因斯坦的广义相对论，整个宇宙的形状从总体上来说大致是一个弯曲的球体。

宇宙的几何形状存在着3种可能性。虽然我们很难想象出这3种可能形状的准确形式，但是我们可以在一个

封闭宇宙的弯曲展现了宇宙的有限容量和没有任何棱角。

二维空间里为这些可能的形状画出一个示意图。

第1种形状被称为"封闭的宇宙"，它是一个正圆球的立体形状。这一宇宙结构形式的体积是有限的，没有任何棱角，并且从二维的角度来看呈圆球状。这种效果可以通过比较地球的半面照片得到。正如地球的表面形式一样，在封闭的宇宙模式下，如果你沿着任何一条直线往前走，那么你最终会走回出发点。由于质量条件充足，宇宙的膨胀最终会停下来，然后依照万有引力定律开始出现收缩，最终收缩成一个空间和时间均被无限扭曲的极限点。这个终点正好与宇宙大爆炸论相反，它被

称为"大坍缩"。有一些人曾大胆地提出，应该给介乎于膨胀和坍缩之间的宇宙论模式冠以"大反弹"的学名。

第2种可能的形状就是一个"开放的宇宙"，它是一个非正圆形的形状。这个非正圆形体近乎一个双曲面的形状，是由自身的弯曲所形成的。从二维的角度来看，这个形状有点类似于某种鞍状物。这种模式下的万有引力没有足够的力量停止膨胀扩张的进程。

第3种可能性的几何形状被称为"平坦的宇宙"，也就是说，宇宙没有任何曲面。在这种形状模式之下，宇宙同样是无穷无尽的，而且其膨胀或者扩张将会永远持续下去，只是其进程要比开放的宇宙模式稍微缓慢一些。

惊不已。

超新星的所在位置好像要比当时通行理论所说的遥远得多。这些研究结果和发现则认为，宇宙的膨胀速度非但没有减缓，反而还处于加速推进中。如果宇宙的膨胀真的处于加速之中，那么必然是某种类型的反万有引力或者反地心引力在发挥作用。一些科学家认为，是源于太空深处的某种"暗能量"或者"黑能量"对万有引力起着排斥的反作用力。

阿尔伯特·爱因斯坦在他的广义相对论中首次提出了反万有引力理论。为了不与哈勃常数的概念相混淆，爱因斯坦将其称为宇宙常数。这一反作用力属于一种数学系数，它起到了帮助宇宙平衡自身万有引力的作用。简而言之，广义相对论的观点是，宇宙必然不是膨胀抑或是收缩，而是静止的。由于反万有引力（或反重力）宇宙系数的加入，广义相对论公式的两端便达到了平衡的状态。

在勒梅特提出宇宙膨胀论并由爱德温·哈勃予以观测和证明之后，爱因斯坦才把宇宙常数从他的宇宙理论及其物理定律中排除出去。他很懊悔把这个概念加入到他原先的公式中去，并且认为这是他"最可怕的科学谬误"。

从现在来看，爱因斯坦似乎恰恰站到了通往真相的轨道上。最近，哈勃太空望远镜和威尔金森微波各向异性探测仪所发现的是：宇宙这个大混沌就是由黑能量所组成的。目前对于宇宙"物质对能量"的预算估计是：黑能量大约为70%，而可见物质和暗物质加在一起约占到剩下的30%。简而言之，宇宙的多数部分是由我们根本一无所知的东西所组成的。

这种黑能量的本质对于宇宙未来的命运而言可谓举足轻重。如果黑能量是稳定的，那么宇宙会永远保持现在这种继续膨胀和加速的状态，而万一这种黑能量是不稳定的，那么宇宙最终可能会分崩离析。这种类似于世界末日的假设理论，被人们冠以"大撕裂"的恐怖说法。按照这种大撕裂的

哈勃常数

哈勃常数是河外星系退行速度同距离的比值，通常用 H 表示，单位是千米/(秒·百万秒差距)。1929 年，哈勃首先发现河外星系的退行速度与距离成正比（距离越大退行速度越大），并给出速度−距离比，符号为 K，比值为 300。后来人们称之为哈勃常数，并改用符号 H。1931 年，哈勃第 2 次测定 H 为 558，后又订正为 526。

描述，宇宙不停加速，并最终达到一种足以将时空结构完全撕裂开来的最高点。在那个时候，即使是原子也会被五马分尸。但是，从另一方面来看，如果黑能量是一种动态的概念，那么其应该会逐渐减速并将自身转化为一种引力形式，然后将宇宙吸回到其所在空间，最终朝着大坍缩或者"内爆"的结局迈进，而不是发生大爆炸。

从天体圆球到宇宙内爆

　　自太祖时代伊始，一直到近代的文艺复兴，天文学家从未停止过对天文观测的研究工作。他们把天文观测成果与地球上的事件联系起来，设计和发明出各种几何模型来模拟他们所观测到的运动规律。开普勒的行星运行定律推动了人们对这些运动背后的力学原理的探索与研究。牛顿的万有引力定律把很多分散的理论整合到了一起，为原因与结果之间的关系做出了一个合理的解释，同时向世人说明，适用于地球的物理法则同样适用于宇宙空间中的任何物体。

　　19 世纪早期，细小的分歧开始出现。到 20 世纪的时候，爱因斯坦的狭义相对论和广义相对论确定无疑地向我们表明，牛顿定律所证实的任何真理都可能适用于我们的日常生活，但是却并不一定适用于极其宏观或者极其微观的宇宙领域。

第二章
物质与能量

2000 多年以来，人类从未停止过揭开物质和能量的神秘面纱的探索之旅。尽管我们已经拥有了浩如烟海的知识储备，但是真正将这一探索和研究向前大跨步推进的是我们所处的这个时代的科学家。我们非常清楚地认识到，数学是引领我们破解自然界众多秘密的万能钥匙。然而，就算是最为简单的数学成就，比如今天为大家所熟知的计算公式，都是人类的祖先根据他们当时的生存需要逐渐演化而来的。我们的故事要从最为简单的数字谈起。

在人类历史上，书面语言（即文字）与数学几乎同时发展和演化出来的事实并非仅仅是一种简单的巧合。两者不仅都是描述客观世界的方法和手段，而且也都需要一种将关于客观世界的信息转变成某种符号系统的能力。然而，这些符号的诞生却是人类经过数百万年的探索之后所取得的最终成就。在刚开始的时候，人类与其他动物一样也经历了去粗取精、积少成多的演化历史。他们先是凭借直觉来计数，就像鸟类能够判断出其巢穴里的鸟蛋数量、黄蜂能记得给自己的幼崽喂过几条毛毛虫一样。然后，人类开始注意到4块石头与10块石头的体积大小是不一样的，走4步与走10步所产生的距离存在着差别。尽管如此，令人难以理解的是，石头和步子都是实实在在的事物，但是"4"与"10"则找不到对应的实体。

如果存在任何关于数字的事实，那么这些事实都来源于人类的自我认知。比如，人类通过一个身体、一个脑袋和一张嘴发现数字"1"的存在；人类天生就是形体上左右对称的生物，因此他们通过自身肢体和器官的成对性发现了数字"2"的存在。"1"意味着单一性；而"2"则意味着成双成对，比如说男性与女性、白天与黑夜、太阳与月亮、地球与天空、水与土以及炎热与寒冷等。在现在的重大仪式和宗教活动中，一些数字被赋予了特殊的含义，它们代表着某种不可违抗的重要真理。

计数与测量的工具

人类是从什么时候开始逐渐增加对这些事实的积累的呢？在文字出现以前，不断迁徙的牧人和猎人从自己的经验和习惯中学会了如何制造大小适中的工具和武器，以及与他们的猎物保持多少距离才是最佳的方案，同时也了解到他们的下一次旅程大概要花多长时间。100多万年以前，当我们的祖先在将石头制作成刀片状工具时候，他们是不

指时针

指时针的发明最早可以追溯到公元前35世纪，当时的日规或日晷（可以通过太阳位置确定时间）便是其雏形，这是世界上最早的计时设备。公元前8世纪出现了更为精确的计时工具。

约公元前 600 ～前 50 年

约公元前 600 年
米利都人泰勒斯提出水是生命和地球的基本元素。

约公元前 500 年
毕达哥拉斯学派开始专攻数学并在几何学上取得了巨大成就。

约公元前 420 年
希腊哲学家德谟克利特认为，物质是由极其微小且最终不能分割的元素——原子组成的。

是已经学会计算敲击的次数了呢？在他们外出狩猎之前，他们会不会先数一数身上所带的石块呢？他们会计算猎物吗？他们会记录下每天的行程所走的步数吗？在 100 万年以前，人类大脑的容量和尺寸要比现在约小 606 毫升。如果他们当时没有开始这些思维活动，那么他们究竟是从什么时候开始形成做这些数学题的习惯的呢？

日晷

日晷的发明揭示了人类的时间感官与自然世界之间的密切联系。

是不是 5 万年前日新月异的、复杂的生存环境，迫使生命形式必须学会这些高级的数字计算公式呢？学会如此高深的数学计算是否必须以更大的大脑容量为前提条件呢？对数字（既包括那些指示数量的基数，也包括那些指示顺序的序数）的顿悟是否是人类文明的开端呢？

我们几乎找不到任何证据来证明人们是在什么时候发现了算术的最早公式，或者在什么时候开始测量太阳、月亮、

约公元前 320 ~前 260 年	约公元前 300 年	约公元前 287 ~前 212 年	约公元前 50 年
在前人几何知识的基础之上，欧几里得对几何学进行了更为深入的研究，并撰写了传世名作《几何原理》。	印度的数学家们第 1 次开始使用"零"，并且正式将其列为数字符号之一。	阿基米德做出如下推论：物体在液体中所受到的浮力等于它所排出液体的重量。	印度率先采用十进制。

最早的文字

篆刻着象形文字的黏土块是古代闪族人用于记账的工具书。这些楔形或 V 形的符号被称为楔形文字，是人类最早的书面语言形式。

星星和行星的运动轨迹。如果人类在寻找食物和遮蔽物时并非漫无目的，那么他们是否是依靠某种固定的方位关系来记录他们的旅程呢？可以断定的是，史前人类必然会发现两件事情：一是人影的方向和长短在白天会发生变化；二是如果在地上插一根木棒，那么这根木棒的影子恰好可以划出一个圆弧。这个简单的装置被称为 Gnomons（希腊语，意思是"知者"，相当于中文的"指时针"）。在非洲，一些部落（如布须曼人）现在仍然在使用这种指时针。我们从已知的最早测量方式中得知，这些测量方式与人类的某些身体器官有关，比如手掌的宽度，或者胳膊、大腿和跨步的长度等。事实证明，这些测量方式拥有非常漫长的历史。

然而，算术是另外一码事。比如，一边看着远处的两棵树，一边用两根木棍放在地上来代表它们，这是一个非常巨大的进步，而把这些木棍加起来则是另外一个巨大的进步。人类学家和考古学家推测，1 万年前，中东地区农业时代和畜牧业时代的到来把这一过程不断向前推进。如果物品的数量比较少，那么人们可以通过数手指和脚趾，或者在木头上刻下一些凹槽来计算。然而，在猎人和游牧民在肥沃的土地上定居下来并开始种植谷类植物和饲养牲畜后，他们便要掌握如何计算更多物品的数量。即便是在定居后的初期，他们也必须对储藏在公用粮仓里的粮食数量进行计算。于是，这一新的计量问题便要求他们学会使用另外一种更加高级有效的算术方法。

　　到了公元前 7500 年，在闪族人居住的地方（即现在的伊拉克南部地区）出现了一种有不同形状的黏土象征物，当地农民用这种象征物来记录自己的粮食库存量。这有点像小孩子玩的棋盘游戏：一颗小一些的黏土球代表一个蒲式耳（体积单位，容量约等于 3 万毫升）的粮食，一个黏土制成的圆柱体则代表某种动物，而一个鸡蛋形的黏土象征物则表示一瓶油。这些计量单位还有其他形状，比如圆球形、碟形和小金字塔形。

　　这些史前器物出现在铜器时代之前。黏土在经过了高温煅烧之后获得了持久的韧性，也是在这个时代，精致的陶器开始出现。每一个黏土象征物代表着某个特定单位，因此可以通过这些单位来计算一个人的财产总量。

　　随着越来越多的产品（比如布匹、香水、工具等）不断被生产和制造出来，用于计数的黏土象征物变得越来越精细。考古学家丹尼斯·施曼特－巴塞瑞特认为，这种黏土象征物使新的文明——征税成为可能。新的黏土象征物一律被做成黏土球的形状，并且在外面标明该球所含黏土象征物的形状。不久之后，这些标明黏土象征物形状的标志开始取代黏土象征物本身，而且这些黏土球也被雕刻成更为便捷的文字泥板。从此以后，人们不再需要 50 个鸡蛋形状的黏土象征物，而只需要在一个黏土片状物上雕刻上代表 50 个鸡蛋形状的黏土象征物即可。

　　根据施曼特－巴塞瑞特的观点，在公元前 3100 年左右，黏土象征物取得了巨大的进展。人们在这个时期发明了一套新的符号体系，这套符号体系并不是用 50 个粮食象征物来表示，而是用一种特殊的符号或者符号组合来表示。然而，这时的数字并不是纯粹抽象的概念，因为它仍然与某种物品相对应。比如，"2"这个数字本身并没有任何意义，除非它所指的是 2 个具体的物品。然而，同一个符号可以用来代表不同事物这一事实与简单的计数相比，已经是非常巨大的进

楔形文字

　　在古代，楔形文字是中东地区最重要、传播范围最广的文字系统，其地位不亚于古代中东的拉丁字母。根据记载，最早使用楔形文字的是闪族人。

土、气、火、水四元素

世界究竟是由什么组成的呢？人类的感观直觉对这个基本问题似乎做出了同样的回答，但是却留下了完全不同的古代文化的痕迹和特征。首先是在公元前2000年左右的古代中国，然后是在古代印度，而最后是在公元前5世纪的古代希腊，这些古代文化都得出了这样的结论：所有的物质都是由几个基本的元素组成。中国古代的人们认为这几种基本元素就是水、金、木、火和土；而古希腊和古印度的人们则认为，这些元素应该是土、气、火和水（也有些人把其中的"气"称为"风"）。对这些古代文化而言，物理学和形而上学之间的距离并不遥远，而这些不同的元素除了具有实际上的属性之外，还浸透着一层概念上的色彩。

在公元前5世纪的古希腊，恩培多克勒首次对四元素的思想进行了清晰的阐述。诗人、哲学家、政治家以及毕达哥拉斯和恩培多克勒的追随者都得出了这样的结论：土、气、火和水这四大元素构成了所有生命和物质的"根本"。为了反对认为所有物质都是由原子或者虚空组成的德谟克利特

（约公元前460～前370年，古希腊哲学家），以及认为物质无法创造出来或者消灭掉的帕尔米尼底斯等原子论者的观点，恩培多克勒坚持认为四大

按照这幅1496年出品的意大利木刻画所演示的，土、气、火和水这四大元素互相联系在一起。

元素处于持续不断的变动和重压之下，它们受到了宇宙中两大力量（即吸引力和排斥力，或者正如他所说的那样，相爱的力量与相争的力量）的作用和影响，正是这些力量创造了整个世界生与死之间的不断循环。

恩培多克勒认为，物质能够被创造出来以及被消灭掉的思想，与亚里士多德的理论正好是背道而驰的，原因在于亚里士多德认为所有物质都是出于一定的目的而被创造出来的。亚里士多德的观点是，土、气、火和水这四大元素结合起来，并包

含于所有物质中，但是它们结合在一起的方式能够促进所有事物的完美化，并沿着由低级和无生命物质到至高无上的神灵和有生命的人类这样一个发展链前进。同时，亚里士多德还非常详细地计算出了四大元素以属性相反配对的方式（即土与气、水与火），从一个物质形态转变成另外一个物质形态。

"比如说，如果火元素的某个属性发生了变化，那么它就能变成气元素。"亚里士多德写道，"正如我们所知道的那样，火元素的属性是热和干燥，而气元素的属性是热和潮湿，因此一旦火元素的干燥属性被潮湿属性所取代，那么气元素便由此诞生。火元素转变为水元素以及气元素转变为土元素的过程，以及水元素和土元素分别转变为火元素和气元素的过程，虽然是可以实现的，但是相对比较困难一些，因为它们涉及了更多属性之间的转化。"

公元前5世纪的医学家希波克拉底认为，人体的健康来自于身体四大体液（即血液、黏液和另外两种胆汁）之间的平衡机制，而这四大体

液又分别与四大主要人体器官、一年之中的 4 个季节、人的 4 个年龄阶段以及 4 大基本元素相对应。在整个中世纪，这个具有象征意义的属性系统与四大元素一样都具有举足轻重的意义。潮湿与干燥、热与冷之间的平衡机制象征和表示着作为精神的思想与作为物质的身体的健康状态。

与亚里士多德的很多思想一样，四元素理论以及与之相对应的身体四体液说在很长一段时间内并没有遭到任何的质疑与挑战。直到中世纪的炼金术师发现和揭示出物质的各种实质性物理属性的时候，亚里士多德的四大元素理论才开始遭到质疑。

1661 年，英国化学家罗伯特·波义耳对四大元素的本质属性提出了质疑并进行了争辩。波义耳认为，真正的基本元素既不能被分解，也不能由其他物质转变而成。到了文艺复兴时期，四大元素解释论被认为是一种比喻性的说法，因此它根本不是什么科学理论。18 世纪晚期，法国化学家安托万·拉瓦锡公布了一个以波义耳的理论为基础的元素列表，他为我们今天的元素周期表设定了起点。

步了。虽然刚开始的时候只采用两种数字符号，但是它们足以形成一个简单的系统（这个十进制系统可能比较直观，原因是它来源于人类的手指数量）。具体地说，一个楔状物代表 1，一个圆形物体代表 10。

大约在公元前 3000 年，原先的黏土象征物开始退出历史舞台，取而代之的是更加持久耐用的、用来计数的黏土片状物和另外一种新的、用象形文字记载的数据存储系统。在接下来的 3000 年里，后一种新的符号系统一直在中东地区沿用并不断演化。在这一历史时期，书面语言也开始登上历史舞台。这种书面语言采用的是一种新的符号体系，它后来被称为 "Cuneiform"，即楔形文字。这一看似简单的过程却经历了 4000 多年，然而，当人类开始运用数字来测量和描述他们新发现的事物和想法时，人类对世界的认知已取得了突飞猛进的发展。

作为新月沃土孕育的美索不达米亚文化的一部分，巴比伦人开始对闪族人创造的发明进行重新界定和提高。他们发明了更多的数字标识并设计了很多新的系统。按照这一新系统，一个数量单位能够转换

巴比伦黏土片

这些雕刻在手掌大小的巴比伦黏土片上的数字可能代表一个数学问题，而这个问题的解答以楔形文字的形式被写在这个问题的上方。

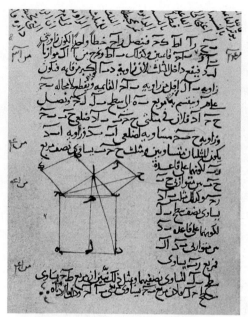

《几何原本》内页

正如人们所知道的那样，毕达哥拉斯的主要成就在于他是第1个对直角三角形各边之间的数学关系进行解释和说明的人。图中是欧几里得对毕达哥拉斯定理进行证明的阿拉伯文字记录。

成另外一个数量单位，就像我们现在把千克转换成吨一样。比如，10个锥形物等同于1个小圆形物，而6个小圆形物等同于1个大的锥形物。此外，10个大的锥形物又等同于1个包含1个圆形物的锥形物，而6个类似的物体又通过1个大的圆形物来表示。巴比伦人研制出一个基数为60的进制系统，而且这一系统与我们现在的角度和时间单位相吻合。

不同的计数系统被应用于不同的事情，即用于计算粮食储量的计数系统与用于计算家畜的计数系统并不是同一个系统，但是每个系统所用的各种符号可能是完全一样的。

在接下来的1000年里，这个复杂的计数系统被简化成一个仅使用两种符号的更加有效的系统，即用垂直的楔形（即楔形尖端在下方）来表示"10"以下的数字，然后再用指向左边的楔形（即横向楔形）来表示数字"10"。此外，减法、乘法和除法通过与我们今天所使用的、完全相同的方法来实现，只不过他们的数字是以60而不是以10为基数的而已（比如说53分钟加上20分钟，对53分钟来说，加上7分钟就等于一个小时了，而剩下的13分钟被继续保留着）。为了使这些计算更加简便，巴比伦人发明了范围更广的乘法表和除法表。这样一来，较大的数值计算可以被分成几个数值较小的计算，然后把这些结果加到一起即可。凭借这一系统，巴比伦人可以完成相当复杂的数值计算。

巴比伦人倾向于创造出并不仅仅继续停留在一般数学公式之上的数学公式表。他们能够完成一些代数计算（比如在直角三角形底边和高的乘积和总和已知的情况下，分别计算出这个直角三角形的底和高的长度），但是他们所用的方法包含了很多步骤，而且并不是运用我们现在所知道的等式方程进行计算。

古希腊人声称他们的早期知识来源于古埃及人。然而，虽然古埃及在当时已经达到了更高级的文明程度，但是就数学而言，它从来没有超越十进制计算系统，而且古埃及的数学与实用性算术之间还存在着相当远的距离。公元前7世纪，古希腊人开始与古埃及进行贸易往来，而在公元前3世纪的时候，古埃及已经成为希腊帝国的附属国。

在古代，哪里有数学的发展，哪里的文化就会被赋予一种新的表达方式，以对日益增长的财富、生产和知识进行计算。除西半球的印加文化之外，数学在古代中国和古代印度也实现了独立的发展。与此同时，与数学同时发展起来的文字也发挥了相同的作用。正如文字并不是必要的哲学手段一样，以测量和计算为主要内容的数学也不是一门必不可少的学科，除非需要运用它们对自然现象进行考察和研究。把数学语言上升到科学发现的过程仍然需要另外一个步骤，也就是说，我们必须确信自然本身是受数学定律和法则约束的，而且可以运用数学定律和法则对自然现象进行解释。

那么，这一理解是如何而来的呢？最早的证据来自于公元前7世纪的古希腊，其后是思想自由、政治动荡以及国家独立等因素的共同产物。这里的希腊国家独立指的是当时自希腊本土出发，越过爱琴海，一直到土耳其的海岸线所形成的希腊帝国。

在一个汇集了来自非洲、中东、印度和中国的商品与思想形态的贸易网络中，爱奥尼亚文明开始迅速崛起，而其根本刺激因素就是内在好奇心（或求知欲）。哲学学校如雨后春笋般在各个小岛以及日益扩大的城市之中建立起来，这些学校通常是以其创建者的家族名字命名。公元前7世纪晚期和公元前6世纪早期，那些身处土耳其海岸米利都地区爱奥尼亚城的自然哲学家，包括泰勒斯、他的学生阿那克西曼德，以及阿那克西曼德的学生安那西梅尼斯，提出了各种复杂的宇宙起源说。通过研究他们的思想可以得出了这样的结论：

公元前4世纪，古希腊人就证明了在成千上万的立体中，只有5个柏拉图立体（即各面均为正多边形的凸多面体）。他们将这5个柏拉图立体与宇宙符号联系起来：正四面体与火相联系，正六面体与地球相联系，正八面体与空气相联系，正十二面体与太相联系，正二十面体与宇宙相联系。

简单的数学比值实际上可以对整个宇宙进行描述。

他们的研究对希腊思想（在后来则是对所有的科学思想）的发展产生了非常深远的影响。毕达哥拉斯把这个思想发挥到了极致。虽然毕达哥拉斯当时的教学内容并没有流传和保存下来，但是他对数学、科学乃至所有西方思想的重大影响是任何人都无法否认的。

公元前560年，毕达哥拉斯出生于离土耳其海岸线不远处的萨摩斯岛。年轻的时候，毕达哥拉斯游历到了埃及和巴比伦地区。在回到萨摩斯岛之后，他积极主张建立一种对男女而言极为严苛的"邪教崇拜"的秩序，从而奉行禁欲主义、素食主义、禁酒主义和再生主义。与此同时，他还致力于政治、哲学、天文、音乐和数学等方面的研究。毕达哥拉斯及其追随者发现了决定某种乐器刻度不同音之间的数字比率规律。从音乐出发，他们把对数学关系的研究扩大到几何形状和数字级数，并且一直搜寻所有和谐一致和均匀对称的事物。

在我们看来，这些研究的重要性在于它们认识到了声音等事物都会依赖于一定的数学定律或法则。毕达哥拉斯学派把这些研究称为一门理论性学科，也就是说，这些研究需要通过精确的数学方式进行表述。在毕达哥拉斯学派看来，"所有事物都是数字。"与此同时，毕达哥拉斯学派在恒星和行星的常规运动中苦苦地寻找"星球的音乐"。他们争议的焦点在于，几何学能否成为人类理解宇宙，从而把生命本身带入一种和谐状态的手段。

毕达哥拉斯学派被一个怪异的现象所吸引。他们发现，任何直角三角形的斜边与这个直角三角形另两边的边长之间，都存在着某种固定不变的数学比例关系，但是他们无法找到通过已知的数学知识对这种比例关系进行清晰表达的方式。

那么，这个无法被准确表述出来的比例关系究竟是什么呢？事实上，他们已经处于发现我们今天所知道的无理数的边缘了。他们的研究工作最终导致毕氏定理（勾股定理）的

闻名于世的勾股定理

"毕氏定理"或者"勾股定理"被全世界的人们所运用，并得到了人们的尊敬。乌干达的一枚硬币上便包含了一个直角三角形、毕氏定理的数学公式以及毕达哥拉斯本人的画像。

发现。

毕氏定理的数学表达式为 $a^2+b^2=c^2$。在这个公式中，a 和 b 所代表的是直角三角形两条直角边的长度，而 c 则是直角三角形斜边的长度。如果直角三角形的两条直角边为一个单位，那么运用毕氏定理进行计算就可以得出这个直角三角形的斜边长度为 2 的平方根个单位。但是，不存在任何方式来表达这个用其他两个数字的比例关系所产生的数值。在十进位记数法里，这个数值在小数点后面有很多位数字，并且小数点后面的数字既不重复又不能穷尽。一个圆的直径与圆周之间的长度比例值被称之为"π"，这个数值也是一个类似的数学实体，无法通过当时的数字进行表述。

在毕达哥拉斯之后，希腊的思想家也在几何图形上有所突破。柏拉图认为，我们在日常生活中观察到的或者碰到的所有事物，都是那些超出人类的经验范围之外的永恒以及几何图形的映象。在毕达哥拉斯学派的指引下，柏拉图主义者坚定地认为：自然界的形状和现象存在着一种固

毕达哥拉斯不但是神秘主义的鼓吹者，也是一名数学天才。在这幅由萨尔瓦多·罗萨创作的油画作品中，毕达哥拉斯正从地下世界中出来。

无所不在的数学

毕达哥拉斯及其追随者认为，客观事物从本质上看就是数学。在进行深入的研究之后，被隐藏起来的宇宙的和谐一致性和数学般精确的秩序都可以被分辨和洞察出来。

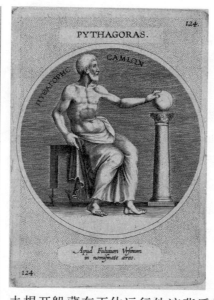

有的精确性与对称性。也就是说，自然界存在着一种有待于我们去发现的全新的真理。

可以运用数学对自然进行描述这一思想代表了一个巨大的理论进步。比如说，人们普遍认为，柏拉图把可以通过数学进行精确计算的天文学付诸实践，因为他鼓励和怂恿他的学生去揭开躲藏在天体运行轨迹背后的那些关于行星的有序可循的、错落有致的、如数学般精确的运动规律。我们可以用在柏拉图之后数个世纪内被反复引用的一句格言对柏拉图的观点进行概括，即"上帝是几何学家"。

大约在 2000 年之后，伽利略也说出了与这个格言的意思基本相同的一句话。他认为宇宙是一本"伟大的、奇妙的书……（它）用数学语言书写而成；它的具体表现形式就是三角形、圆形和其他几何形状。"

对几何学原理的孜孜追寻深深吸引和启发了欧几里得。这位生活在公元前 300 年左右的科学家把他那个时代的所有几何知识都记录和累积起来，其中包括大约在公元前 400 年的古巴比伦人欧多克斯的研究成果。

欧几里得

不论是过去还是现在，希腊数学家欧几里得都被认为是几何学历史上最伟大的老师。

在欧几里得的成名作《几何原理》中，他叙述了几何学的 4 个基本原理：第一，任意两点之间都可以画出一条直线；第二，任何一条直线都可以被无线延伸；第三，给定任何一个线段，那么可以画出一个以这条线段为半径、以这条线段的其中一个端点为圆心的圆；第四，所有的直角都是全等的。欧几里得在《几何原理》一书中所体现出的那种小心谨慎、逐步推进的推理模式成为数学证明的典范。

同时，欧几里得的著作也被当作几何学教材的主要内容，而且一直延续了 2000 多年的时间。"从撰写这本书的时间开始一直到现在，《几何原理》对人类生活的各个方面都产生了连续性的、深远的影响。"荷兰数学家 B.L. 范德瓦尔登如此写道，"这本书是几何逻辑推理、几何定理和几何学研究方法的主要源泉，至少在 19 世纪前欧几里得之外的几何学到来之前都是如此。"

宇宙天体的秩序

欧几里得的几何学教学促使人们对地球、太阳、月球和其他恒星及行星之间的位置关系进行确定。托勒密把地球看作整个宇宙的中心，而历史证明，这是一个非常难以纠正过来的错误。

古希腊人：思想与物质

与古希腊人最早在几何学、数学和天文学等领域取得成就一样，对自然进行研究的科学（即物理学）同样起源于古希腊。早期的自然哲学家对物质世界提出了质疑。物质世界是如何形成的？宇宙的主要物质是什么？是气、水、火还是一些由它们组合而成的物质形态？物质能够无中生有吗？究竟有没有一个造物主？生命是故意被创造出来的，还是所有的事物都是一种偶然机遇的产物？由物质组成的宇宙是一成不变，还是会经常发生变化？在很多人看来，这些疑问都属于形而上学的问题，因此无法找到像数学一样精确的答案。

公元前 7 ~ 前 6 世纪，一些早期的哲学家提出了他们的宇宙理论，主要是通过一种或者是几种重要的元素对宇宙的组成进行阐释。物质的形态是如此变化多端，既包括非生命形态，也包括生命形态，这就意味着这些元素必然

德谟克利特

古希腊哲学家德谟克利特认为，时空和物质都由一种在数量上无穷无尽但却不能被分割，而且可以在瞬间消失的、被称为"原子"的细小物质组成。他认为，原子一直保持着不断运动的状态，并且原子可以组成从表面上看属于固体形式的物质。

处于持续不断的变化之中。然而，我们可以找到一个平衡点，而且这种平衡点介乎于将要形成和诞生以及即将消灭和死亡之间，如此循环往复。公元前5世纪之前，这些概念一直是理论争辩的核心。从那个时候开始，这个争论才开始分化为两个方向。

公元前515年出生的爱利亚人巴门尼德认为，物质不断形成和消亡的过程意味着在某一个时间点上必然存在着一种"非存在"的状态。既然存在是可能的，那么"非存在"应该是不可能的；而如果"非存在"确实存在，那么其本身就是一种客观存在。正如巴门尼德在他的一首诗《真理之路》中所描述的那样："不要让不是真理的东西引导你，你要让自己的思想跳出那种思维方式。"

与巴门尼德同处于一个时代的恩培多克勒（可能还是巴门尼德的学生）认为，从诞生之日起，宇宙就是一个不能发生变化的宇宙，它始终保持着一种不变的状态。同时，他也认为我们生活于其中的世界的改变是有可能的，这些变化主要通过土、水、气和火这四种物质的"根"元素之间错综复杂的互相作用。那些"根"可以通过相爱与相恨的力量被拉开或者牵到一起，如此循环往复——相爱与相恨是他为吸引力和排斥力所起的另外一种名字。每一种"根"都有其独特的特性，而所有的物质都是由这些"根"的不同组合形成的，因此不久之后，这些"根"便被称为基本元素。

阿布德拉的德谟克利特在这一争论中却持另外一种完全

不同的观点。出生于公元前 460 年左右的德谟克利特因为对人类生存条件所持的乐观态度而被人们称为一位笑容可掬的哲学家。据传闻所说，他足足活了 100 岁。

德谟克利特找不到任何理由来解释为什么存在和非存在两者可以共存。"任何事物的存在都归于零。"他斥责了巴门尼德的所有信徒和拥护者。他把世界想象成一个莫大的虚空，在这个虚空中，持续不断地下着细微到根本无法察觉，更无法辨认其形状和大小的原子雨。各个原子之间出于巧合的碰撞可以形成各种物体；而当原子分崩离析的时候，物体又开始分解。

在柏拉图指导其弟子去寻找那些潜藏在世界完美外表之后的永恒物质的时候，他最出名的弟子亚里士多德却对自然世界的直接观察给予了极大的关注和重视。亚里士多德不仅竭力研究那些在当时被柏拉图主义者和毕达哥拉斯学派奉为尊贵高尚的天体运动，而且也关注和考察那些从小毛虫到海洋生物等自然世界中极为平凡的具体事件。

从逻辑的角度出发，亚里士多德拒绝接受原子理论，而是采用了恩培多克勒的火、水、土和气四元素论，并且创立了一个非常详细的物质理论。按照亚里士多德的观点，这些元素同

古代的数学家

抽象推理的完美主义者

约公元前 1900 ~ 前 1600 年
后来被称为毕达哥拉斯定理（即勾股定律）的数学知识出现在古巴比伦。

约公元前 580 年
毕达哥拉斯在萨摩斯岛上诞生。

约公元前 535 年
毕达哥拉斯游历到了埃及，并在埃及大举入侵时被波斯的冈比西斯二世逮捕。不久之后，毕达哥拉斯被带回波斯。

约公元前 532 年
毕达哥拉斯搬到意大利南部，并且在克罗通地区创建了一所学校。

约公元前 500 年
毕达哥拉斯于意大利南部的梅塔蓬图姆去世。

约公元前 400 年
欧多克斯诞生于小亚细亚克尼得岛上。

约公元前 372 年
欧多克斯在埃及与很多牧师一起学习和研究。在离开埃及的 2 个月之前，他参加了在希腊雅典举行的讲演活动。

约公元前 350 年
欧多克斯在克尼得岛逝世。

约公元前 330 年
欧几里得诞生于埃及的亚历山大地区。

约公元前 300 年
欧几里得完成了《几何原理》巨著，这也是他倾尽全力的几何学教科书力作。

约公元前 287 年
阿基米德诞生于西西里岛的叙拉古地区。

公元前 212 年
阿基米德在罗马帝国血洗叙拉古时不幸遇害。

约公元前 260 年
欧几里得逝世。

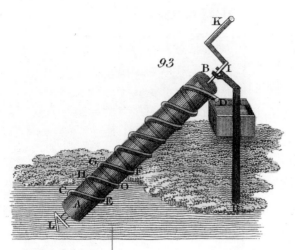

阿基米德的螺旋泵运用简单的力学原理把水引到高处。

时塑造了生命物质和非生命物质。然而，他在根本信仰上与恩培多克勒有所不同，因为他认为元素是可以变动的。在亚里士多德看来，元素可以放弃或者获取潮湿与干燥、热与冷等属性，而且它们也能够从一种存在方式自动转变为另外一种存在方式。

亚里士多德对自然世界进行的观察使他了解到，自然中的每一个事物都存在着某种设计原理或创造功能。他认为，生命体实际上都是按照从低级向高级进化的目的进行组织的：从最初开始的无生命物体上升到各种在生长发育机制上近乎完美的植物，然后是在觅食功能上几近完美的动物，最后是思考功能和幸福感相当完美的人类。

在亚里士多德看来，世界是运动着的，变化和运动是世界的基本特征。同时，他还认为在每一个物体背后存在着4种被他称之为"因子"的元素。一旦这些因子被人们所了解和掌握，那么物体本身就完全被人们所了解和掌握了。第1个因子是物质或者物质动因，即所有物体的组成元素。第2个是形式或者形式动因，即上述物质所呈现的外部形式。第3个是动力或者动力动因，也就是使这个物体成为可能的原

公元 1600 年 ~ 1704 年			
1600 年 英国医学家威廉·吉尔伯特公开发表了他的著作《论磁》。这本书极大地提高了人们对磁力的认识。	**1604 年和公元 1609 年** 意大利天文学家伽利略进行了与重力、加速度和速率有关的各种实验。	**1621 年** 荷兰天文学家布里德·斯涅尔发现了决定被折射光线路径的定律。这一定律最终被称为斯涅耳定律。	**1654 年** 法国数学家和哲学家布莱斯·帕斯卡尔提出，液体作用力在各个方向上都是相同的。

因。第 4 个是亚里士多德世界观中最为重要的一个因子。这个因子被称为目的动因，它指出了一个事物的目的、目的的内容以及目的存在的原因等。

所有的自然事物（与人类双手所创造的人造物品有所不同）在其内部都存在着一种动力法则，而且就是这种法则推动着它们朝着自己的目的动因推进。

比如，橡树的果实不需要外界刺激就可以朝着实现其目的(生根发芽，从而茁壮成长为一颗成熟的橡树)前进。因此，在亚里士多德看来，物质一直处于变动之中，即从一种存在状态转变成另外一种存在状态，其驱动力要么是基于内在法则使它们朝着正当的目标变动，要么在外力作用下朝着其他目标变动。

在德谟克利特时代之后的一个多世纪，伊壁鸠鲁重新回归到他的原子理论，并开始思索由在一个没有灵魂、诸神和造物主的虚空世界里运动着的原子组成的唯物主义世界。伊壁鸠鲁的原子论与德谟克利特的原子论之间存在着区别：他的原子是有质量的，而且可以突然被转移和发生碰撞。此外，在它们被赋予某种形状的时候，它们能够唤起感官刺激。在伊壁鸠鲁看来，自然事件是没有任何目的的，所有的事情都是由原子的随机运动决定的。即使是人的思想也与源自原子结构的身体没有什么两样。当死亡降临的时候，思想和身体的原子都将散播到空气中去。

古希腊人留下了最基本的物理学概念：元素、原子或者

1662 年	1668 年	1687 年	1704 年
英国哲学家罗伯特·波义耳得出如下的推论：特定温度下的气体所占的体积与其所受到的大气压成反比。这个推论最终被称为"波义耳定律"。	英国物理学家艾萨克·牛顿得出了如下的推论：一个物体的线动量等于这一物体的质量与这一物体的运动速率的乘积。	牛顿公开出版了《自然哲学的数学原理》一书，对他的运动定律和宇宙万有引力定律进行了介绍。	牛顿公开出版了《光学》一书，这是他关于光和光谱的著作。

其他物质是所有物质的基本构成要素；物质都有产生、成长、衰退和消亡的过程；由于物质都将经历转变的过程，因此物质的形态经常是暂时性的。这便是古希腊物理学思想的基本内容（在某些情况下，这些思想又是一个个的问题），这些思想一直激励着 2500 多年以后的科学家和哲学家。

浴缸带来的灵感

传说阿基米德的"找到了"时刻出现在他注意到浴缸里水位的变化。通过这一点，他正确地判断出国王的新王冠到底是纯金的还是合金的。

磁　力

对这个课题的基础性研究于 1600 年完成。当时的伊丽莎白女王的御医，英国医学家威廉·吉尔伯特出版了《论磁石、磁体和地球这个大磁石———一种新的生理学》（简称《论磁》）一书。吉尔伯特的研究工作主要建立在自己的观察和测量的结果之上。对磁力这种自古以来就已经了解到的神秘力量，人们从来没有进行过如此深入的研究。

虽然古代人了解到了天然磁石本身所具有的一些属性和特征，但是对他们来说，这种力量所涉及的似乎是一种完全无法解释的神秘物质。古希腊人也了解到了与天然磁石有关的知识。实际上，磁的英文单词"Magnetism"便来源于当时发现于小亚细亚"Magnesia"地区的天然磁石的希腊文名称。

根据科学史学家科林·罗南的说法，古代中国的算命先生早就开始使用一种有两个圆盘的占卜罗盘。低一点的那个圆盘代表的是地球（即地），另外一个高一点的圆盘则代表宇宙（即天）。这两个圆盘都被标上很多的罗经点。一些象征性物体被放到了罗盘上，然后便可以根据这些象征物体的落点来对未来进行预测。

在公元 1 世纪，一种象征北斗七星的璇柄取代了占卜罗盘上的圆盘。过了一段时间之后，占卜师开始用天然磁石制作罗盘和璇柄。在制作过程中，他们发现璇柄总是魔术般指向同一个方向。根据罗南的说法，"指南针"就是这样诞生的，只是后来演化成一种更像指示器的东西而已。最终，这个"指南针"应用于其他用途，而不再是用于占卜。

后来，人们发现了铁制的针也能够被磁化，只要把它放在天然磁石上磨划或者把它放到火中进行加热，然后依照南北方向把其放好，最后进行冷却即可。这一重要的实用性知识使指南针在建筑上得到了广泛的应用。10世纪的时候，指南针成为重要的航海工具。中国的科学家发现这种磁力所指的是南北方向，也就是说，指南针所指出的方向就是地理学意义上的南北方向，这一发现比西方科学家要早700年的时间。

一直到13世纪的时候，中国的磁力指南针才传到了西方。1269年，法国的十字军战士、学者和军事工程师皮埃尔·佩尔兰·德·马里古特撰写了《关于磁石的书信》一文，它是西方科学界第1篇关于磁力属性的专业论文。佩雷格里努斯是第1个把磁力相反的两端称为"两极"的人，也是第1个研究磁力两极如何互相排斥的人，同时还是第1个开始思考磁力实际应用问题的人。他的研究为磁力科学的研究开了一个好头，而他当时只是在查理一世的一名士兵。

1600年，威廉·吉尔伯特的《论磁》得以公开出版，它代表了科学著述方面的一个全新的概念，正如历史学家斯图亚特·马林和大卫·巴勒克拉夫所说的那样："在培根的《新工具》一书公开出版之前，基于实验和观察而不是道听途说的培根科学已经被实践了20多年。"吉尔伯特用拉丁文撰写的教科书比开普勒的《新天文学》要早9年的时间，比伽利略对其最初的天文学观察进行记载的《星际使者》一书也要早10年的时间。

虽然在之前的数个世纪中也有很多使用或者描述磁力的研究者，但是没有人能比吉尔伯特更加了解磁力的作用和性能。在他6卷本的《论磁》的第1部中，吉尔伯特得出这样

磁力

一直到1600年的时候，威廉·吉尔伯特才完成了第1部与磁力有关的著作。之前，古希腊人已经知道天然磁石与铁金属之间存在着一种吸引力。罗马诗人卢克莱修在其诗作中也曾提到过磁力这个概念。

航海必备品

　　一个木刻的罗盘式指南针能够对威廉·吉尔伯特的《论磁》一书进行更加清楚的解释，因为他所写到的磁力是这个航海工具发挥作用的核心内容。

的推论：地球本身就是一个大磁场。然后，他在磁力的吸引属性和他所谓的"电场力"之间划出了一条分界线（这条进行区分的分界线是一个存在着争议的话题，它最终被证明是一个重要的相似性）。"电场力"是在某种物质（如琥珀）与布匹或者皮毛轻轻摩擦之后所产生的一种力量，其能够吸住一些质量很轻的物体。吉尔伯特用一种被他称为"磁化球"或"小地球"的圆球形天然磁石对地磁效应进行研究。

　　在200年之后，哥本哈根大学的科学教授汉斯·克里斯蒂安·奥斯特证明，当带有电流的电线被放在一个指南针上的时候，指南针的针脚会转向与电线形成直角的方向。为什么会这样呢？虽然奥斯特将他的发现公布于众，但是他并没有提供任何解释性的结论。

新的元素

　　亨利·卡文迪什出身于名门望族，其祖父是德文郡公爵和肯特公爵。1783年，当卡文迪什以52岁的高龄继承了所有属于他的遗产的时候，他在英国银行有一个数额巨大的个人账户。虽然他是第1个发现氢气和第1个对大气层的组成进行分析的伟大人物，但是他在穿着上不甚讲究：他总是穿着一件袖子有饰边的，而且已经严重褪色的紫色外套，同时还戴着一顶早已过时的三角帽。此外，他还是一个非常害羞的人。为了避免被仆人撞见，他在房间里面修建了一个特制的楼梯。一般情况下，他都是以便条的形式与仆人进行沟通。他从来没有在他自己身上花过一分钱，然而当要求他进行一些慈善捐款的时候，他会完全按照要求进行捐赠。他从来不会坐在那里让别人给他画一张肖像图，而且只有在被别人劝了多次之后，才会亲自进行他关于化学和物理学研究的重要发现的报告。

虽然身上存在着种种怪癖，但是卡文迪什却是一名从来不知厌倦和疲劳的科学实验者。在他家房子的前面，卡文迪什专门搭起了一个脚手架。这个脚手架使他能够爬到树上，从而进行他的天文观测。在他家房子的屋顶，卡文迪什又安装了一个巨大无比的温度计。他非常热切地渴望了解气体的本质属性和组成结构，这个课题是当时许多科学巨匠心中的研究目标，从首次把二氧化碳成功分离出来的苏格兰化学家约瑟夫·布莱克到约瑟夫·普利斯特里和安托万·拉瓦锡（拉瓦锡是一名在财富上与卡文迪什不相上下的人。虽然拉瓦锡在科学研究上取得了累累的硕果，然而，他生命实在是太过于短暂了），都是如此。

卡文迪什通过很多实验对由化学反应而形成的各种气体进行分析和研究。这些被他称为"人造的"气体可以从实验室中分离出来，但是在自然中却无法找到。与此同时，这些气体可以被单独分离出来，也可以被包装起来，并对其重量进行测量。卡文迪什发现了一种还没有具体名称的、非常特别的人造气体。1766年，他向皇家学会提交了自己的研究报告。当这种特殊气体在燃烧瓶内发生燃烧的时候，在玻璃的上面会留下了一些水分。最初，卡文迪什对此的解释是，所有的气体都包含有水的成分。然而，当发现这种气体的消息传到拉瓦锡耳朵的时候，他赶紧进行了一些实验。结果，这些实验不仅能够产生水，而且还会产生一些"可燃空气"。最后，他终于能够证明水里面存在着两种化学成分：一种是被他称为"氧气"的气体，还有一种是由卡文迪什确认的气体。拉瓦锡把后一种化学成分称为"氢气"。最终，人们终于知道，3000多年以来一直被认为是四大基本元素之一的水是由2种元素组成的化合物。

卡文迪什继续进行下一步的实验。他在空气中释放出一

卡文迪什实验室

卡文迪什实验室是英国剑桥大学的物理实验室，实际上是它的物理系。该实验室建于1871～1874年，是当时剑桥大学的校长威廉·卡文迪什（他是科学家亨利·卡文迪什的近亲）私人捐款兴建的。

种"电火花"，以迫使其结合成二氧化氮。然后，他把这些氧化物溶解在水中，从而得到亚硝酸。正如中世纪的一名炼金师一样，卡文迪什把自己关在位于伦敦的豪华别墅里，在实验室里不断地进行着他的科学试验。最终，卡文迪什终于发现，空气本身并不是一种元素，而是氮气和氧气的混合体。此外，他还计算出了氮气和氧气之间的比例（4：1），而这个数值与实际比例（5：1）惊人地接近。他甚至还发现，无论他如何不辞辛苦地试图把空气中的氮气和氧气通过化学反应结合起来，但是总是会留下一小部分的未知物质，而且这些未知物质似乎对所有的化学反应都十分抵制。这些被他称为"懒惰"的物质实际上就是氩气，这种化学元素的存在是在另一个世纪才被确认的。

18 世纪末期，化学变成了科学的利器。这个时候，拉瓦锡和卡文迪什的研究成果促使人们对涉及物质组成元素的化学术语进行重新认识。在 19 世纪的头几年中，法国化学家约瑟夫·路易·盖－吕萨克发现，所有同等体积的气体在升高的温度相同的情况下，都以相同的比例进行膨胀。出生于 1804 年的化学家盖－吕萨克是一名非常勇敢的人，为了对大气物质进行测量，盖－吕萨克把他的氢气球升到 6700 米的海拔高度。他对于膨胀气体更为实际的成果后来被称为"查理定律"，以纪念科学家雅克·查理——他在 15 年前就已经得出了非常接近的结论，只不过没有将其公布而已。1808 年，盖－吕萨克进一步推定：不同的气体化合物似乎总是在体积上以某种特定的、按照整数比例结合在一起。那么，这是为什么呢？正如盖－吕萨克所发现的那样，当气体结合在一起的时候，为什么它们所占的空间似乎要更小一些呢？

第 1 个问题的答案是由来自英国曼彻斯特的教师约翰·道尔顿提供的。约翰·道尔顿是一名自学成才的科学家。在他快到 30 岁的时候，他还一直坚持把天气变化记录下来。同时，约翰·道尔顿也对自己所深受其害的色盲症进行了系统和全面的研究。

1661 年，牛津大学的罗伯特·波义耳发表了《怀疑的化学家》。这是第 1 篇区分化学家和炼金术士的论文，它的发表被认为是化学作为一门严肃科学的开始。

化学元素周期表

对于一般学生来说，化学元素周期表是一个必须面对的具有挑战性的难题，而对于科学家来说，化学元素周期表则是所有物质的结构和功能属性的表达式。1869 年，俄罗斯化学家季米特里·门捷列夫首次把化学元素绘制成图表的形式。他根据这些元素的原子质量大小进行排序。在他把当时已经确认并进行过分析的 50 个元素排列出来的时候，他注意到了每一种元素与图中排在其后面的第 8 个元素在性质上非常相似。比如说，锂和钠的化学属性相似，而这两者与钾也具有相似的化学属性。

为了对这一现象进行解释，门捷列夫提出了"元素周期律"，即"依照原子重量大小排列的化学元素呈现出化学属性的周期性变化规律"。

在他把所有已知的化学元素排列出来的时候，门捷列夫注意到了他的元素周期表中出现了 3 个空位。出于对他自己的理论以及自然规律的信任，他立刻做出了如下的预言：仍有 3 种化学元素没有被发现。一旦这些元素被发现并予以科学分析，那么它们的化学属性应该与它们所在的空位所具有的特性相吻合。

1871 年，季米特里·门捷列夫所提出的元素周期表遭到了很多人的质疑。

值得一提的是，门捷列夫的这个说法被证明是正确的。当更多的元素被发现、研究和放置到化学元素周期表中去的时候，它们正好填补了周期表中的空位，并且与门捷列夫早已设想过的应有模式完全符合。

在接下来的 50 年中，元素周期表得到了进一步的改进和完善。1911 年，当人们认识到每种化学元素的"原子数"（即元素的核子中所有的正电子或者质子数量）才是其属性的根本标志的时候，原子数才开始取代周期表中原来的原子重量值。化学元素周期表表明，原子完全依照一种井然有序的规则对各个元素进行建构，而化学元素的身份随着质子被增加到每个核子之上而发生变化。

现代的元素周期表按照原子数的升序规则从左至右把各种元素排列出来。7 个横排被称为"周期"，而 8 个竖排被称为"族"。周期里面的元素由金属开始，一直到非金属元素，而在每排的最右方都是惰性气体。元素周期表现在已经包括了 92 种天然元素和 20 种人造元素。

门捷列夫的元素周期律还使我们认识到了各种化学元素相互之间的关系。有了对于元素周期表的全面性和一贯性的了解，我们就可以说出某种元素原子结构的稳定性以及任何一种元素的导电性和导热性。门捷列夫的先见之明为科学家提供了一个全新的视角，而且建构起了自然现象的信息蓝图。

道尔顿对大气进行的一系列思考使他能够对盖－吕萨克关于空气化合物（两种不同质量的气体所组成的化合物）的本质问题进行进一步的研究——卡文迪什曾经发现过这个问题。比如，为什么质量较重的气体与质量较轻的气体不会分离开来呢？为什么体积不同的各种气体可以相互"溶解"到一起呢？可以肯定的一点是，气体不是按照化学反应结合在一起的东西，倒很有可能属于一种因为热量而聚集在一起的气体微粒的合成物。为了与古希腊的德谟克利特的说法进行区别，道尔顿把其称为"微粒原子"。德谟克利特认为原子是没有任何区别的，这是一种关于自然元素比较简单的统一性观点。与之不同的是，道尔顿认为原子是各不相同的。

道尔顿进一步做出了如下的推论：不同类型原子的存在，可以解释为什么气体化合物总是按照同样的质量比例结合在一起。每种气体和每种元素都有其与众不同的原子以及独一无二的特性。比如，重的气体有较重的原子。同时，他还认为，原子可以按照不同的质量比例结合在一起，从而组成各种各样的化合物。比如碳和氧气的混合物，可以按照不同的比例关系制造出一氧化碳和二氧化碳。这被他称为"倍比定律"。此外，道尔顿认为化学反应要么把这些基本的微粒结合在一起，要么把它们分开。没有任何新的原子被创造出来，也没有任何原子会被破坏消灭掉。

1803 年，道尔顿把他的第 1 篇论文寄给曼彻斯特文学与哲学协会，但是后者对他的论文所做出的回应却是很久以后的事。在道尔顿的理论中，如果一定体积的某种物质中总是包含着相同数量的原子，那么对化学反应中各种物质的重量进行测量可以提供所有相关原子的相对质量。此外，道尔顿还创制了"相对原子质量表"，并把氢气的质量定义为一个单位，然后以其为标准对其他元素的

早期元素周期表

英国曼彻斯特的科学课程教师约翰·道尔顿提出了现代原子论，并于 1808 年发表了根据元素原子质量进行排列的元素周期表。

质量进行推算。如今，我们使用的是一个将碳元素原子质量定义为 12 的类似系统。

几年之后，关于结合在一起的不同气体所占的体积要比没有结合在一起的气体的体积都小一些的问题终于得到了解答。根据来自意大利都灵的阿莫迪欧·阿伏伽德罗的观点，当气体结合在一起的时候，它们组成了被阿伏伽德罗称为"分子"的原子组群。

后来，道尔顿当选了伦敦和爱丁堡皇家学会的会员，还当选了法国科学院的院士，并且被牛津大学授予了一项荣誉学位。由于道尔顿本身不是英国国教的教徒，所以牛津大学一直没有承认他是这所学校的学生。期间，道尔顿还被英国国王召见。然而，所有这些似乎都没有改变道尔顿在科学研究中养成的习惯——始终坚持记录下每天的天气变化数据。他的最后一次天体记录是他不幸离世的那一天进行的，即 1844 年 7 月 27 日。

1800 年，已知的元素数量有 30 种。到道尔顿逝世时，这个数字几乎增长了一倍。不久之后，化学家们便开始质疑究竟这个列表是否像一个清单那么简单。1864 年，英国化学家约翰·纽兰兹提出新的疑问：为什么一些元素所表现出的化学属性是如此类似呢？他的这个疑问表明，需要按照某种标准对这些化学元素进行分类。如果没有来自西伯利亚的、行为有点古怪的季米特里·门捷列夫教授的兴趣，那么这个具有暗示性的想法便不会再有任何进一步的进展。门捷列夫教授曾因一些极不合常规的行为而被圣彼得堡国立大学扫地出门。

正当对一本全新化学教科书进行筹划的时候，门捷列夫设计出了一套大约有 60 多张的卡片牌，并且在卡片上写明已知的每一种化学元素的名称和属性。作为一名热衷于单人纸牌的玩家，门捷列夫开始把它们放到按照重量和化学属性进行排序的格式里。他发现，有一种将所有元素都放进去的排列正好使得属性类似的元素位于同一竖排，而这就是纽兰兹曾经提出的思想的视觉排列效果，即化学元素的属性发生

空气是什么？

18 世纪，目光敏锐的科学家发现：空气虽然是看不见的，但是却存在着各种不同的组成元素。我们现在知道，空气中约有 78% 的氮气，还有 21% 的氧气，而剩余的 1% 则包括氩气、二氧化碳和少量的其他元素。

周期性的循环。1869 年，门捷列夫公开出版了由他命名的元素周期表，并在周期表中注明了这一元素周期表似乎还有几种未知的元素。对于这些未知元素，他在元素周期表里面留下了相应的空格，门捷列夫预言：这些未知元素的属性应该与周期表内同类元素的属性有关。

1860 年，德国海德堡的两位科学家古斯塔夫·基尔霍夫和罗伯特·本生开始着手对最早由德国光学仪器制造师约瑟夫·冯·夫琅和费在 1814 年提出的思想进行完善。在试验过程中，夫琅和费确切地发现，太阳的光谱并不是一个由各种颜色的连续性光线所组成的排列图，而是被数百种不同宽度的黑线穿射而成的。一直到了 19 世纪 20 年代早期，夫琅和费才最终得出了如下的结论：这些黑线确实存在于很多明亮恒星所发出的光里，只不过其存在形式有细微的不同而已。此外，当光束被光栅而不是透镜分离后，也会出现这些黑线。虽然他当时不知道这些黑线意味着什么，但是他分别用 A ~ K 的字母对这些黑线的各个部分进行命名。

在分辨率更高的研究设备的帮助下，基尔霍夫和本生重新进行了一次实验，从而发现了当时被称为"夫琅和费线"的物质。在更加具有吸引力的试验结果中，他们发现每种元素都会吸收和发射出属于其自身的独一无二的波长组合，即一种起到光谱意义上的指纹作用的光线形式。

作为一种可以判断任何物质和材料的化学组成成分的方法，光谱分析取代了原来极其费时又单调乏味的化学分析方法。一旦已知化学元素的光谱被描述出来，那么科学家便可以开始搜索和寻找在实验室、田野中甚至太空光线中更新的光线形式。不久之后，他们便找到了新的化学元素。在对那些新化学元素的各种属性进行分析之后，他们发现这些新元素恰好可以添加到季米特里·门捷列夫早已留下来的空位中去。最终，门捷列夫如纸牌一般的化学元素周期表包括了 100 多种化学元素，而且这张表至今仍然悬挂在多数教室的墙壁上。

无所不在的电

　　威廉·吉尔伯特把"电"这个词与一块摩擦过的琥珀所产生的磁效应联系起来,从而提出了大胆的设想。事实证明,这个设想是颇具预言性的。对吉尔伯特的研究颇感兴趣,并予以进一步提升的科学家之一就是德国人奥托·冯·格里克。他是在吉尔伯特公开出版其巨著《论磁》2年之后(1602年)

电磁学

　　电磁学是物理学的一个分支学科,着重研究的是电力和磁力之间的关系。虽然人们早已开始探索电与磁之间的关系,但是直到1819年,人们才发现电流能够产生磁场;相反,运动着的磁场也能够产生电场。

　　这一发现最为实用的设备之一便是电磁铁。在通常情况下,缠在一个铁制轴心上的电线线圈就能够使这个铁轴心产生磁力,只要一股电流通过这根电线即可。这个简单的装置今天仍然应用于各种门铃、断路开关或断路器、电话听筒和其他电气设备。

　　同时,磁力也能够产生电流。在发电的过程中,被称为"电磁感应"的磁场运动能够在某个导电体里产生电场。在早期的实验研究中,人们用一根磁铁棒在一个线圈里移动来改变其磁场,从而使线圈里的电线产生电流。

　　电磁感应是隐藏在发电机背后的基本原理,而发电

苏格兰物理学家詹姆斯·麦克斯韦得出了如下的推论:光也是电磁辐射的一种形式。

机则是最为重要的人类发明之一。如果没有发电机,那么我们所有的灯都会熄灭,而我们所有的电气设备和电子设备都会被关闭。更为严重的是,我们所有的工业都将处于停顿状态。

　　电动机是另外一个在我们的生活中占有重要地位的设备。同时,它也是对电磁感应原理的应用。在与我们所说的发电机几乎同样的设备中,电流被引导到放置在磁场当中的导电体上,从而使线圈移动起来,而电能则被转化为机械能。

　　大约从1864年开始,苏格兰数学家和物理学家詹姆斯·克拉克·麦克斯韦便开始对很多关于电力与磁力之间关系的研究成果进行研究。后来,麦克斯韦提出了如下的观点:电和磁两者之间不仅是相互联系在一起的,而且它们共同作用的时候能够产生电磁波,即能够以辐射能的形式向外传播。同时,他还认为,可见光就是由电磁波光谱中很小的一部分物质组成的。后来的科学实验对他的先见之明进行了证明。

在马格德堡出生的。格里克虽然是一位业余爱好者，但是却不乏创造才能。

虽然冯·格里克仅仅接受过短暂的正规教育，但是他在自己的家乡却有着足够的名气。冯·格里克在24岁的时候当选为市议会的议员，并在接下来的50年里一直担任这个职务。

冯·格里克对空间的本质表现出了深厚的兴趣。他曾经怀疑是否确实存在真空，即一个没有任何物质的空间。他之前的亚里士多德和笛卡儿对这一问题都持否定性的态度。

还有两个相关的问题是，行星如何在它们的运行轨道上运行？行星之间如何互相作用以及相互影响？针对这些问题，开普勒和吉尔伯特曾经提出了磁力动因说，而冯·格里克则开始对这一学说的真实性进行研究。在研究过程中，他研制出了一种能够创造出部分真空的办法。1650年，冯·格里克成功地发明了一种能够用来把容器中大量空气抽出的、非常具有实用意义的抽气泵。因此，他证明了空气的弹性以及制造出一个真空的可能性。与此同时，冯·格里克还对真空的各种物理属性进行了研究。他曾经做出了如下的推断：在真空里不会发生燃烧现象，但是真空中的磁铁依然能够对金属物质产生吸附作用。

伏特手枪

由意大利物理学家阿雷桑德罗·伏特所发明的电池得到了广泛的应用，其中一些并不是属于比较严肃意义上的范围。图中的"伏特手枪"由一个圆柱形的枪膛组成，爆炸性气体（如氢气和氧气）被放到这个枪膛里面。枪管用一个软木塞堵住。当对其施以电流负荷的时候，电火花会将混合气体点燃，然后软木塞就会被突然喷射出去。

1827 ~ 1864 年

1827 年
苏格兰植物学家罗伯特·布朗发现了水中细小微粒的运动现象，这个现象后来被称为"布朗运动"。

1835 年
法国物理学家加斯佩德·科里奥利证明，在旋转架子上的作为参照物的物体随架子本身的旋转而移动，这个现象在后来被命名为"科里奥利效应"。

1842 年
奥地利物理学家克里斯琴·约翰·多普勒做出了预测性的结论，即声波频率的变动依赖于声源的速率。这个结论在后来被称为"多普勒效应"。

在 1657 年进行的马德堡试验中，冯·格里克把两个铜制的半球形物体合在一起从而形成了一个圆球体，然后证明在把该球体中的空气抽出之后，周围空气所形成的气压会使这个球体处于密封的状态。为了对气压所产生的强大力量进行进一步的证实，冯·格里克让两组各有 8 匹骏马组成的小队试图把这个圆球拉开，但是始终无法完成。另外，冯·格里克在维也纳和柏林的宫廷里也进行了这个非常生动的实验。

在证明了磁力可以穿越真空之后，冯·格里克开始试图了解天体是否也会受到这种力量的作用。在对吉尔伯特的实验进行考察之后，格里克对这一实验进行了模仿，并研制出了一个由很多物质材料（如硫黄）构成的更大的圆球体。

格里克发现，在把这颗圆球旋转起来，并用他的一只手对其进行摩擦之后，同样能够显现出那种被吉尔伯特认为是电的物理效应。这个圆球就这样获得了吸附属性，并会发出火花，而且即使在圆球不再转动之后，这种效应仍然能够持续下去。这激起了格里克的极大兴趣，他接着制造出了一部机器，并通过这部机器的一个转动的曲柄来转动圆球体；在此之后，他还设计出了一个能够使圆球转得

伏特向拿破仑展示电池

1800 年，伏特向拿破仑·波拿巴和其他科学家们演示了他发明的电池，即由银和锌金属层交替缠在一起的"电池组"。拿破仑对这个发明产生了非常深刻的印象，以至于他为伏特颁发了一枚法国荣誉军团勋章，并授予伏特伯爵爵位。

1848 年	19 世纪 50 年代	1859 年	1864 年
苏格兰物理学家威廉·汤姆逊发现了温度中的绝对零度。	热力学的第一定律和第二定律都是由物理学家威廉·兰金、鲁道夫·克劳修斯和威廉·汤姆逊等发现的。	物理学家罗伯特·本生和古斯塔夫·基尔霍夫发现，化学元素会发射出带有某种在它们的光谱上根本找不到的、具有独特波长的光线。	苏格兰物理学家詹姆斯·克拉克·麦克斯韦向世人描述了他自己发明的关于电和磁的四大等式方程。

富兰克林的风筝

　　本杰明·富兰克林最为著名的风筝实验不仅证明了闪电的电力属性，而且也成了这位有些古怪的美国印刷商、作家、政治家和发明家的标志。

更快的用皮带驱动的机器。最终，他还能够使这个硫黄圆球发热。格里克通过他所进行的第 1 个试验证明了"电引起的发光"现象的存在。作为一种娱乐方式，冯·格里克实验机器的复制品的受欢迎程度不亚于其严肃的科学研究。

　　18 世纪的上半期，静电机器几乎无处不在，同时还存在着很多由玻璃圆球或圆盘甚至是啤酒瓶制成的各种静电机器。

　　在英国，斯蒂芬·格雷发现了与静电有关的两件事情：第一，静电的无声放电或者无声倾泻能够沿着一条丝线被传播出去；第二，被带到"电源"附近的物体本身也会由于被电化而带电。

　　在法国，查理·弗朗索瓦·西斯特尼·杜菲发现，带电体能够互相吸引或者排斥，这个现象使他认为存在着两种形式的无声放电，并将它们命名为玻璃质的和树脂质的。

　　这些机器越来越成熟，并能够制造出大量的静电。然而如何把这些电能存储下来成为最大的难题。最后，这个问题由德国发明家埃瓦尔德·G.冯·克莱斯特和荷兰科学家皮埃特·凡·穆申布鲁克分别于 1745 年和 1746 年解决。这两位科学家分别发明了各自的设备，从而实现了对电能的储存。

　　此外，这两位科学家还发明了第 1 个电容器。他们首先用一个软木塞把装了半瓶水的瓶罐封闭起来，将一根金属丝线穿过软木塞并且使其能够伸到瓶内的水里。然后，通过把金属丝线靠近一个静电发机的方式来使其通电。当这个瓶罐从这个静电发电机旁挪开的时候，那些电被留在了瓶罐内，这是任何碰到金属丝线的人都能感觉到的。1745 年 2 月 4 日，一封信被公开刊登在《皇家学会哲学汇刊》上。这封信描述了那个碰到金属丝线的人的惨状："他在开始的一瞬间完全没有了呼吸；然后，他感觉到右胳膊上强烈的剧痛，就此给他落下了病根。"

冯·克莱斯特对这个系统进行了改善和提高。他在玻璃上涂了一层金属层，从而使静电可以直接穿越玻璃，进而直接抵达瓶罐内的水面。在这场早期的、显示谁的技术更高一筹的较量中，穆申布鲁克索性把这个简陋的玻璃装置的里里外外都涂满了金属层，从而使外部的金属可以给内部的金属直接施加电荷。在按照这个思路进行实验之后，他发现位于金属层中间的玻璃层越薄，瓶罐内所发射出的电火花就越剧烈。这个实验结果似乎说明，电流是一股流体而不是两股，而这个假设是被美国的发明家本杰明·富兰克林所证明的。穆申布鲁克的这个蓄电装置被命名为"莱顿瓶"，这个发明的某些版本一直沿用至今。

到了 18 世纪中期，电学已经逐渐成为最流行的学科。人们发明了一连串带有电枢的设备。这种电枢围绕电负荷旋转，但是在通电的情况下则被排斥出去。"电不再是只属于知识分子的专利，也不再是一个神秘得让人神不守舍的新

本杰明·富兰克林

美国科学之父

1706 年
1 月 17 日，诞生于美国马萨诸塞州的波士顿地区。

1718 ~ 1723 年
在他的兄弟詹姆斯那里充当印刷师学徒。

1730 年
开始公开出版《宾夕法尼亚公报》。

1732 年
公开出版了他的第 1 版《穷理查德年鉴》。

1737 年
被选为费城地区的邮局局长。

1744 年
发明了富兰克林炉，即一种能够更加有效地使室内暖和起来的火炉设备。

1746 年
开始考察和研究电力现象。

1751 年
公开发表了《电的试验及观察》一书。

1753 年
被伦敦皇家学会授予了一枚科普利奖章。

1756 年
被选为皇家学会的成员。

1770 年
开始探索气象学的科学知识，记录并绘制了墨西哥湾暖流的气象图。

1770 年
在《独立宣言》上签名。

1790 年
4 月 17 日，在宾夕法尼亚州的费城地区与世长辞，成为美国和法国人民永远的英雄。

法拉第的发电机

1831年，英国物理学家迈克尔·法拉第在自己的实验室里发现，当把磁铁沿着一个金属线圈移动的时候，金属线圈会产生电流。在这个发现的帮助下，他发明了第1台磁力发电机。

鲜事物，它很快便成为社会大众谈话中的一个话题。"科学历史学家帕特丽夏·法拉如是写道："很多有钱人购进了他们自用的蓄电设备，而贵妇们则专心于制作着能够握在她们手中，从而照亮她们的鲸骨裙的小型照明手电，或者用一道很有感觉的（如果有点痛）电流之吻使她们的仰慕者心潮澎湃。"本杰明·富兰克林发明了一口只要接触到静电就会鸣响的钟，而乱夸海口的吹牛家则吹嘘说静电荷可以起到治愈从头疼脚热到大病小灾在内的所有病痛。

随着更大量的电荷被莱顿瓶储存起来，以及许多莱顿瓶被连接起来用于储存实验研究中的大量电荷，人们越来越清楚地了解到了电的危险性。1750年，富兰克林证明，他能够在雷电交加的天气中通过放飞一只装有一个金属头和一根丝绸长线的风筝给莱顿瓶充电。由此，富兰克林证明闪电也是一种静电形式。另一个试图用闪电为蓄电池充电的人则因雷击身亡，这一残酷和惨壮的场面证明，地球上的电和天空中的电肯定都属于同一种无声放电现象。

1765年，启蒙运动中的自由主义者约瑟夫·普利斯特里与本杰明·富兰克林进行会面。当对政治问题进行讨论时，他们就彼此的电力学研究成果与心得也进行了交流。富兰克林积极鼓励普利斯特里将其研究成果公开发表。1767年，普利斯特里终于公开发表了《电学的古与今：以原创实验为视角》这部著作。除其他观点之外，他着重指出：两个电荷之间的吸引力和排斥力与两者之间的距离依照平方反比定律发生变化。这也正好是牛顿对万有引力问题的重要发现之一。

1785年，法国物理学家查尔斯·库仑发明了一种极为敏感的力学设备，从而对普利斯特里的假设性学说进行了证明。后来，这个证明被称为"库仑定律"，它的内容是：两个电荷之间所存在的作用力与这两个电荷所带的电量成正比，而与两个电荷之间的距离的平方成反比。同时，库仑发现，他的定律也适用于磁吸引现象中的作用力。

电究竟是什么东西呢？由于每个莱顿瓶都只能放一次电，因此这使所有的研究都变得相当困难。19 世纪初期，这

热力学定律

能量的踪迹并不是毫无规律可循的，它完全遵循热力学定律，而这些热力学定律最早是由 19 世纪中期的科学家发现的。

热力学第一定律，也被称为能量守恒定律，它的内容是：产生的能量等于被消耗的能量。当你摩擦两根棍子时，你从这根棍子上所得到的热量的总和将会等于储藏于木棍里面的能量和你摩擦它们时所消耗掉的能量总和。蒸汽机所发出的能量总和不会超过为使它运行起来所燃烧掉的煤炭能量总和。

同时，热力学定律也使我们发现，一个系统中存在着一种趋于平衡的客观规律。如果你把滚烫的咖啡倒入一个冰冷的杯子里，那么热能将会从热咖啡流向冷杯子，不久之后，两者都会达到同一个温度点。然而，为什么从咖啡流向杯子的热能不会再回到咖啡本身呢？现在就轮到热力学第二定律来现身

说法了：能量只能单向流动。在长跑时，你所燃烧的能量不会在你停止跑步之后重新回到你身上。因此，引擎需要更多的燃料，而你则需要更多的食物。

詹姆斯·沃特于 1788 年发明的蒸汽机的内部结构。

此外，热力学第二定律还有另外一部分的内容，那就是：在这个不可逆转的过程中，一些能量是无法用来做功的。在跑步的过程之中，你所燃烧的一些能量无法用于跑步所需要的能量。能量的总值所代表的只是一种从完美角度所计算出的潜在能量。在跑步时，你把身体的能量（属于化学能）转化为动能，这些从身体上所发散

出来的能量到处乱跑，处于无秩序、无规则的状态，而且其中的一部分能量都被扩散到空气中。这种能量的扩散现象被称为"熵"。这个词的英文单词来源于古希腊文"entrope"，就是变化的意思。

热是由分子的运动带来的，因此，如果运动停止下来，那么就没有可以被转移的任何热能，当然也不会有熵现象的发生。因此，热力学第三定律的内容是：在绝对零度的时候，熵也为零。也就是说，如果没有能量，就不会有能量的丧失。但是，在这个完全冰冻的零点温度之上，整个世界乃至整个宇宙都遍布着这种不断发生的不可逆转的熵增过程。如果这些热力学定律是正确，那么这些熵增过程进行的时间越长，每个系统里所产生的熵就会越多，崩溃或坍塌的结局则终究不可避免。

迈克尔·法拉第

这幅苏格兰爱丁堡"皇家咖啡"的瓷砖图画，是约翰·艾尔创作于 1886 年的一幅画作的复制品。迈克尔·法拉第是其欲在画作中赞扬的多名科学家之一。

些不利条件发生了转变，而这一切都归功于意大利物理学家阿雷桑德罗·伏特的研究成果。伏特早就对电这种被冠以"动物之电"的神秘力量持一种无神论的客观立场。伏特的发现是他的朋友和同乡吕基·加法尼对外公开宣布的。加法尼早已用金属实验工具对青蛙的大腿进行过深入的研究，并在试验中发现青蛙的腿部肌肉在被触碰的时候会发生一阵自然抽动。于是，加法尼便猜想，这是因为金属工具把某种电流释放了出来。在重复进行了加法尼的实验之后，伏特便开始确信电并不是由青蛙的肌肉组织产生的，而是由潮湿的环境以及研究试验中不同的金属工具同时导致的。

为了找到答案，伏特实施了另外一个更为直截了当的实验：他把不同种类的金属的合金（如银和锡、铜和铁等）放在自己的舌头上，它们带来了一些苦苦的感觉。于是，伏特猜想这种感觉应该是电由一种金属通过舌头上的唾液流到另一种金属时所产生的。根据伏特所进行的详细记录，不同的金属合金会带来强度不一的苦味感觉。此后，他还设计出了他原来进行的实验的人造版模式，即把银盘和锌盘叠加在一起，然后在中间放一张浸泡过盐水的纸，从而把两个金属盘隔开。这个实验的结果是一股连续性电流的产生。

最早运用伏特的研究成果的科学家之一是英国化学家韩福来·戴维。戴维以其颇具创造性的气体实验闻名遐迩，而电堆的可能性研究激起了他极大的兴趣——如果化学反应能够发电，那么电本身能否与物质发生反应，从而把它们分离成这些物质的组成元素？

戴维建成了一个巨大无比的电堆，并为多种化合物（如碳酸钾）通上电流。他发现，在被连上电池电线的一块碳酸钾中，有很多发亮的金属滴状物开始形成，并爆向空气。他已经发现了一种新的化学元素——钾。同时，戴维也把其他化学元素分离出来，如钠、钙、锶、钡、镁、硼和硅等。他开始确信自己所说的："化学和电力吸引现象是由同一个原因造成的。"

在韩福来·戴维的众多科学遗产中，还有另外一个观点，即化合物中的原子是通过某种电力作用而结合在一起的。这个观点得到了法拉第的拥护和支持。在韩福来·戴维因一次实验事故炸伤了脸，从而造成暂时性失明之后，法拉第受聘担任其助手。

诞生于 1791 年的迈克尔·法拉第是一名铁匠的儿子。法拉第自幼体弱多病，13 岁的时候被迫退学，成为一名装订商的学徒。在那个时候，他阅读了很多科学书籍。与此同时，他继续聆听由韩福来·戴维主讲的一系列化学讲座。在整个讲座过程中，法拉第总是一直保持着全神贯注的状态，并进行了非常详细和全面的笔记。

当戴维在实验事故中受伤而需要一名助手的时候，法拉第便被推荐去担任这一职务。考虑到法拉第所记的笔记颇能反映出他的机智灵敏，戴维雇用了他。当时，戴维正要去欧洲大陆进行一次为期 18 个月的巡回演讲。于是，只有 22 岁的法拉第被他带在了身边。对于能够听到戴维的演讲以及对戴维的实验进行观察，法拉第感到非常荣幸。此外，他还能够与当时欧洲最伟大的科学家进行面对面的接触。

其间，法拉第开始着手对自己的研究项目进行研究，尤其是对电和磁之间的关联性的研究。1820 年，汉斯·克里斯蒂安·奥斯特发表了一篇关于在磁铁旁的电流可以使磁铁与电流方向形成直角的论文。法国物理学家安德烈·玛丽·安培继续进行奥斯特的研究项目，并在 1821～1825 年期间的实验研究中发现了电与磁之间的基本关系原理。安培在实验中发现，两根通着同一方向电流的电线之间发生了磁力吸引，而当电流变成相反的方向时，两根电线则互相排斥。在把电线缠绕成线圈，并再次使其通电时，安培

据说，泰勒斯在一次把玩琥珀的时候发现，当用皮毛摩擦琥珀后，琥珀能吸引轻盈的羽毛、细线等。十六七世纪，科学家重新 燃起了对琥珀的兴趣。英国人威廉·吉尔伯特在实验中发现了电。他坚信电可以通过对琥珀进行摩擦产生。

发现他已经做成了一个电磁石，因为缠成线圈之后的磁力增加了很多。同时，把线圈缠在一块铁条上同样可以使这个磁体的磁性变得更加强烈。于是，安培认为磁力来源于把所有原子在电线和铁块上排列起来的电流。

在奥斯特旋转罗盘的基础上，法拉第制造出了一部小型发电机。然而，当他把奥斯特和安培的研究结果综合起来进行思考时，不由得提出了这样一个问题：既然电能够引起磁效应，那么磁能否用来发电呢？在给一根铁棒缠上电线线圈（即安培所发明的无电电路）之后，法拉第把一对磁力很强的磁铁在电线线圈方向上进行移动。一个专门用来检测电流的检流计显示，电线圈中已经产生了电流。此后，法拉第对这个模型进行了改进，他把两块磁铁固定下来静止不动，在两块磁铁之间放置一个铜制圆盘，通过转动磁铁之间的铜制圆盘就能够产生电流。产生的电流被连到一端固定在离旋转圆盘边缘较近的地方，另一端则连接到圆盘旋转的轴心上的电线上。

于是，法拉第研制出了第 1 部电磁发电机。在 19 世纪的整个历史进程中，人们利用电磁感应原理发明了许多新的引擎和机器，而这些新发明给运输和通讯领域带来了革命性的变化。

那么，发电机是如何运作的呢？法拉第对这个问题进行了长达数年的研究。他当时并不知道电子的概念，而正是电子微粒的运动组成了电流本身。法拉第曾经进行了如下的猜想：当电流通过某种物体的时候，会使这些原子作用力场处于一种紧绷的压力状态；而在原子把电流传给下一个群簇之后，这种紧绷的压力状态就可以解除。电沿着紧绷的线路通过导电物质的道理，就好像水波纹在通过水面的时候总

变压器

法拉第认为：既然电流能够产生磁效应，那么磁场必然也能够产生电流。1831年，他通过图中这个简易装置证明了磁能够发电的原理，而这个装置就是世界上第1台变压器。

会保持其高峰状态一样；移向岸边的不是水本身，而是能量。因此，法拉第认为这种方式可能就是闪电发生的原理和静电产生的真实方式，同时也是电流通过电堆时的唯一方式。尽管法拉第对于电的本质没有一个非常清楚的概念，但是他的回答已经非常接近正确答案了。

全光谱

19世纪，长期存在的关于光的本质的争论卷土重来。光究竟是由牛顿称为"微粒"的粒子组成，还是如惠更斯等理论家所主张的那样由波段组成呢？早在1800年，这场论战就已经开始复苏。当时对视觉生理学产生浓厚兴趣的英国医学家和物理学家托马斯·杨开始了他的光学试验。

托马斯·杨把一束灯光打向了位于某个障碍物上的一个极为细小的洞，在距离这个障碍物比较远的地方还有另外一个障碍物，在这个障碍物上有两个针孔。在距离第2个障碍物不远处摆放着一个屏幕。实验证明，光能够照射到那个屏幕，但是却是按照明和暗两个光线的波段交替地射出去的。这样做是为了说明在某些时间点上，光波能够起到互相抵消的作用，从而形成较暗的波段；而在另外一些时间点上，光波则又能互相加强，从而产生更加明亮的波段。

詹姆斯·克拉克·麦克斯韦

现代物理学之父

1831年
6月13日，诞生于苏格兰的爱丁堡地区。

1847年
就读于爱丁堡大学，并在那里研究自然哲学、道德哲学和精神哲学等。

1854年
毕业于剑桥大学三一学院，并获得数学专业学位。

1855 ～ 1872年
公开出版了包含一系列研究成果和发现的著作《颜色感知与色盲》。

1859年
因题名为《论土星环状物的稳定性》的论文而获得剑桥大学的亚当斯奖。

1860年
成为伦敦国王学院的一名教授，并因为其在色彩课题上的研究成果而获得了皇家学会的拉姆福德奖。

1861年
被选为伦敦皇家学会的一名成员。

1864年
把表达电和磁之间关系的数学公式，即现在所知的麦克斯韦方程组，提交给皇家学会。

1865年
辞掉了在国王学院所担任的物理学和天文学教授职位。

1866年
在独立于路德维希·玻耳兹曼研究成果的基础之上，发现并形成了"麦克斯韦－玻耳兹曼分布动力分布定律"。

1871年
成为剑桥大学第1任"卡文迪什物理学教授"。

1879年
11月5日，在剑桥大学与世长辞。死后被葬于苏格兰帕顿地区的一个墓地。

原子力

正如物理学家欧内斯特·卢瑟福所发现的那样，单个原子是由很多的空间组成的。一个带有正电荷的核子是由质子和中子组成的，但是它却只占有整个空间的几十亿分之一。在核子的周围是带有负电荷的电子，而电子是自然界中质量最轻的带电粒子。这些微粒都因为受到电力的作用而处于一定的位置，但是它们也容易受到经过其附近的正电荷的吸引。电子的独特排列赋予了每种元素不同的化学和物理属性。同时，原子结构也决定了这些元素的导热性和导电性，并决定了这些元素的熔化速度及其与其他元素组成化合物的可能性。

卢瑟福的理论认为，原子的结构是核子位于其中心位置，而电子则围绕着核子旋转，就像各大行星围绕着位于中心位置的太阳旋转一样。虽然这仍然是关于原子结构最为通行的说法，但是这种说法实际上在 100 多年前就已经开始落伍了。现代科学的说法是，当电子围绕核子运动的时候，它们本身会形成一种波形云状物，而在这种波形云状物内部，任何一个电子的实际位置都只是其他各个位置中的一种可能性而已。同时，位于核子内部的质子和中子也会形成这种波形物。

铀的原子里有 92 个电子和 143 个质子。铀原子极易发生分裂，并在分裂时释放出巨大的能量。

随着辐射物质的发现，在质子、中子和电子之外似乎还存在着某种其他的未知物质形式。1932 年，人们发现了正电子。它是一种质量与电子相当，但是却带着相反电荷的微粒物质。20 世纪 60 年代，科学家在核子内部也发现了最新的微粒物质，即我们现在所知道的"夸克"。

电磁力有助于科学家理解原子是如何独立形成的，因为电磁力最终解释了原子中各个带电微粒之间的关系。但是，它没有完全解释存在于神奇的亚原子世界之内的力学原理，因为在那个可以辨别却无法看到的领域中，"质量"或"微粒"的概念几乎没有什么实质性的意义。

研究人员还发现了两种基本的作用力形式。第 1 种被称为"强力"，正是这种作用力把核子内部的质子和中子结合在一起。另外一种被称为"弱力"，它改变了核子的结构组成（通过放射性衰变的形式），并对亚原子实体微粒的来回运动及其相互之间的作用产生影响。

在已知的 4 种作用力中，最为强大的就是强力。这种力使所有物质中的核子紧紧结合在一起。但是，它只能在极小的范围内发生持续性的作用，而万有引力能够在非常遥远的距离内持续发挥作用。电磁力也是一种比较强大的作用力形式。虽然它并不像强力那样强大，但是电磁力却能够在较远的距离范围内继续发挥作用。正如其名字本身所赋予的意思一样，弱力的作用力非常微弱。它与强力一样，只能在非常有限的距离之内发生作用。科学家们非常自信地认为，在将来的某一天，肯定能够找到这四种基本作用力的统一方式，而且他们已经为这一发现取好了名字，即"大统一理论"。

影像的效果清楚地演示了波状的干扰模式，而不是粒子运动。在英国，牛顿的追随者并不接受托马斯·杨的新发现，但是这个新发现却被欧洲大陆的科学家所接受，尤其是法国物理学家奥古斯丁·简·菲涅耳，他对托马斯·杨的研究成果进行了确认。

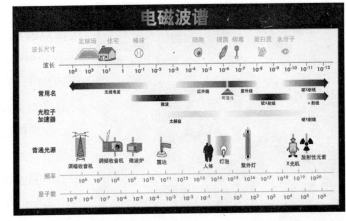

19 世纪 50 年代，已经通过书信来往与法拉第建立起友谊的苏格兰物理学家詹姆斯·克拉克·麦克斯韦正在寻找能够解释法拉第所言的电场和磁场的方法。麦克斯韦发现，电荷来回移动时会产生以某种形式互相联系在一起的、不断振荡的电波和磁波。

在 6 年不辞辛劳地高强度和高密度的数学计算研究之后，麦克斯韦最终成功地描述了法拉第和他自己的发现，并形成了一个把电力和磁力两者结合在一起的全新理论。1864 年，麦克斯韦把他那个令人惊叹不已的研究成果公布于世，即对电流作用下产生的磁场进行描述的公式几乎完全等同于对光波传播进行描述的公式。这个成果发现也证明磁波的运动速度为 30 万千米／秒，这个数值几乎接近于光的传播速度。于是，麦克斯韦得出了如下的结论：电和磁两者不分你我，它们完全是一回事，光是电磁辐射的一种形式，但并不是唯一的形式。他的公式表明，存在着一个超乎任何人想象的无形的力量世界。同时，他也做出如下的预言：必然存在着比可见光波的波长更长或者更短的物质。

麦克斯韦的理论震惊了整个科学界，尤其是年轻的德国物理学家海因里希·赫兹。海因里希·赫兹很快开始着手对麦克斯韦的预言（即存在着多种形式的电磁辐射）进行测试。截至 1888 年，赫兹已经收集到了他所需要的实验设备，即

看得见的和看不见的

我们可以看得到的可见光和色彩只占电磁光谱的一小部分。在人类视觉的范围之外，存在着波长较短的 γ 射线以及波长较长的无线电波。

无所畏惧的居里夫人

法国物理学家玛丽·居里对铀、镭和钋进行实验，以了解更多关于辐射释放的知识。但当时的居里夫人并不知道这些化学元素将对她造成多大的危害。

一个专门设计的、用于对电磁波做出回应的电路设备。这个设备里有一个很小的间隔区和一个金属设备（即天线）。实验过程中，在电路关闭时总会导致一束电火花横跃过间隔区。根据赫兹的推断，这个电火花也应该会产生一种虽然看不到，但是可以被他的天线设备探测到的某种电磁波。实验的结果正如他所预测的。于是，赫兹便得出了结论：这些电磁波的波长大约为30厘米，而且正如麦克斯韦所预测的那样，这些电磁波能够像光波和热波一样被墙壁以及其他不同的物质所折射，甚至被偏振（横波的振动矢量偏于某些方向的现象）。

此外，这些当时被称为"赫兹"，现在被称为无线电波的电磁波，似乎是以光的速度进行运动。

虽然麦克斯韦在10年以前便与世长辞，但是赫兹已经对他的磁场理论进行了证明。这个磁场理论也激发了颇具创造力的意大利天才物理学家古列尔莫·马可尼的研究兴趣。古列尔莫·马可尼把赫兹设备的各个组件逐一进行改进和升级，用电报机键似的方式对电火花进行控制，并对天线进行进一步拓宽，而且还使用了一个叫作"粉末检波器"的设备对赫兹电磁波进行探测。转眼之间，马可尼已经能够在一段超过2.4千米的范围内发送和接受电磁波。到了1901年的时候，马可尼已经成功地把无线电波传输到大西洋彼岸。

水波通过水面，声波通过大气压力的震动传波。那么究竟是什么中介物质承载着所有这些电磁波呢？尤其是那些把星光从遥远的太空带到地球上的物质究竟是什么呢？

自从亚里士多德以来，人们非常熟知的一个宇宙知识是：

周围的所有事物都是一种看不见的介质，而所有的事物都通过深不可测的以太物质向前移动。1887年，美国的两位物理学家阿尔伯特·迈克尔逊和爱德华·莫雷开始对人们所假设的这种以太物质进行测量。他们使用一种首创的"L"形发明（即干涉计）进行实验。这种实验工具的两个触手相互形成了一个互相垂直的角度，而在每个触手的末端都装了一面镜子。在中心位置，两个触手被连接到一起，还有一个光源和一个能把光束一分为二的设备。在分离之后，光线被发送到每面镜子去，在两面镜子反射了发生分离的两束"1/2光线"之后，它们又重新结合到了一起。这两位物理学家把干涉计的一个触手放置在地球在太空中行进的同一方向上。

从理论上看，当地球在静止不动的以太介质中运行时，位于与地球轨道同一方向的光束应该会以更快（相对于光速）的速度前进，因为它得到了地球移动时所产生的一股极为细微的推动力。而与地球运行方向成直角的光束则只会以原来的速度前进。据此，每个光束将会在抵达中心位置的时候产生一个极为细微的时间差，正是出于这种原因，两个发生分离的光束才不会形成相互的干扰作用。但是，当这两位科学家进行测量的时候，他们找不到任何应该出现的时间差。最

居里夫人（玛丽·居里）

放射性物质研究的先驱者

1867年
11月7日，诞生于波兰的华沙地区，原名玛丽·斯克洛多夫斯卡。

1893年
获得了巴黎大学的物理学学位。

1895年
与皮埃尔·居里结成连理。成为一名研究型科学家，专门研究回火钢的磁力属性。

1896年
发现辐射不是化学反应的一种属性，而是原子的一种属性。

1898年
与丈夫皮埃尔一起发现了钋元素和镭元素。

1903年
与皮埃尔·居里以及亨利·贝克勒尔一起获得了当年的诺贝尔物理学奖。

1904年
获得了她的第1个博士学位。

1906年
担任巴黎大学物理学教授一职。

1910年
公开发表了《放射性论说》一文。

1911年
被授予诺贝尔化学奖，成为唯一一名两次获得诺贝尔科学奖的人。

1914～1919年
指导红十字放射线服务中心，为第一次世界大战期间的法国军队组织移动X光线设备。

1918年
成为巴黎大学镭研究院的主任。

1934年
7月4日，在法国的萨朗修地区逝世。

终，科学被迫要面对这样一个可能性：根本没有所谓的以太介质，至少以太这种介质无法被探测到——光和电磁波似乎并不需要任何介质来帮助它们进行运动。

一直到了19世纪末期，关于电磁辐射的问题似乎已经被逐一解决，除了其本质究竟是什么的神秘问题。然后，一系列偶然的科学发现又增加了辐射以及关于原子本质的神秘性。

1895年，德国物理学家威廉·伦琴与他的同事对阴极射线现象进行了考察。之前，科学家已经对阴极的各个属性进行了一定的研究。阴极就是电流离开电池或者其他电力储藏设备时所必然经过的地方。一个被置于真空管（电子管）中的阴极会释放出一种奇特的射线，但是只能在其射到某种化学物质的时候才能被探测到。

伦琴在一间伸手不见五指的小房间里，用黑纸板裹住射线管研制他的阴极射线设备。一个偶然的机会，伦琴注意到几米之外的一种非常奇特的东西在发光，当他把阴极管关闭的时候，发光现象也停止了。伦琴由此推论，阴极管肯定辐射出了某些光束。然而，这个结论有点说不通，因为伦琴知道阴极射线在空气里的辐射不会超过几厘米，不论它们究竟是何种物质。于是伦琴意识到，他肯定是发现了别的不同的东西。不久之后，伦琴发现这种未知的光束可以穿透他妻子的手掌，并且在屏幕上留下了一个她手掌骨架轮廓的投影。经过几个星期的反复实验之后，他对外宣称这种电磁波的存在是如此的特别，以至于他索性就称其为"X"。

转眼间，X射线已经被用于医学领域。但是，科学家仍然无法知道这些物质的真实本质以及它们具备这些功能的原因。剑桥大学的物理学教授约瑟夫·约翰·汤姆逊发现，当这些射线穿越某种气体的时候，产生了导电性。法国物理学家安东尼·亨利·贝克勒尔则认为，伦琴射线可能包含于荧光之中，或者只是某种化合物暴露于太阳光线之下的发光现象而已。

意大利人古列尔莫·马可尼受到赫兹关于波的理论的启发，花了2年的时间设计了一种装置，把赫兹电波传到很远的地方。1897年，马可尼成立了开发和销售天线电波的公司。

贝克勒尔把一块用厚厚的黑纸包裹起来的照相板放在某种化合物下面，然后准备将其暴露于太阳光的照射之下，如果这种化合物（这次实验所用的是铀元素）在发生荧光现象的时候发出了 X 射线，那么这些 X 射线的发射过程多少都会在照相版上留下一些痕迹，哪怕是模糊的。

由于当时的天气是阴天，贝克勒尔就把铀元素和照相版都藏到一个抽屉里。然而，当把这些东西拿出来的时候，他惊奇地发现，照相版上有了很明显的感光效应。也就是说，是铀元素本身发出了某种类型的辐射。然而，这种辐射究竟是什么呢？贝克勒尔发现，这种辐射与伦琴的 X 射线一样能够使气体传导电流。

出生于波兰的法国物理学家玛丽·居里也在不久之后发现，被她称为"放射性"的化学属性在铀元素和另一种化学元素钍中是非常普遍的。在对其他物质进行了实验和测试之后，她发现与纯度高的铀元素相比，沥青油矿（一种铀元素的矿石物质）具有级别更高的放射性。

为了弄清楚其中的奥妙，她和丈夫皮埃尔在位于巴黎的一间阴暗的实验室里面进行了相关的实验。1898 年，在对数以吨计的各种矿石进行了实验和研究之后，他们终于对外宣称已经找到了两种新的化学物质，即钋元素和镭元素。镭元素是我们目前所知的辐射性最强的化学物质，这种元素的超强辐射能够使周围的空气都产生电荷发应。

能量守恒

基于自己对人类生理学的研究，德国医学家和物理学家赫尔曼·冯·赫尔姆霍茨得出了能量守恒定律：从任何系统中释放出来的能量等于进入这个系统的能量。

爱因斯坦的能量理论

阿尔伯特·爱因斯坦已经提出，光来源于被他称为"微粒"的粒子。托马斯·杨在 19 世纪初期所进行的实验似乎

开启所有秘密的钥匙

两次获得诺贝尔奖的美国化学家莱纳斯·鲍林用一个木制的模型展示了蛋白质分子的复杂结构。

清楚地表明光必然是一种波。这种思想贯穿了整个 19 世纪，其最终发挥了充分解决各种问题以及找到关于光、磁和热三者关系的实验证据和数学统计证据的作用。

可能存在着比我们在所有试验中所看到的还要多的光，但是这种可能性只有在阴极 X 射线和穿透性 X 射线证明了电子的存在之后才能够证实。德国物理学家菲力普·雷纳德通过另外一个实验来显示电子能量化的过程。他把一束单频光射向了一个金属表面，从而发现这束光把金属板中的很多电子射出了金属表面。另一个连接到一个敏感电流测量设备的金属板则把这些被射出的电子收集起来。一个通电的高压电网早被安装好，以便能够在光束穿越这个高压电网的时候调整和改变这个射向第 1 个金属板的光束的电压，并且对那些以跳跃方式奔向收集板的电子的电荷值产生影响。雷纳德发现，在将高压电网的电压升高时，对收集板（光电效应）进行撞击的电子所测出的电流有了明显的下降。而收集板有了负电荷，并排斥了很多带着负电荷的电子。在一个特定的点上，电流全部消失。在光的强度被增加（即给电子加强了能量）之后，实验的结果依然没有丝毫的改变。

1900 年，致力于研究热的物体不会按照人们所预测的那样辐射出带有红外线、可见光和紫外线等混合射线的德国物理学家马克思·普朗克偶然性地发现了一个基于玻耳兹曼热力学第二定律的数学公式，而这个数学公式又似乎可以证明能量并非以一种包含各种等级的连续流质形式，而是以一种不连续的断点形式被释放出来，这些断点就是所谓的量子。爱因斯坦认为，雷纳德的光束是由粒子或者光子组成的，而且每一个微粒都把自身的能量转移到第 1 个金属板的电子上。当这些从金属板中发射出来的电子朝着收集板运动，并穿越带电的高压电网时，它们耗尽了所有的能量。一些电子成功地穿越了这个高压网，而另外一些则没有。其中，成功穿越的多数电子都是离金属表面非常近（即所需要穿越的距离比较短一些）的电子微粒。即使增加光的强度也不能给光子和电子更多的能量，只会增加更多的光子，从而使更多的电子可以逃脱出去。当干扰电压增高的时候，电子便无法再跑到收集板上去了。

那么，光是不是由粒子组成的呢？

根据与电子有关的研究成果以及他认为原子内部多数体积都是真空的推断，卢瑟福于1911年构想出了一个原子模型，进而对太阳系进行模仿。一个带有正电荷的核子占据了中心位置，而带有负电荷的电子像行星一样围绕着核子不停地旋转，其所占的体积虽然只有整个空间的十亿分之一，但是却含有整个原子的绝大多数质量。

1912年，丹麦物理学家尼尔斯·玻尔指出，如果这些电子确实以这种方式进行运转，那么它们很快就会将自身的能量散失殆尽。在对普朗克和爱因斯坦的相关理论进行思考之后，尼尔斯·玻尔提出了一种对电子模型概念进行重新修正的方法。新的模型需要证明，所有电子受到光能或电磁辐射时，都会以不同的波长做出回应，

莱纳斯·鲍林

生物化学和物理学的领军人物

1901 年
2 月 28 日，诞生于俄勒冈州的波特兰地区。

1925 年
毕业于加利福尼亚州理工学院，并获得了化学博士学位。

1933 年
被选为美国国家科学院院士，从而成为有史以来最年轻的院士。

1937 年
被任命为盖茨实验室的主任，同时也被任命为加州理工学院化学工程系的主任。

1939 年
公开发表了《化学键的本质》一文，而此文成为化学和生物化学的经典名作。

1942 年
与丹·坎贝尔和戴维·普莱斯曼一起对外宣布，他们成功地研制出了人造抗体。

1954 年
因其在化学键方面的研究成果而获得了这一年的诺贝尔奖。

1955 年
公开发表了《花岛宣言》，呼吁全世界停止使用核武器。

1958 年
公开出版了《不要战争》一书。因为与加州理工学院的管理层产生矛盾而愤然离开。

1963 年
获得诺贝尔和平奖。

1973 年
创建了正分子医学研究院，后来更名为莱纳斯·鲍林医学科学研究院。

1994 年
8 月 19 日，在加利福尼亚州大农场里辞别人世。

聚变图景

20世纪90年代，在新墨西哥州首次投入使用的第2代粒子束聚变加速器，用来观测在地球或者外太空核爆炸核心位置所发生的化学反应。

而这些波长就是一种物质区别于另外一种物质的光谱指纹。电子确实围绕核子运转，但是它们的运行轨道都是相对固定的，而且每个原子的电子轨道都各不相同。当原子受到光能辐射的时候，光能被分布到各个电子当中，使得电子从固定的轨道跳跃到另外一个轨道上去。当这些电子再次跳回到原轨道时，就会释放出不同波长的可见光子。

这些思想和理论似乎暗示着光既是粒子又是波。不久之后，欧洲的一批理论家，包括德国的沃纳·海森堡、奥地利的埃尔温·薛定谔以及法国的路易斯·德布罗伊，都为玻尔的量子理论提供了一个符合逻辑的论断：粒子实际上是以波的形式运动着，而光波也存在着类似于粒子的各种属性（比如动量）。实际上，物质也具有类似于波的属性，而且从原则上看，根本无法弄清其在某一特定时刻的确切位置。光波实际上根本不存在任何一个固定位置，除非能够找到测量证据对其进行证明，而事实上根本找不到任何测量它的方法。光波在某一时间点上简直无所不在，而且它永远只是趋向于特定位置点和特定速率。即便是爱因斯坦也很难想象和理解这种思想。正如他所说的那样，对于宇宙，"上帝不掷骰子"。虽然这确实有些令人难以置信，但是量子力学在不久之后将会对一个无懈可击的物理理论进行证明。

爱因斯坦的时空论

根据物理学家马克思·波恩的观点，1905年9月发行的德国物理学刊《物理学年刊》被认为是"整个科学文献中最具纪念价值的一本刊物"。在这本刊物中，当时在伯尔尼担任瑞士专利办公室专利审查员、年仅 26 岁的阿尔伯特·爱因斯坦公开发表了 3 篇论文。这 3 篇论文为长期以来被奉为经典的伽利略和牛顿的世界观敲响了葬钟，同时揭示了一直以来被隐藏着的另外一个宇宙。在这个宇宙中，时间、空间、物质、能量、万有引力似乎都在发挥着无法想象的作用。

爱因斯坦认为，世界并非我们原先所熟知的世界，也就是说，时间、速度、空间、位置和物质都是具体的客观现实。这种观点是一种最为理想的解释。我们以时钟记录时间、以汽车或者飞机加大移动速度、以一个成套的基本坐标确定我们的位置点并区分出某个物质是否属于固体状态……正如爱因斯坦自己所总结的那样，在日常生活中，"我们所有的思想和概念都是通过感官体验建立起来的，而其特定的意义只限于相应的感官体验本身"。爱因斯坦的理论貌似难以理解的原因在于，这些理论把我们自身的感官体验全部抛开了。

19 世纪和 20 世纪之交，虽然人们已经了解了关于光的更多知识，但是物理学家们对一个问题仍然百思不得其解：为什么所有的光速都是不变的，即使是运动着的物体发出的光也是如此？

理查德·费曼

理论物理学家

1918 年
5 月 11 日，诞生于美国纽约的皇后区。

1939 年
毕业于马萨诸塞州理工学院，并获得科学学士学位。

1941 年
开始致力于普林斯顿大学原子弹计划的研究。后来，在新墨西哥州的洛斯阿拉莫斯地区继续执行这个计划。

1945 年
亲自对在新墨西哥州首次引爆的原子弹进行观察；被任命为康奈尔大学理论物理学专业的教授，在那里，他开始研究量子力学的基本原理。

1950 年
接受了加州理工学院理论物理学教授的职务。

20 世纪 50 年代
为超流动性理论（超流态理论）提出了基于量子力学的解释和说明；对与放射性衰变相关的弱相互作用力进行理论研究。

1959 年
被任命为加州理工学院理论物理学专业的教授。

1961 年
公开出版了《量子电动力学》和《基本程序理论》这两部著作。

1965 年
因其在量子电动力学方面的研究而获得了诺贝尔奖。被选为皇家学会的成员。

1986 年
受命调查"挑战者"号航天飞机的失事原因。

1988 年
2 月 15 日，在加利福尼亚州的洛杉矶地区逝世。

黑洞

这幅关于星暴星系 M82 的 X 射线图是由钱德拉 X 射线天文台拍摄到的，这是第 1 个被确认属于星系内核之外的黑洞，它也可能是一种新型的黑洞。

如果你以每小时 1 千米的速度沿着一条水流速度为每小时 2 千米的河流向上游动，那么你的相对速度其实是每小时 3 千米。如果你只是横穿过这条河流，那么你的速度又回到了原来的每小时 1 千米。19 世纪，科学家也提出了类似的观点，即地球正在穿越虽然看不见但是却客观存在的、流质一样的以太物质。

爱因斯坦则坚持认为，根本没有什么所谓的以太，而且无论作为光源的物体是处于静止状态还是处于运动状态，都不会改变其原来的光速。就光本身而言，这个观点与牛顿的物理学观点完全背道而驰，原因在于根据牛顿的理论，速率必须遵循简单相加的原则。爱因斯坦进一步设想，一个人如果真的以光速行进，那么将会出现奇妙的结果。

感官体验告诉我们，任何地方的时间都以同样的速度前进。如果看到一架飞机掠过天空，我们一定会认为飞机上乘客的手表和我们的手表以同样的速度运转。进一步来说，如果我们看到闪电同时在飞机的前面和后面划过，那么我们就会认为飞机上的所有人都会看到同样的画面，因为时间对所有观察者来说都是一样的。爱因斯坦则认识到，所有这些事情要视我们的所在位置和我们（或者观看同一事物的另外一个人）的运行速度而定。

如果你把车速控制在每小时 10 千米，那么你的车前灯所发出的光依然以每秒钟 18.6 万千米的速度向前移动。如果另一个姑娘的车速为每小时 20 千米，那么她的车前灯所发出的光也是以每秒钟 18.6 万千米的速度向前移动。如果两部车的速度都无法超过光速，那么它们的速度就等于距离除以时间。这时，能够说明两部车所发的光保持不变的速度的唯一理由，就是光所对应的距离和时间发生了变化。

爱因斯坦的理论就是如此陈述的：一个物体运动得越快，那么对于这个物体而言所经过的时间反而越慢。美国自然历史博物馆海顿天文馆的主任尼尔·泰森绘制的一个图形表明，在 25% 光速的情形下，1 秒钟被延长了 0.03 秒。在 50% 光速的情形下，一秒钟被延长了 0.15 秒；而在 99% 光速的情况下，1 秒钟变成了在地球上所经历的 1 秒钟时间的 7.09 倍。在 99.99999999% 光速的情形下，这时的 1 秒钟则变成了相对于在地球上所经历的 19.6 小时。

这不仅仅是一种抽象的概念，也证明了爱因斯坦的理论能够在一架快速飞行的飞机里被精确地测量出来，而且这一概念已经成为我们在研究各种物体（比如速度接近光速的原子粒

斯蒂芬·霍金

黑洞的理论专家

1942 年
1 月 8 日，诞生于英国的牛津地区。

1962 年
毕业于牛津大学，同时被剑桥大学录取，并攻读宇宙哲学的博士学位。

1963 年
被诊断出患有肌萎缩性侧索硬化症，这一病症也被称为"运动神经元病"，俗称葛雷克氏症。

1966 年
顺利获得了博士学位，成为剑桥大学冈维尔与凯斯学院荣誉成员。

1970 年
证明黑洞能够发射出辐射，这一现象后来被命名为"霍金辐射"。

1974 年
成为皇家学会最为年轻的成员之一。

1979 年
被任命为剑桥大学卢卡斯数学教授。1669 年，艾萨克·牛顿曾经担任过这个职务。

1985 年
因患有肺炎而接受气管切开术，手术之后无法进行任何讲演。开始用计算机作为沟通途径。

1988 年
公开出版了《时间简史》这一著作。

1998 年
公开出版了《斯蒂芬·霍金的宇宙：可以解释的宇宙》。

2004 年
公布了黑洞悖论的解决办法：在爱尔兰都柏林的国际性会议上介绍了其在广义相对论和万有引力理论上的研究成果和发现。

2005 年
被授予史密森 200 周年纪念奖章。

子）时所必须虑及的一个重要因素。在原子加速器里，这种粒子的质量可能也会有所增加，而且最为关键的是，以光速运行的物质的质量会倾向于无穷大。虽然爱因斯坦无法接触到这种技术，但是他的理论确实使质量理论以及描述质量与能量关系的理论发生了一些转变。

不久之后，爱因斯坦公开发表了狭义相对论。实际上，就在另一期《物理学年刊》中，爱因斯坦公开发表了广义相对论的雏形。"一个物体的惯性是否依赖于其所含的能量呢？"这个问题仅仅是爱因斯坦具有地震效应的论文中一个非常小的标题，但是这种思想恰恰与认为物质与能量都无法被创造和消灭的理论之间存在着很大的出入。

传统理论认为，磁能可以转变成电能，液体可以转变成气体，但是物质和能量之间的守恒定律是神圣而不可侵犯的。然而，爱因斯坦却不这么看。他指出，物质与能量相当于一个硬币的两面。能量能够从物质中衍生而来，而物质也能够从能量转化而来。爱因斯坦甚至还给出了一个对物质和能量之间互换关系进行描述的公式，即 $E=mc^2$。其中，E 代表能量，m 代表质量，而 c 则代表了光速。由于光速的平方值是一个巨大的天文数字，因此很小的质量就能制造出巨大的能量。

爱因斯坦认识到，居里夫人所研究的镭元素的一部分实际上正在转化为能量形式。我们现在所称的辐射能实际上就是质量被转化为能量的过程，而爱因斯坦的理论可以准确无误地将其测量出来。这个公式的公布直接导致了核裂变技术的发展，而在核裂变的过程中，原子进行分裂是为了能够把它们的质量转化成能量。令爱因斯坦非常遗憾的是，这种技术却被用于制造原子弹。

核裂变甚至可以制造出更为巨大的能量。在太阳中，高强度的热能把氢原子撕裂开来，即把带正电荷的氢核子与带负电荷的氢电子分离开来。这些粒子相互碰撞之后形成了氦原子，4 个氢原子正好可以合成一个氦原子。所形成的氦原

爱因斯坦和伦琴、居里夫妇以及其他物理学家不同，他不进行实验。在玛丽·居里用几吨沥青铀矿进行研究时，爱因斯坦手中只有羽毛笔和纸。他试图应用数学公式在已知的自然规律的基础上，提出新的自然规律。这种研究方式大物理学中十分常见，被称为"理论物理"。

子的质量却要比参加合成的所有氢原子的质量总和要小一些，而这个差额部分就变成了核粒子和能量。然而，爱因斯坦的理论又碰到了另外一个问题。比如，如果太阳的万有引力对地球发挥作用，那么这就意味着这个万有引力必须以近1.5亿千米的超级速度进行移动，而这个速度要比光速快得多。由于爱因斯坦已经得出没有任何物质的运动速度会快于光速的结论，因此要么存在着某种非万有引力的物质在使地球保持着其运行轨道，要么万有引力并不是像牛顿所认为的那样发挥作用。

此外，爱因斯坦还推算出，导致万有引力存在的是在一个质量物体周围所形成的空间扭曲。牛顿的万有引力定律所描述的是万有引力依赖于两个物体之间的距离；而爱因斯坦的广义相对论则认为，这种距离会由于物质的空间扭曲而发生扭曲。

如果是质量较大的物体，空间扭曲足以使光束在万有引力作用下沿着其所形成的扭曲空间运动。虽然太阳的质量能够达到使光线发生弯曲的地步，但是与那种由恒星塌缩以及恒星质量挤压所产生的空间扭曲相比，太阳的这种级别几乎是不值一提的。在时空被严重扭曲，而万有引力又非常强大的时候，即使是光也无法逃脱，这种加速漩涡便是我们现在所知道的黑洞。

爱因斯坦的狭义相对论和广义相对论改变了物理学家对宇宙的理解方式，同时也改变了人类对宇宙空间的想象方式。爱因斯坦完全清楚自己的理论将会产生什么样的哲学影响。他写道："非数学家在听到了'四维'这种概念的时候，被一种莫名其妙的浑身战栗所侵袭，这种感觉不亚于被某种超自然的玄妙思想所惊醒。但是，实在找不到更加平白直叙的话语来替代对这种思想的表达，因为我们所生存的世界就是一个思维时空连续统一体。"

爱因斯坦和原子弹

虽然阿尔伯特·爱因斯坦与美国原子弹的开发不存在直接的联系，但是他的名字将永远与原子时代紧紧联系在一起。爱因斯坦是一名和平主义者，但是当他得知德国的科学家正在全力投入一个旨在制造一种极具摧毁性武器的研究计划时，立即通知了富兰克林·罗斯福总统。这一举措直接导致了曼哈顿计划的出炉，以及原子弹在日本的爆炸。

量子力学

研究者开始利用量子力学的相关理论，分析原子在虽然看不见但却是真实的世界里是如何运作的。在由量子理论所提出的众多问题中，化学键的形成也是其中之一。

早在 20 世纪 20 年代，美国化学家莱纳斯·鲍林已经发现，正如原子没有固定的结构一样，在化学合成物质中，原子的结合也存在于一种结构形式和另外一种结构形式之间的中间状态，这种现象被称为"共振"。1929 年，鲍林终于制定出了一些规则，而通过这些规则，我们可以了解化学键中电子之间的相互关系。凭借着这些研究成果，鲍林也能够更好地了解它们所组成的各种化合物的属性。

光微粒是一种小能量包，叫作"量子"，原意是指"小分量"。因此，所有和电子、原子核和光线的不同形式相关的研究，都称为量子物理。

最值得称道的，是鲍林所具有的把理论化学和实践化学结合到一起的独特能力，以及他对于化学键既稳定又多变的双重属性的透彻理解。这也促使他进一步考察和研究镰刀型细胞贫血病，并最终发现这种疾病源自于血色素分子的一个变种。他的论文《镰刀型细胞血红蛋白：一种分子疾病》极大地促进了人们对于疾病基因的诱因的兴趣。

鲍林曾经尝试构建一个DNA的分子结构模型。1953 年，他和晶体学专家罗伯特·柯瑞共同发表了带有 3 条螺旋扭链的三维 DNA 的模型图以及相关的理论。1954 年，鲍林由于在化学键课题上的研究成果而获得了当年的诺贝尔奖。1963 年，因为在裁减军备方面所进行的不懈努力，他再度获得了诺贝尔奖——诺贝尔和平奖。假如鲍林的 DNA 分子螺旋扭链中只有 2 条，那么他很有可能获得第 3 座诺贝尔奖杯。但是，这座诺贝尔奖杯却落入了佛朗西斯·克里克和詹姆斯·沃森的怀抱，原因在于他们最终发现了双链（而不是 3 链）螺旋才是 DNA 分子的结构模式。

美国物理学家理查德·费曼是另外一位被量子物理学所深深吸引的科学研究者。量子物理学的不可预测性似乎激发了他与生俱来的独立思考能力。在对量子力学的数学难题进行研究之后，费曼勾画出了存在于电磁辐射之中的各种亚原

子作用力的相互关系，以及在原子的不确定结构之中，光子如何与电子以及恰好与它们相反的、带有正电荷的粒子（即正电子）发生互动关系。此外，费曼还阐释了作用力的兑换过程以及粒子的碰撞现象，他所用的就是后来被称为"费曼图"的图像手段。由于在量子电动力学领域所取得的具有地震效应的研究成果，费曼获得了诺贝尔物理学奖。

同时，理查德·费曼和物理学家默里·盖尔曼成功地描述出了在放射性衰变过程中，各种作用力的发生和作用机制。这种被称为"弱相互作用力"的现象的发现，使我们可以窥探到理论上属于原子结构中最小的粒子，即费密子、玻色子、W 粒子和 Z 粒子。由于这些粒子经常只会做出非常缓慢的反应，因此它们能够在极为炽热和压力极高的环境下引发大规模的反应。这两位物理学家发现，这些粒子就位于核聚变的核心位置。费曼在转瞬之间就变成了

核裂变

在日本的东海研发中心，由核裂变所产生的中子帮助研究者进一步探索物质和生命科学的奥秘。

理查德·费曼

诺贝尔奖获得者、美国物理学家理查德·费曼于 1983 年 3 月在加利福尼亚州洛杉矶地区的照片。

一名伟大的科学人物。他用他那令人惊叹的天赋把自己塑造成一个故事演说家，他运用逻辑缜密的描述以及以深入浅出的话语对高深物理研究娓娓道来，从而成功地吸引了科学家和公众的眼球。

英国物理学家史蒂芬·霍金致力于把量子物理学与爱因斯坦的广义相对论结合起来进行研究。霍金把这两个概念联系到了一起，第 1 个所针对的是亚原子的科学领域，而第 2 个则针对具有庞大质量的物体，并且以这种智力整合方法对诸如宇宙的产生方式、强大到足以使光无法逃脱的黑洞之类的深不可测的难题进行探究。霍金对黑洞做出了这样的描述：一个原先具有几十亿吨重量的物质最后被压缩成只有单个光子体积大小的微粒。在这种状态下，粒子都会遵循量子理论的原理进行运作，也就是说，粒子会释放出辐射，然后逐渐消散，直到消失。

后来，霍金与来自欧洲粒子物理研究所的托马斯·赫尔泰格做出了一个异常大胆的假设。虽然我们不知道任何一个粒子在特定时刻的确切去向和位置，然而，如果早期宇宙的粒子遵循量子理论，那么宇宙本身必然也是量子理论的产物。如果事实果真如此，那么正如赫尔泰格所说的那样："宇宙并不仅仅只有一种历史，而是存在着各种可能的历史，而且每一种历史都存在着属于其自身的高度可能性。"

当古代先人们抬头仰望天空的时候，他们总会对物质和能量充满了各种疑问。如今，即便有了广义相对论这一能够自圆其说的理论和量子力学高深莫测的原理，我们依然迷失在一个颇为熟悉的问号中。

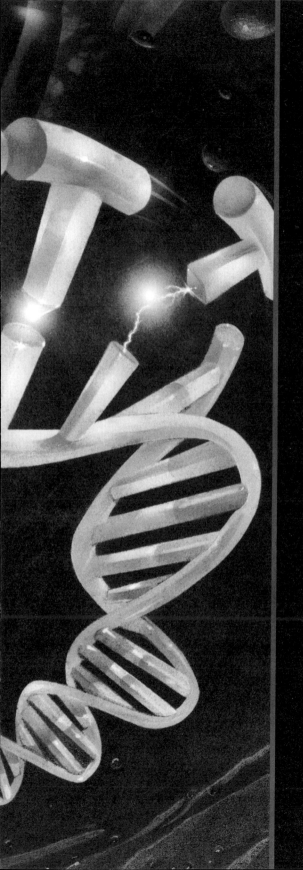

第三章
生命的起源

就观察自然界以及运用知识谋求生存的能力而言，人类最早的祖先简直无所不能，只是他们的手段比较原始而已。一旦所有的科学智慧被除去，使我们重返原始的生活状态，那么我们将无法与文字出现以前的人类进行较量。早在15万年前，人类的祖先开始走出非洲大陆。在接下来的10万年中，他们在世界的各个角落进行生殖和繁衍。

然而，游牧生活并非如此简单。它需要健康的体魄以及对环境的适应能力，更为重要的是，它还需要与自然界的运作方式有关的人类智慧。因此，仅仅熟悉一个新的环境是远远不够的。也许你曾经穿越过某个环境，也许你曾经在某个环境中扎营，也许你曾经在某个环境中狩猎，也许你曾经在某个环境中搜寻食物，也许你曾经在某个环境中放牧牛羊群，无论如何，你必须了解与这些环境的特性有关的知识。当然，这种知识的关键在于它在适当的时间和适当的地点出现，也就是说，要在水开始流淌的时候、在草开始生长的时候、在树开始结果的时候、在植物开始播种的时候以及在你所狩猎的牛羊群准备迁徙的时候。如今，这种对自然事件发生的时机进行研究的学科被称为生物气候学。虽然生物气候学在 18 世纪之前并没有被正式确认为一门学科，但是它恰恰可能是最早得以应用的自然科学。遗憾的是，这方面并不存在任何文字记录。这些生物气候数据在几万年时间内并没有留下任何历史记载，而只是通过口头传授的方式代代相传。

然而，我们并不缺乏早期的人类文化及其自然界知识的充足证据。考古学家已经发现了早期人类工具和露营用具的踪迹，而且这些早期人类在悬崖或洞穴墙壁上所留下的图案也反映出了那时的动物和他们生活的历史画面。同时，我们也从一些至今仍然存在的游牧部落（虽然他们人数稀少而且濒临绝种）了解到一些事情，甚至开始认识到他们知识的广博。

比如，人类在澳大利亚定居至少已经有 5 万年的时间。然而，从印度尼西亚出发抵达澳大利亚却需要建造出能够远渡重洋的巨型大船。一旦抵达澳洲，人们还必须适应一种完全不同的气候条件。从存活下来的土著文化所得到的证据显示，这些土著人群发明了相当复杂的历法，而这种历法既不是基于太阳也不是基于月亮，而是基于他们对某种植物的生长状况以及主要风向的变化。美洲土著人早就能够通过发现某种植物处于茂盛期，或者根据某种鸟类的出现判断大马哈

公元前 15000 ～公元 70 年

公元前 15000 年
在法国，人们发现了最早描绘动物的石洞壁画，这是人类开始对自然界产生好奇的最早证据。

约公元前 570 年
希腊哲学家阿那克西曼德认为，最早的生物应该生活在水中，然后逐渐演化成陆地上的动物。

约公元前 560 年
希腊哲学家色诺芬通过对古代化石的考察推断生命的进化过程。

鱼和北美产驯鹿何时开始迁徙。

科学的先驱

既然与自然界存在着如此亲近的关系，那么早期的人类是否考虑过生命、世界以及他们自身是如何形成的呢？这方面没有任何文字记载，我们

只有一些间接的考古资料以及对游牧部落的存在和延续所进行的猜想。有些考古学家曾经提出如下的观点：葬礼仪式为研究早期人类生活的自觉态度提供了一些线索。他们把那些可以追溯到 2 万年之前的古墓遗址作为考古证据，从而说明至少有些部落是非常敬重部落的祖先的，原因在于他们把死者晚年的私人用品作为陪葬品。

当考古学家回过头来考察今天的部落（比如生活在泰国西海岸安达曼海以打鱼为生的部落）的时候，他们所得出的结论是：早期人类总是喜欢把他们的生活与周围的生物群体进行比较，而几乎在每个细节上，他们都发现了共通之处。与人类一样，动物和植物都会经历出生、成长和死亡的过程。此外，它们都有自己的母亲和父亲；同时，它们也会寻找

史前蜂蜜

在澳大利亚中部地区的贫瘠土地上，土著人把无刺蜜蜂的蜂蜜作为对别人进行犒赏的物品。这种蜂蜜现在被称为"糖包"。

约公元前 380 年	约公元前 350 年	约公元前 320 年	约公元 50～70 年
希腊哲学家柏拉图描述了希腊的土壤浸蚀腐化、过度放牧和过度采伐森林的过程。	希腊哲学家亚里士多德开始研究对动物进行综合性分类的方法。同时，他撰写了《动物发展史》和《动物结构》这两部著作。	希腊科学家提奥夫拉斯图斯开始进行植物学的系统性研究。他撰写了两部颇具影响力的著作，即《植物发展史》和《植物病因学》。	被人称为老普林尼的罗马学者加伊乌斯·普林尼·塞坤杜斯公开出版了《自然史》。

采猎者

"科伊桑"是对那些在南非的喀拉哈里盆地生存了11000年的土著采猎者的称呼。那些没有进化到农耕社会的土著人至今仍然保存着很多旧石器时代的生活方式。

配偶进行交配，从而进行生殖和繁衍，而且也会保护和照料自己的下一代。如果没有了食物和水源，那么植物和动物都将走向死亡。因此，当时的人们不用很费劲便可以做出如下的推断：所有的生命体都会经历幼年期、成长期、性成熟期、病患期以及老年期等过程。如果这些事情都是客观事实，那么我们可以做出如下的推论：和人类一样，这些生命体有自己的情绪、欲望和梦想；它们也会经历痛苦和快乐；它们也能够表达出自己的感受。比如，当秋天来临的时候，结成冰块的湖面会发出响亮的爆裂声，而有些人曾经说过，这是因为它们正在请求雪花把它们覆盖起来，从而免遭寒冷的摧残。如果生命体确实与人类非常相近，那么它们必然也充满着某种相同的精神物质（即对生存的感知）。

对自然界的朴素解释被称为"万物有灵论"，这个词的英文原形是"animism"，它来自于拉丁文的"animus"，原意为"呼吸"或者"灵魂"。万物有灵论的支持者以看待人类自身的方式来看待自然界：他们对那些为他们提供食物、衣物以及庇护所的植物和动物都敬爱有加。同时，他们对那些带来吉利兆头的季风和海洋表达感恩之情。然而，与此同时，他们也对那些可能会带来伤害的事物心存畏惧。在必要的时候，他们会献上贡品，从而祈求与自然界继续保持一种互利的关系，原因在于他们相信那些存在于周围的未知事物也会因为贡品而感激他们。

然而，万物有灵论与自然崇拜并不完全是一码事。万物有灵论者认为，人类与自然界存在着某种共通的关联性，而不是一种简单的为我所用的关系；自然界可以跟他们进行言语上的沟通。那么，这种看法科学吗？我们可以说，它至少在某种程度上与智慧非常接近。

安达曼人中的穆肯族在 2004 年 12 月的大海啸中非常幸运地存活了下来，而这次大海啸吞噬了横跨整个印度洋盆地数万人的生命。由于科学家的预测来得太晚，因此无法提前进行预警。然而，当穆肯族的土著人看到海洋从他们所在海岛附近的海岸退潮的时候，便把这种现象视为海潮会再度袭击高地的征兆。事实上，如此巨大的海啸在安达曼人所居住的地方已经至少有 500 年没有发生过了。

大约在 1 万年以前，地球发生了巨大的变化，数百米厚的冰川从北极直流而下，并覆盖了整个北半球近 1/2 的面积。然而，这种现象如今早已消失。于是，位于北半球的人类获得了更适合生存的环境，而人们也迁移到了那些从未被开发和探险过的新领地。就是在那里，人们开始发展农业。

人们早已开始把那些在迁移过程中一直伴随着他们的动物进行驯化。一直到了公元前 5000 年，人们才开始对生物遗传有了初步的了解，从而能够选择性地培育庄稼和动物。不论是出于智慧，还是出于运气，那时的人们开始充分地体会到庄稼轮作、水源灌溉以及物种培育所带来的实实在在的好处。

稳定的食物生产代替了偶然性的食物搜寻，这一进步改变了人和自然之间的基本关系，同时也改变了人类对生命起源的思考。人们当时或许已经认识到，动植物的精神不再能够与自己的精神相提并论，因为他们已经能够按照自己的需求对这些动植物进行操作和控制。新的思想或许就是在人们定居下来，形成聚居地、城镇以及城市之后，在全新的社会结构中出现的。无论背后的原因是什么，当时的人们都已经开始通过设计出更宏伟的计划来揭示自然界的真实面貌。

在中东地区，被认为启动宇宙，并为宇宙中的人类、动物和植物确定各自不同的安居场所的诸神也开始出现。在远东地区，世界被认为是由各种经典样式以及循环组成。因此，人们需要进一步了解这些经典样式以及循环的内在规则和相互关系。同时，人类的猜想也随着文化本身的延伸而延伸。

大约 700 万年前，某件具有决定意义的事情发生了——一群新的动物走出非洲热带森林，开始在广阔的大草原上四处走动。这一新的物种就是非洲南方古猿。在以后的 500 多万年里，它们成为世界占据主导地位的人科动物。

在公元前的最后几个世纪里，这种与农业和贸易的需要以及文字和数学的发展结合在一起的人类猜想的存在和延续，最终让位于最早的关于生命本质的科学考察和研究。

科学的起源

希腊以及位于现在土耳其境内的地区成为当时的贸易中心和旅游胜地。这里的港口城市迎来了来自环地中海地区各个文化中心的众多来客。当时，希腊人是异常活跃的航海家和贸易商。商业除了带来各种新商品，还会带来各种新鲜的思想，而公元前6世纪的古代世界似乎已经充满了各种新思想。

在当时的印度北部地区，乔达摩·悉达多放弃了他的物质财富，转而追寻他的精神财富。这位到处游历的哲学家认为，世界并非是永久性的，而是暂时的。他进而提出了许多与这个非永恒世界中的生命本质有关的问题。最后，乔达摩·悉达多因他的启蒙思想而成为印度的佛。

在公元前6世纪的古代中国，技术在各大思想流派中得到了蓬勃的发展。这些思想流派包括由儒教提出的严格道德要求以及由道教提出的既抽象又辨证的学说。在这些思想可能使希腊道德哲学转变成钱币的时候，古代的中国人对自然界的研究和考察则缺乏兴趣。就这一点而言，公元前6～前4世纪的古希腊自然哲学家们在当时确实找不到与之匹敌的对手。

在那些更多是具有宗教意义（而非学术意义）上相似或类同之处的学派中，希腊哲学家们开始拓展"存在"（希腊文"physis"；英文为"nature"）的思想。这个概念后来变成了西方科学发展演变的核心关键。

尽管许多人经常把其译为"自然"，但是"存在"这个词的希腊文的本意为"生长"。这个词所包含的意思是，尽管存在着秩序井然的安排，但是宇宙仍是一个变动的系统，并受到其自身的定律和法则的制约，而非受到外来作用的制约。在与宇宙可知论的思想结合到一起之后，最早的自然哲

几何是在巴比伦产生的，是数学的一种形式，主要涉及三角形、圆形、四边形和线条等。"几何"的本意是土地丈量。

学家提出了这样的假设：自然界中的所有事物都是由一种基本的、不能削减的元素所组成，而且这种元素能够对所有的自然力量产生影响，但是它会保持其本身的原有特性，并且最终形成了所有的物质形态。

最早着手解决这个问题的人是古希腊天文学家、数学家和哲学家泰勒斯（公元前 624 ~ 前 547 年）。泰勒斯来自于位于亚细亚海岸线上爱奥尼亚地区的米利都城。他曾因预测到了很少为人所知的日全食而获得了很高的知名度。

泰勒斯认为，生命的基本元素是水。水作为液体可以流动，它也可以结冰从而形成固态，甚至可以变成水蒸气从而进入到空气中。但是，他也推测是否存在着其他物质，从而形成出生、成长和消亡，但又可以保持同一属性。

虽然后来的许多哲学家（包括亚里士多德）对泰勒斯的观点不敢苟同，但是他们认为泰勒斯已经找到了自然界的研究对象。的确，泰勒斯已经形成了一种成熟的世界观，他认为自然界有其完整的物理属性和哲学属性。此外，泰勒斯的世界观可以在不依赖于任何神灵或者神话传说的前提下，对生命和自然的运作方式及其奥秘进行解释。

泰勒斯的观点得到了阿那克西曼德的传承，但是阿那克西曼德认为水

亚里士多德

科学之父

公元前 384 年
诞生于古希腊北方的斯达奇拉。

公元前 367 年
进入位于希腊雅典的柏拉图学园，并在接下来的 20 多年里几乎一直待在那里。

公元前 348 ~ 前 347 年
由于柏拉图的去世，亚里士多德离开了雅典，前往美西亚的阿索斯。

公元前 345 ~ 342 年
在来兹波斯岛上潜心研究自然历史学。

公元前 342 年
重新回到马其顿王国，成为国王飞利浦二世之子亚历山大的老师。

公元前 336 年
开始收集各种材料，准备撰写一本关于所有知识的百科全书。

公元前 335 ~ 前 334 年
回到希腊雅典，并在那里领导和管理他在吕克昂花园创建的学校。

公元前 322 年
在希腊的卡尔基斯与世长辞。

杰出的科学研究成果
《物理学》
《论天》
《气象学》
《动物发展史》
《论动物生成》
《论动物部分》
《动物进化论》

并不是整个宇宙的基本组成元素。相反，在阿那克西曼德看来，基本元素根本就不是一种东西，而是一种被他称为"阿派朗"的物质。这种"阿派朗"没有属于自身的具体特征，只是具有无穷无尽、变化不定以及超凡神圣的属性，不论自然界中出生、成长和消亡的力量如何作用于它，它都始终保持其本质属性。

阿那克西曼德的学生阿那克西美尼（同样来自米利都）却没有接受这种阿派朗学说，而是把空气视为最初的原始物质。与水一样，空气能够保持其本质属性，不管其是否转变成火、风、云、水、土或者石等形式。

赫拉克利特拒绝接受这种空气说，而是提出了以火元素为核心的宇宙观。赫拉克利特认为，来自于火的烟升入空气中，然后形成雨，而雨最终创造了海洋，海洋则创造了土壤和陆地。最为重要的是，赫拉克利特开始详细论述进化论的观点，即自然界的所有事物都处于一种不断变化的状态。正如他最为有名的一句话所说的那样："你不能两次踏入同一条河流。"

《学院派哲学家》
这幅古罗马的镶嵌画描绘了希腊哲学家柏拉图在雅典卫城和他的学生在一起的情形。

同时，赫拉克利特认为自然界充满了各种相互对立的力量，比如从退潮到涨潮、从诞生到消亡。尽管如此，自然界基本上仍处于一种动态平衡的状态，就是说变化本身维持着宇宙的秩序。但是，这些作用力也要遵循特定的定律和法则，因此宇宙还存在着另外一个潜在性的秩序，这种潜在秩序就是我们所知道的"逻各斯"。正如赫拉克利特在其流传至今的一句格言中所说的那样，宇宙之火甚至是"点燃于内在尺度，同时也熄灭于内在尺度"的。

"自然界天生就喜欢跟人类捉

迷藏",他也如此写道,但是又补充说,"一种不透明的和谐要比一种透明的和谐更加坚不可摧"。正如一条音弦所发出的和谐声音一样,自然界是非常容易理解的事物,因此人们可以对其进行仔细的观察。

赫拉克利特对"逻各斯"的重要性深信不疑。同时,他认为其必然是所有事物的规则和比例关系,不仅是进一步了解宇宙的方法和途径,而且也是生命所必需的先决条件。他简直无法容忍当时的人们对于"逻各斯"的无知。"虽然所有的事物都是根据逻各斯进行运转,但是人们似乎对所面对的事实一无所知,即使在他们感触到我用来解释自然和解释逻各斯如何作用于每一个事物,以及逻各斯究竟是什么的话语和行为的时候,也是如此。"他不无抱怨地说,"其他人是那么的愚钝和无知,无论他们是醒着的还是睡着都是这个样子。"

赫拉克利特这种绝望的态度以及他对人类本质所持有的悲观和失望的观点,为他赢得了另一个称号,即"哭泣的哲学家"。这个称号确实含有讥笑的成分,他最终变成了一名隐居者。他住到了荒山野岭中,过着食草嚼根的生活。他试图通过把自己关进牛圈和马圈的办法对自己身上的水肿进行治疗,并用牛粪和马粪给自己取暖。当这些尝试都宣告失败之后,赫拉克利特含恨离世。

虽然赫拉克利特具有如此怪癖的品性,但是他和与他同一时代的其他思想家不仅共同描绘了独特的古希腊宇宙理论,而且也为沿袭至今的西方思想(特别是科学思想)的发展铺平了道路。因此,当他把自己对宇宙的理解和想法应用于他对人类存在的理解时,他并非孤立无援。无论是赫拉克利特,还是当时的其他希腊哲学家,在探索和研究宇宙本质属性、考察人类本质和道德教化这两个问题上都存在着共通关系。生活于公元前5世纪到公元前4世纪的德谟克利特通过一句非常简洁明了的话对此予以总结。他说:"人类本身就是一个小宇宙。"

技术

　　包括亚里士多德和伊曼努尔·康德在内的哲学家,都通过目的论的方法进行科学研究。他们认为,发生在宇宙和万物中的所有变化都将趋于一种完美的形态,或者在现有状态之下,以一种内在的或者悄然无声的固有模式进行。

在希腊哲学家柏拉图看来，我们通过感觉器官所体验到的世界充满了各种变数和不确定性。虽然是进一步了解宇宙运行机制的方法和途径，但是即便是最好的感观体验和观测也是不可靠的。因此，在柏拉图看来，推理和思考才是最好的方法。从这一假设出发，柏拉图得出了非常著名的论断：在我们的感观无法触及的、非常遥远的地方，存在着另外一个由永恒不变的各种形态组成的世界。

比如，我们可以对肉眼所看到以及手指所触摸到的树进行精确的测量，或者对这棵树进行砍伐，然后把树干切断，用它做燃料。从考察和研究的目的出发，一棵客观存在的树可能会引起我们的兴趣，但是从更为宏观和宽泛的真理系统看，我们所感知的树只是一种虚幻的外表。我们能够通过更为高深莫测的精神和心态形成与这棵树有关的思想和认识。这种思想和认识所展示的是一种理想形态，是关于一棵树或者是很多棵树的本质的、永恒不变的客观现实。因此，对形态固定不变的物质进行研究所需要的是思考和推理的能力，而不是简单的经验主义的观察。

当阅览了柏拉图和柏拉图之前的哲学家的著述之后，我们必须认识到，那是他们通过极为有限的、关于自然界如何运作的知识对自然界进行理论思考的结晶。而且，当时的实验条件也是非常简陋。需要指出的是，当时的哲学思考都是前沿性和抽象性的。

亚里士多德决定改变这种状况。他师从柏拉图长达20

1551 ～ 1735 年

1551 ～ 1558 年
瑞士自然主义者康拉德·格斯纳公开出版了《动物史》一书，这是一部非常重要的早期动物学专著。

1590 ～ 1608 年
荷兰发明家汉斯和沙加里亚斯·詹森（即"詹森父子"）研制出了一部非常复杂的显微镜。

1665 年
通过显微镜的观测，罗伯特·胡克发现了软木塞内的细胞组织。

1665 年
胡克公开出版了《显微术》，并在这本书中对他通过显微镜所观测到的生物研究成果进行了详细的描述。

年，在柏拉图于公元前 347 年逝世之后，亚里士多德便离开了柏拉图学园，从而开始对他兴趣更为广泛的梦想进行追寻。在来兹波斯岛上，亚里士多德和他的弟子提奥夫拉斯塔对动植物进行观测性研究，并进行了详细的注解和记录。这种做法本身就已经使亚里士多德与他的导师柏拉图拉开了距离，原因在于柏拉图实际上并不重视实地考察。亚里士多德和提奥夫拉斯塔成为当时独具匠心的科学人物。

亚里士多德认为，与柏拉图的理想模式相比，对物理世界的科学观察能够告诉他更多的真知。一种植物既完美又一成不变的外在形态，怎么可能在没有客观存在的植物形态的条件下存续下去呢？外在形态是无法给出关于内在本质的信息的，因为它们存在于内在本质之外。在亚里士多德看来，所有的事实都来源于科学观察，也就是说，理论来源于实践。因此，理论必须经过科学观察和科学实践才能得以确认。

同时，亚里士多德做出了如下的推论：首先，所有事物都有其创造之外的物质；其次，它们都有创造的手段；再次，它有事物所衍生出来的各种属性；最后，它们都有目标。他把事物的这些属性称为"因子"。亚里士多德指出，在物质世界中，每一种事物都有实现其自身最完美形式的目的：这

作为知识传播者的亚里士多德

公元 7 ～ 13 世纪，阿拉伯和犹太的学者对古希腊哲学家亚里士多德的诸多著作和论述进行了翻译和分析，并在此基础之上获得了新的科学研究成果。这幅 13 世纪的土耳其图画原稿便描述了亚里士多德向他的学生讲授课程时的情景。

1668 年	1669 年	1674 年	1735 年
意大利医学家弗朗西斯科·雷迪提出了自发生成论，这是他对腐烂和化脓的物质中出现的蝇虫和蛆类进行了观测之后所得出的理论成果。	荷兰自然学者简·施旺麦丹公开出版了《昆虫的自然演变史》一书，并在这本书中对昆虫和蝎子进行了详细的描述和分类。	安托尼·范·列文虎克观测到了原生动物，并把它归为微生物。	瑞典生物分类学者卡罗鲁斯·林奈乌斯公开出版了《自然系统》一书，专门描述了适用于对植物、动物和矿物进行分类的方法。

一客观条件就是事物内在本质不可或缺的一部分。

这种认为自然界的万事万物都朝着某种目的和某种完美形态进化的观点就是我们所知道的"目的论"。亚里士多德通过科学观测对他所持有的观点进行了进一步的确认，也就是说，他所观测的每一种事物都显示了内在结构的条理性以及内在功能的目的性。根据亚里士多德的宇宙观，物质、空间、时间和运动都具有目的论意义的功能。

运动是物理世界存在的推助器。如果没有运动，那么宇宙就不会发生任何变化，而没有变化就没有时间的诞生。此外，如果人们不动脑筋去观测这些变化和运动，那么时间就没有任何效果。因此，所有事物都包含了一种朝着完美的目标前进的能力，而这种能力被亚里士多德称为"生命力"。

在探寻生命的基本元素的过程中，亚里士多德并不赞同任何一位前辈的说法，他所深信不疑的是关于基本组成元素的四分说，即生命是由火、气、土和水这四大基本元素组成。根据亚里士多德的观点，四大元素之中的每一种元素都可以转化为另外一种元素，而他所说的事物也都因此具有一个内在的目的。事物在连续的过程之后实现了其最终的形式，即从低级形式到高级形式的进化过程。进化的级别越高，就会更加先进成熟和组织有序，灵魂也更加复杂。

有些哲学家认为灵魂可以和身体分离，而且灵魂和身体是两种完全不同的形式。然而，亚里士多德认为，灵魂可能只是身体的一个器官："作为一种客观存在，或者是身体的一种生命力形式，灵魂既是一种形式，也是一种运动的原则，而且还是一种目的。"在柏拉图的观点中，有一种后来被亚里士多德称为"营养灵魂"的灵魂形式。这种灵魂能够使身体具备吸收营养和复制、繁殖自我的能力。动物也有营养灵魂，但是它只增加了其器官的感觉和运动的能力，最终目的只是使动物能够找到食物。就人类的灵魂看来，它除了具备上述功能之外，还具备进行理性思考的能力。但是，对所有事物来说，身体和灵魂都有同样的目标——使自身的本质属

在几十年的时间里，亚里士多德研究了500多种不同的动物和植物。他对自己研究的不同种属之间的相似性很感兴趣。亚里士多德认为，彼此有相似性的动物和植物种属，在某种程度上是有亲缘关系的。因此，他把猴子当作是人类和其他哺乳动物之间的过渡物种。

性得到圆满的实现。

那么，亚里士多德构建这个宏伟理论的目的是什么呢？有一点可以肯定，这种理论设计使他能够对在自然界中观察到的异质性进行分析，而不是仅仅局限于同质性。亚里士多德之前的所有自然哲学家都未曾进行过如此之多、如此之详细的实地研究。在保存至今的亚里士多德的作品中，有近1/3的内容与自然科学有关（其他著作则包含了从逻辑学、物理学到道德学和政治学的内容）。在之后的1000多年内，亚里士多德对生命物体进行分类所取得的成就始终无人超越。

凭借不断积累下来的观测数据，亚里士多德认识到：如果仅仅按照物种的外在表现形式对其进行分类，那么所有的努力几乎都将徒劳无功。就好像柏拉图把人类定义为"不长羽毛的两足动物"，而人们用一只被拔光了毛的鸡对他的定义进行嘲讽，戏称它就是"柏拉图的人类"。

因此，亚里士多德设计了一个简单的系统：他对有鲜红血液的动物和没有鲜红血液的动物进行划分。有鲜红血液的动物（接近于脊椎动物）包括哺乳动物、鸟类、爬行动物、两栖动物、鱼类和鲸类；而没有鲜红血液的动物（类似于无脊椎动物）则包括头足类动物、甲壳类动物、昆虫、蜘蛛类和贝壳类动物，以及珊瑚之类的在外形上与植物相似的动物。这些动物加在一起便形成了更为宽广的分类，因此亚里士多德把其称为"属种"。此外，他还对这种"属种"中的各个物种进行了命名。

亚里士多德还对这些动物进行了进一步的分类，即分娩幼崽的动物和产卵的动物。此外，他还进一步通过蛋的外层进行更为细致的分类，即那些与鸟蛋相似的类别以及那些与鱼卵相似的类别。通过这种方法，亚里士多德终于能够得出这样的结论：由于海豚通过分娩生产幼崽，因此它们更应该接近于哺乳动物而不是鱼类。

在《动物的繁衍》一书中，亚里士多德对动物的繁殖进

亚里士多德对世界的贡献之大令人震惊。他至少撰写了170种著作，其中流传下来的有47种。他的科学著作，在那个年代简直就是一本百科全书，内容涉及天文学、动物学、胚胎学、地理学、地质学、物理学、解剖学、生理学等。

活体解剖者

所谓活体解剖者，指的是那些专门对活体动物或者人体直接进行解剖的人。生活于公元前6世纪的意大利生理学家和哲学家阿尔克梅翁被认为是最早进行活体解剖的人。生活于公元前4～前3世纪的古希腊医学家赫罗菲拉斯则因为成功地解剖了600多个囚犯的尸体而具有了一定的知名度。在第二次世界大战期间，臭名昭著的纳粹医生约瑟夫·门格勒和日本医生石山福次郎都进行过人体活体解剖实验。

行了严谨的考察和研究。通过对于鸡蛋的解剖，他发现在蛋卵中生长的胚胎并不是成熟的动物。同时，他发现了一些与遗传机制有关的知识。亚里士多德清楚地看到，包括牛在内的反刍动物有一个既复杂又精致的消化系统，以及宽型的、较为钝化的牙齿。根据亚里士多德的推断，这些特征可能具有一定的互补性。也就是说，牙齿所造成的饮食上的局限性可以通过复杂的消化系统进行弥补。他曾经进行了如下的叙述："自然界总会把它所减除掉的那个部分弥补到另外一部分上。"当实验研究仍然凤毛麟角的时候，亚里士多德已经开始对他取得的数据进行不断的考证。具体地说，他通过这些数据提出问题，然后通过获取另外一些数据实现对这些问题的解答。

或许是由于他所具有的、对所观察和分类记录的事物进行系统化的能力，亚里士多德的思考范围得到了不断地超越和拓展。他对自己提出的理论始终深信不疑，即万事万物都有自己的归宿，而且它们都会为这个目的的圆满实现而不断地发生进化。亚里士多德不仅把这一标准应用于运动、物质、形式和功能，而且把其应用于包括植物、动物和人类在内的有机物以及无机物。

正如古代的许多哲学家早就质疑的那样，人类生命存在的目的究竟是什么呢？令人感到欣慰的是，亚里士多德对这个问题做出了圆满的回答。那么，朝着幸福和圆满前进的标志又是什么呢？亚里士多德的回答是道德和理性。此外，是什么促进人类的本质得以圆满实现呢？亚里士多德认为是完美的推理过程。这些哲学信条为科学和人类提供了深刻的启示，从而使其进入了中世纪，并成功地超越了中世纪，一直至今。

张开中世纪的眼睛

随着贸易往来的日益频繁以及地中海沿岸国家交往的不断密切，对遥远的地方和各种奇异现象的报告也不断增多，

生机论

许多人把亚里士多德关于因子、灵魂和形式的论述看作是生机论的前提条件，然而这种生机论却认为把生命物体和非生命物体区别开来的是某种生机。尽管这种思想一直延续至今，但是生机论最为鼎盛的时期是 16 ~ 18 世纪。这是因为在当时，生机论与在某种意义上把有机生物体看作是复杂精深的机器的"机械论"形成理论上的对峙。由于生理学在文艺复兴期间的进一步发展，以及与肌肉、神经和器官的运作方式有关的知识的不断增长，当时出现了一种更为僵化的机械观，而且这种机械观大有占据主导地位之势。然而，在生机论者看来，解剖物理学的解释也就仅此而已了，因此必然存在着某种生命力为有机生物体提供动力，并且为其提供感知能力、感觉能力和理解能力，以及直接进行繁殖和复制的能力，甚至于提供维持其内在系统的正常秩序。

这种生命力观念并非某种宗教意义上的、唯心的或者哲学意义上的抽象概念，虽然这种观念能够通过宗教、唯心论和哲学进行理解。实际上，它

是一种科学的概念，虽然它所假设的某种生理学客观事实在当时仍然没有得到证实。生命

玛丽－弗朗索瓦－格扎维尔·比沙对人体内的 21 种组织进行了识别和确认。

力是最基本的要素，但是它既不是西方社会中的灵魂，也不是东方中国的"气"或"道"。作为一名严谨的实验主义科学家，路易斯·巴斯德坚信：除了生命力之外，没有其他任何事物可以对某些细胞现象进行解释和说明。正如所有物体垂直下落的原因都源于看不见的万有引力一样，生机论者认为细胞甚至于有机生物体的很多功能都来源于这种无形的生命力。

法国数学家和哲学家勒内·笛卡儿是机械论的主要倡导者。法国解剖学家玛丽－弗朗索瓦－格扎维尔·比

沙对笛卡儿的思想提出了异议，然而这种异议并不是以宗教的教义为基础的，而是根据他对人体器官和组织所进行的大量解剖实践。比沙认为，组织才是生命的基本单元。同时，他还认为，必然存在着某种生命力，从而使生命能够抵抗疾病、功能衰退和死亡。

显微镜揭示了细胞所具有的错综复杂的特性，而化学则最终揭示了细胞复杂和精致的分子功能。因此，所有的神奇与奥秘因生命力的解释而所剩无几。虽然生机论在某些领域仍然是一种颇具价值的哲学解释论，但是它最终还是逐渐退出了历史舞台。

亚里士多德曾经明确指出，根本不存在什么未知的力量。相反，他更加重视实验观测的结果和逻辑推理，并把它们看作是每一门学科的核心内容。那些尚未得以合理解释的现象（比如灵魂、想象力、进化以及宇宙的其他奇观），需要人们对其进行进一步的科学考察和研究观测。我们坚信，人类的感知能力和推理能力最终将揭开这些现象的神秘面纱。

从而使人们觉得自然界充满新奇。公元1世纪，普林尼把他的所见所闻记录了下来，然后汇编成册，其中包括与狮子、美洲豹和大象，以及与印度某个部落有关的记录。比如，他曾写过这一部落的人"脚能够掰过来，而且每个脚掌上都有8个脚趾"，同时也有关于"被称为怪物卡托布莱帕斯的某种野兽"的记录，这种怪物只要瞪一眼就能够使所有人都"当场毙命"。

与后来的许多作家相比，普林尼生性多疑。公元2世纪，罗马的克劳狄乌斯·埃里亚努斯向读者描述了一种由他想象出来的凤凰，这种凤凰不仅能够做算术题，而且还会说埃及语言。它有2个脑袋、4只犄角、8条腿和两条尾巴（为了达到栩栩如生、让人深信不疑的效果，他在转述这一动物的时候还不时提出一些疑问）。

公元4～5世纪，圣奥古斯丁表达了他所坚持的宗教教义。他写道："就自然而言，除了知道造物主是创造万物的神灵之外，基督教徒没有必要了解其他的知识……也没有必要对万物的本质进行探索，只要知道它们是由被希腊人称为'物理学'的东西所创造出来的就可以。"在奥古斯丁所处的那个时代，亚里士多德的受欢迎程度已经大大降低，主要原因在于古希腊的知识几乎遗失殆尽，而且亚里士多德的著作并没有被翻译成拉丁文。因此，自然变成了一个纯粹的、抽象的概念。

在中世纪，许多动物寓言集不断涌现了出来。这些寓言集是以动物为题材的百科全书，其中多数是由人们想象出来的。在这些动物寓言中，最广为人知的是由公元3世纪的一位希腊人所编写的《博物学家》。虽然这部寓言集的题目意思是"自然学家"，但是它是一种介乎于《伊索寓言》和《信不信由你》之间的文体形式。《伊索寓言》最早出现于公元前6世纪，在后来的几个世纪中，出现了许多在原有版本的基础上重新修订而成的新版本。

虽然基督教的宇宙观有些令人迷惑不解，但是它却是一

中世纪早期，欧洲处于最黑暗的时代，中东地区则在此期间涌现了一大批才华横溢的阿拉伯科学家。该地区迅速发展成为当时世界的人才中心。

个能够使人们得到精神鼓舞和安慰的解释。地球和人类都是上帝创造万物时的核心内容。实际上，在当时的理论中，所有的事物都要围绕这两个主体运转。中世纪的思想家（比如托马斯·阿奎那）已经开始把基督教的教义与亚里士多德和托勒密的宇宙观有机地结合起来，最终形成了一种关于水晶球体遵循永恒不变的秩序进行旋转的理论视角。在此过程中，亚里士多德的原动力被上帝和服从于上帝的天使所取代。在月亮之下，所有的事物都是不完美的，它们要受到各种变数的制约。这种说法基本上是非常容易理解的。在《圣经》中，亚里士多德的物理学、希腊的经典四体液说和整个世界都相互和谐地融合在一起，因此在整体上看，它们非常需要每个人对其进行进一步的了解。

托马斯·阿奎那像

在进行逻辑推理的时候，托马斯·阿奎那非常小心谨慎，而且始终一丝不苟。他的这种精神使他成为中世纪学者的典范。

中世纪，与自然界有关的研究由于神学问题而得到了极大的促进和提高，而科学则常常通过与神学展开论战的形式出现。中世纪的神学家都在无聊地讨论着类似一个针头上究竟能够站几个天使，从而使她们在针头上自由跳舞的问题。这些辩论实际上能够把焦点从不存在之物转移到存在之物上。比如，在中世纪，人们都认为北极鹅是由某种从树上掉到水里，并且被冲到河岸边的果实转变而来的。同时，人们还认为这种果实一旦沉没就可以"孵化"出这种北极鹅。当春天来临的时候，这些北极鹅就会成群结队地抵达大陆。当时，没有人亲眼看到过这些北极鹅下蛋和抚育幼崽的场景，人们所看到的只是这些成年的北极鹅横穿整个欧洲，迁徙到北极。尽管如此，还是有人注意到了北极鹅与普通鹅在颈部形状上的相似性。也正因为如此，人们才得出了一般的鹅是由北极鹅进化而来的结论。

物种和生物分类学

亚里士多德早就提出了与动物有关的系统理论，16世纪和17世纪的科学探索，以及通过显微镜所获得的研究发现，最终揭示了需要通过新的分类方法进行重新划分的全新生命形式。

其中一个任务就是要决定究竟是哪一种特征才是真正把一种植物或者动物与其他植物或者动物区别开来的关键性因素；另一方面，需要对由同一物种衍生出来的偶然性变种进行解释。英国科学家、英国国教的牧师约翰·雷提出了一个非常简单的规则：如果一个雄性的动物和一个雌性的动物（包括人类）能够在进行交配之后繁殖出与其父母双方比较相近的生物体，那么它们就属于同一个物种。与上一代相比，这些动物的后代在毛色、体型以及其他外在特征上有时会出现细微的区别。

1707年，卡尔·冯·林耐诞生，他就是后来的罗鲁斯·林奈乌斯。这位瑞典自然学家根据动物性器官的结构对它们进行区分。后来，他研制出了一种新的、系统的分类方法。根据这种分类法，每种有机生物体都有由两个拉丁文名字所组成的种类编号。第1个拉丁文名字是其属种的名称，第2

生物分类学之父林奈乌斯像

个则是物种的名称。比如，狗和狼都属于犬类，为了对二者进行区分，他把普通的狗命名为"家养类"动物，而狼则属于"犬狼类"动物。

属种和物种的分类法适用于较大的等级分类系统。它可以首先从"帝国"开始，因为帝国的概念包含了地球上的所有事物。从这个概念出发，每个有机生物体都可以被划归到一个"界"（比如动物、植物或者矿物）之中。其次是"纲"的概念，比如鱼类、鸟类、哺乳动物、昆虫、两栖动物或者蠕虫等。此外，林奈乌斯的系统分类法还可以被进一步分为"纲"、"属"、"种"，有时还会在某些物种中出现"品种"的概念。

1735年，林奈乌斯公开发表了他对这一系统分类法所提出的第1个倡议。尽管他只进行了一个改动，即把"界"改成"门"，但是改动之后的版本一直沿用至今。如今，所有物种的科学名称都被编录到具有权威性的《国际命名法规》中。

林奈乌斯根据物种的一些基本属性对其进行区分，比如鸟类不同形式的喙、哺乳动物各不相同的牙齿、鱼类不同的鳍以及昆虫形状各异的翅膀。然而，在那个时代，并不是所有的科学家都赞成这种分类标准。有些科学家认为，这种系统分类法的一个假设性前提是这些属性在一定时期内是不会发生变化的，但是当时最新的化石研究发现事实并非如此。一直到了200年之后，生物分类学这门学科才与我们现在的古生物学和进化生物学的研究结论基本达成一致。

1950年，德国昆虫学家威利·亨尼希提出了一种更新的系统分类法。在这种系统分类法中，他把有机生命体在进化意义上的共同祖先也纳入了进来，原因在于长期的进化会使物种在特征上出现一些变化。系统发育分类学（或者更加为我们所熟知的分支学说）是一门全新的学科，它更加关注某种有机生物体与其祖先之间的共同特征。

这种遗传分类学揭示了人们以前没有发现的、存在于有机生物体之间的内在联系。比如，通过对长期以来形成或者发生进化的类似特征进行识别和确认，遗传分类学家能够证明鸟类和恐龙存在着共同的祖先。与林奈乌斯的系统分类法相比，遗传分类学在分类依据的选取上与其存在着共同之处，即决定以物种的何种特征作为分类依据。最近，人们提出了许多新的系统分类法，而多数系统分类法的目的在于寻找能够使分类逻辑和进化理论实现最佳结合的方法。

基督教的学者仍在激烈地争论：这些鹅究竟应该归为鱼类，还是归为家禽类。此外，在他们的讨论范围之内还存在着这样一个问题：如果答案是后者（即鹅属于家禽类），那么这些鹅能否在礼拜五或者四旬斋的时候用来下厨，因为根据当时的规定，在此期间除了鱼肉不能食用其他肉。同时，犹太哲学家也在讨论这种鹅是否属于甲壳类动物，因为甲壳类动物是犹太人的禁忌。如果答案是否定性的，那么其是否能在仪式期间被屠宰又构成了另外一个问题。有些人找到了最为简单的折中主义的办法：既然北极鹅和一般的鹅都可以从树上跳下来，那么它们既不是鱼类也不是家禽类，它们应该是一种果实。

然而，在神学的理论模型中，人们越来越坚信古代的那些权威人物（比如亚里士多德、托勒密和盖仑）在很多事情上出现了错误。人们可以通过科学的证据和理性的观点对这些智者发起挑战。同时，一些能够对自然进行更加合理的解释的学说也开始孕育。

《自然》

中世纪的时候，多米尼加的男修道士阿尔伯特·马格努斯创作了这幅名为《自然》的画。画中描绘了闪电划过天空时的不同形状以及色彩斑斓的海平面。

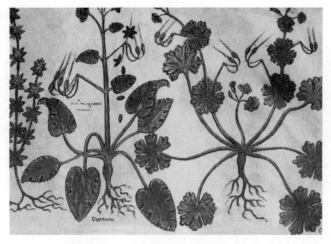

《药物学》一书写于公元77年，作者是希腊医学家、药理学家和植物学家狄奥斯科里迪斯。一直到16世纪，这本书仍是草药和动物煎药的主要参考书。图为摘自7世纪一部草药书籍的手稿。

在同一个历史时期，另外一种理论发展趋势也处于酝酿之中，即上帝从人们的日常生活中逐渐淡出。然而，那些具有全新的思维模式的人绝对不是什么无神论者。相反，他们之中的多数人都是虔诚的有神论者，而且许多人还是牧师。然而，他们对神干预宇宙所持有的看法与前人完全不同。数个世纪以来，许多人假设上帝对自然界和人类都可以进行干预。然而，从中世纪开始似乎出现了另外一种说法：造物主把自然界变成一只手表，从而使其根据不变的原则进行运转。需要着重指出的是，人们可以通过推理和实验的方法对这个不变的原理进行理解。

科学的模糊概念

罗伯特·格罗斯泰斯特是一位13世纪的英国主教。由于受到了某种力量的启发，格罗斯泰斯特开始投身于科学研究事业。他对亚里士多德的著作进行了研究。亚里士多德认为，要了解一个事物，必须要从其因果关系的源头（即"因"）着手。与亚里士多德不同的是，格罗斯泰斯特自创了一种更为科学的方法：首先，进行实地观测和分析，从而发现其中蕴含的因果关系；其次，提出假设；最后，尝试着对假设进行证明。罗杰·培根（1214～1294年）是格罗斯泰斯特的同事。虽然培根比格罗斯泰斯特小了近50岁，但是他对实验主义科学所表现出来的热情丝毫不逊于格罗斯泰斯特。培根认为，对世界的了解越多，造物主的知识便越广博。培根根据神学思想对科学知识进行了重新组织，他的学说激励了开普勒、波义耳和牛顿等人。

1200 年，阿尔伯特·麦格努斯生于斯瓦比亚，他同样受到了亚里士多德的激励。阿尔伯特对昆虫进行了近距离的研究。他对这些昆虫进行了逐一解剖，并且对这些昆虫的生殖器进行了细致的观察和检验。同时，阿尔伯特还效仿了亚里士多德对鸡蛋和鱼卵所进行的培育实验。此外，他还提出了针对植物的简单系统分类法，即通过植物的花束或花瓣对其进行分类。

在这个历史时期，组织有序的科学考察开始席卷整个欧洲。13 世纪下半期，托马斯·阿奎那认为新亚里士多德学派可以把所有他们想要进行的研究和实验都付诸实施，因为从终极意义上看，他们所做的只是揭示出与造物主有关的更多秘密而已。

在接下来的 30 多年里，各种新技术（比如中国的造纸术和印刷术、意大利的金属雕刻技术以及由这种技术衍生的其他技术）促进了新思想的传播，从而掀起了新的学习浪潮。同时，探险旅行和新世界的发现也扩大了原有文明的参照系。在 15 世纪的意大利艺术家中形成了新的现实主义，即从世界的本来面貌而不是人们所想象的视角出发对世界进行描述和认知。即便是在创作某种具有讽喻意味的作品时，单色的背景也开始让位于充满各种具体角度，而且可以进行仔细观察的光线布景。后来，艺术尤其是镶刻催生和推动了文艺复兴时期对自然历史的深入研究。达·芬奇这位最为伟大的"科学"艺术家的作品已经达到了完美无瑕的地步，但是他真正成名是死后的事情。

与此同时，其他艺术家开始深入地钻研另外一种新的经验主义。1471 年，德国文艺复兴时期的画家和雕刻大师阿尔布雷特·丢勒出生于德国的纽伦堡地区，他提出了一种以科学为基本导向的艺术形式。丢勒画出了十分精确的、以植物和动物为题材的作品，而且还从这个视角出发撰写了许多论文。在接下来的一个世纪中，植物百科全书开始进入繁荣时期。16 世纪 30 年代，来自德国美因茨地区的奥托·布隆

大阿尔伯特
　　阿尔伯特·麦格努斯是中世纪最著名的植物学家。他的系统分类法运用了现代意义上的血管和非血管植物，以及单子叶植物和双子叶植物等概念。麦格努斯曾经担任过托马斯·阿奎那的老师。20 世纪，麦格努斯被罗马教廷追认为圣徒。

著名的最后一课

瑞典女王克莉丝蒂娜（右）正在听法国数学家和哲学家勒内·笛卡儿讲课。1650年，笛卡儿在这次异国之旅中染上了肺炎，并最终不幸身亡。

费尔斯公开发表了其 3 卷本的著作《活体植物解说》。在这部著作中，布隆费尔斯对 238 种植物进行了描述。实际上，在布隆费尔斯的植物专辑出版之前，许多草药植物和药用植物方面的书籍已经初具规模。然而，正如中世纪的动物寓言集一样，那些书籍严重缺乏精确性。曾为布隆费尔斯的著作进行注释的木刻画艺术家汉斯·魏迪兹不仅提供了植物的精确结构图，而且也说明了这些植物在自然界中出现的过程。

1539 年，由希罗尼穆斯·博克撰写的《药草新书》面世。在这本书中，这位德国路德教会的医学家对每一种植物的生命历程进行了描述。然而，一直到了 1546 年，也就是这本书的注释版面世的时候，它才得到了应有的关注。当时，这部著作甚至可以与 1542 年面世的莱昂哈德的《对植物历史的主要评论》相媲美。博克的著作总共描述了大约 400 种德国本土的植物以及来自其他国家的 100 多种植物。最早的"新世界"草药出现于 1552 年，主要依据的是阿兹特克人的一些植物绘画作品。

曾经编纂过希腊语－拉丁语双语词典的瑞士神童康拉德·格斯纳，编写了一部由 1 100 位作者进行评注的参考书目，并且出版了一套 19 卷的大百科全书《植物功能》。这本书不仅包含了 1 500 副木刻画，而且还根据植物的结构特征进行分类。这部著作繁重的编写工作使他没有足够的时间继续完成 5 卷本、4 500 页的《动物生活纲要》。在

格斯纳逝世的 22 年之后（即 1587
年），《动物生活纲要》全部完成。
它是那个时代众多动物学百科全书
中比较重要的一部。

正式过渡到全新科学视角的关键
环节是由一位政治家身份强于科学家
身份的人完成的。1561 年，弗朗西斯
·培根诞生在英国的伦敦地区，他是
伊丽莎白女王亲赐掌玺大臣的儿子。
在弗朗西斯·培根年仅 23 岁的时候，
他已经进入英国议会。然而，与当时
处于英国动荡时期的其他人一样，弗
朗西斯·培根的政治生涯也经历了波
浪起伏的过程。在伊丽莎白女王去世
之后，培根继续效力于詹姆斯一世。
1617 年，詹姆士一世任命培根为掌玺
大臣。1620 年，詹姆士一世任命圣奥
尔班斯担此重任，从而取代培根。在
整个政治生涯中，培根一直在撰写哲
学方面的著作，包括其中一部注定要
改变当时的科学思维方式的著作——
《新工具》。这部著作是培根《大复兴》
的第 2 个分册，其第 1 分册出版于
1605 年。

培根开始改变并重新设置科学的
发展路线。"我们必须重新开始，"他
如此写道，"而且要从最基本的地方
开始。"他认为，科学既不是单纯的
哲学，也不是什么人道主义，而是导
向知识积累的发现过程。与他的前辈
罗杰·培根一样，弗朗西斯·培根认

弗朗西斯·培根

科学方法的奠基人

1561 年
1 月 22 日，诞生在英国伦敦地区。

1573 年
进入剑桥大学三一学院就读。为了进入格雷律师学
院，他开始接受法学教育和培训。

1582 年
被律师公会接纳为律师，并首次步入英国的政治圈。

1584 年
在英国下议院拥有了一席之地。

1603 年
被詹姆斯一世授予爵位，从而成为弗朗西斯·培根
爵士。

1605 年
公开出版了《学术的推进》一书，并在书中描述了"心
生谬误"以及使我们的头脑无法获取知识的各种障
碍因素。

1613 年
被詹姆斯一世任命为司法部长。

1618 年
成为英国上议院大法官，并被册封为维鲁拉姆男爵。

1620 年
在《新工具》中，培根提出了一项旨在重新对各种
知识进行归类的计划。

1621 年
荣升为圣奥尔班斯子爵；后来，因贿赂罪被解除
官职。

1626 年
4 月 9 日，在伦敦的海格特地区与世长辞。

1627 年
培根去世之后出版的《新大西岛》对培根关于科学
研究的理想进行了阐述，其中包括实验室、实验工
具和设备，以及科学家、研究人员和翻译人员的角
色和作用等内容。

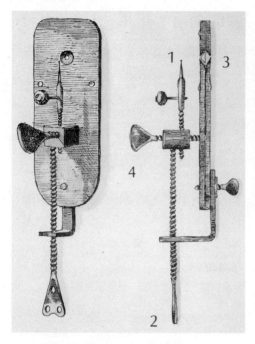

这是安东尼·范·列文虎克在1674年之后发明的近500多部显微镜中的一部。

（1.目标物体固定指针；2和4.调整螺杆；3.透镜。）

为对知识的追求总会受到传统思维方式、人性本质以及感知的天生弱点的羁绊和妨碍。正如他所指出的那样，"谬论和错误的观点已经侵蚀了人类的理解能力。"他把如意算盘式的痴心妄想也纳入那些谬论中。过去，人们往往倾向于寻找我们已经习以为常的事情的证据，或者倾向于只是寻找那些会令我们自己满意的结果，因此对感观体验的过分依赖远远超过任何科学测量工具本身。培根认为，这些偏见不应该出现在科学知识的追求过程中。

同时，他还指出：任何人都不应该带着一种早已成形的、贯穿总体的自然概念对自然进行考察和研究。相反，我们应该带着一种特定的、具体的而且不断前进的概念，也就是说，要"经常而且逐渐地从一个公理过渡到另外一个公理，从而使最一般性的总体概念在最后一刻到来之前不会形成"。这种精神指导原则被培根称为"真实的完美归纳法"。最终，这一法则必然成为一种重要的科学研究方法。"如果一个人一开始就下了定论或者怀有成见，那么他最终无法对各种疑问进行解答"。培根如此写道，"然而，如果他愿意从各种疑问开始，那么他最后才会找到确切的答案。"

1628年，威廉·哈维向英国皇家内科医学院宣布：他已经发现了血液在身体内循环的规律。如今，这是一个不证自明的公理，但是关于血液在心脏的推动下不仅通过心脏来到肺部，而且还会通过各种静脉、动脉和毛细血管等系统在当时还是一种不为人知的新思想。哈维成功地发现了这个事实，而且正如他自己所记述的那样，这是通过逐步的观察以及对各个步骤进行理解之后所取得的。

哈维的《论动物的心脏与血液运动的解剖学研究》对

弗朗西斯·培根的归纳进化论进行了证明。首先，哈维对前人的理论和学说进行了简要的描述。他以古希腊医学家盖仑的理论作为切入点，对这些理论逐一提出了质疑，尤其是当他运用自己的实验观测结果与这些理论进行比较的时候。哈维建立了自己的研究模式，从而使他所观测到的某个客观事实的证据建立在另外一个客观事实的基础。哈维所得出的结论是：血液的循环不仅反映了生命的内在本质，而且也是地球循环系统以及由太阳和行星组成的宇宙循环系统的缩影。他指出，心脏是"微观世界的太阳……犹如居家女神，通过释放其功能滋养、珍爱以及加速整个身体的生长，最终成为生命的根基"。

科学家试图把他们的研究发现放在已经建立成形的宗教和哲学系统的语境中。与此同时，哲学家也发现很有必要对科学领域发生的这场革命做出回应。

法国数学家和哲学家勒内·笛卡儿把培根对旧思想和旧观念所提出的告诫发挥到极致。笛卡儿深信，人类可以通过感观和直觉的推理达到对宇宙的透彻理解。然而，感观本身并不是最可靠的。笛卡儿提出了这样一个问题：有什么东西（如果有）是完全不受质疑的呢？

在笛卡儿看来，最重要的事情就

勒内·笛卡儿

启蒙哲学家

1596 年
3 月 31 日，出生在法国的拉艾地区。

1616 年
在法国普瓦捷大学获得了律师执照。

1629 年
完成了《思维方向规则》一文。然而，这篇论文 1701 年才公开发表。

1633 年
放弃了他的新作《世界》的出版计划，原因在于当时的教会对伽利略提出了强烈的斥责。

1637 年
公开出版了《方法论》一书。这本书收录了对彩虹的形成原因进行解释以及解析几何学的多篇论文。

1641 年
公开出版了《第一哲学沉思录》，其中包含了 6 套异议及其解答。

1642 年
公开出版《第一哲学沉思录》第 2 版。

1643 年
开始与波希米亚的伊丽莎白公主建立长期的通信关系。因其哲学观点而受到了荷兰乌特列支大学的官员的强烈谴责。

1644 年
公开出版《哲学原理》一书。

1647 年
被当时的法兰西国王授予特殊养老金。公开出版《论一种大幅印刷品》，并开始着手准备《人体描述》一书的撰写工作。

1649 年
公开出版《灵魂的热情》一书。

1650 年
2 月 11 日，在斯德哥尔摩去世。

复杂的生物体

　　荷兰显微镜学家简·施旺麦丹的昆虫解剖学研究改变了人们的看法，即把昆虫看作是不具有高级动物复杂性的简单生物。

是对自身的存在进行确定，正如他所说的那样，"我思故我在"。笛卡儿把这句名言作为人类所有知识的基本原则。只有人类存在这样的思想形态，由于人类想象出了上帝，因此上帝也必然是存在的。笛卡儿认为，自然界是可以被发现和探知的，原因在于自然界是由数量有限的基本机制和运动模式组成的。

新途径

　　尽管 15 ~ 16 世纪的航海家已经发现了最新的地平线，尽管望远镜的发明使人们的视线聚焦于天体，但是生命的进程依然是一片遥不可及的海洋。因此，我们只能在海岸上对其进行观测和思考。随着显微镜的面世，17 世纪的科学家以及科学爱好者开始进入另外一个全新的探索领域。从一开始的时候，显微镜就揭示了新知识所具有的、人类从未想象过的深度。剩下的唯一问题似乎是：我们首先应该观测什么？

　　17 世纪的意大利生物学家马尔切洛·马尔比基首先对人体的皮肤进行了仔细的观测，然后再对人体的其他组织进行观测（皮肤内层的马尔比基层就是以他的名字命名的）。

1749 ~ 1828 年

1749 年	1771 年	1794 ~ 1796 年	1798 年
荷兰自然学家乔治－路易·勒克莱尔（又称布封伯爵）公开出版了他的著作《一般和个别的博物志》。	英国科学家约瑟夫·普利斯特里发现植物可以把二氧化碳转化成氧气。	英国物理学家伊拉兹马斯·达尔文公开出版了《动物法则》一书。这本书包含了进化论的许多早期思想。	在《人口原理》一书中，经济学家托马斯·马尔萨斯预示了人口过剩的可能性。

味蕾就是马尔比基发现的。同时，马尔比基还研究了血细胞和植物结构组织。此外，他还进一步研究了肝脏、肾脏、大脑和脾脏等器官的结构，从而发现植物和动物之间存在着一些共同的特征。

马尔比基发现了位于肺部组织中把动脉和静脉联系到一起的如丝线般细小的血管，这些血管就是我们今天所知的毛细血管。他的结论对威廉·哈维的封闭循环系统理论进行了证明。博洛尼亚大学的一些权威人物对他的研究成果提出了质疑，但是在马尔比基科学生涯的最后时刻，却被当时的教皇英诺森十二世任命为私人医生。

在伦敦进行研究工作的罗伯特·胡克通过他卓越的制图才能观测和记录了他所发现的大量的自然事物，其中包括苍蝇脚、蜜蜂刺和软体动物的舌头以及软木等。这些研究工作最终促使他提出了存在着活细胞的理论。1665年，胡克公开出版的《显微术》一书，首次使读者了解到了自然界中存在的另外一个神奇的生物世界。17世纪的日记作家塞缪尔·佩皮斯把这本书评价为"我毕生所阅读过的最具独创性的优秀书籍"。

荷兰人简·施旺麦丹也拿起显微镜对昆虫研究。他在研究过程中发现，在蜂群中，一只有繁殖能力的雌蜂统治着那些没有繁殖能力的雌性工蜂和其他雄蜂。1669年，施旺麦丹公开出版了《昆虫的自然历史》一书。这本书最与众不同的地方是，它运用的几乎是今天的标准。在这本书中，施旺

扫码获取更多资源

1801年	1804年	1809年	1828年
法国生物学家让－巴蒂斯特·拉马克公开出版了他对无脊椎动物分类学的研究成果。这一学术成果促进了进化论早期思想的产生。	法国动物学家乔治·居维叶提出了他的物种灭绝论。	拉马克在遗传特征概念的基础上建立了进化论。	弗里德里希·维勒合成了人造尿素。这是人类首次通过无机物合成有机化合物。

麦丹对3000多种昆虫以及蜘蛛和蝎子等进行了解剖和分类。他最终得出的结论完全是压倒性的：与亚里士多德的观点完全相反，昆虫有内在的身体结构，并且能够通过自身进行单性繁殖。

英国医生纳希米阿·格鲁也发现，植物的花朵并不仅仅

细胞的结构

科学的核心原则是，随着某种理论被其他理论所复制和证实，这种理论就成为进一步深入研究的基础。细胞理论就是这样一种理论。

正如其他科学理论一样，细胞理论也是在长期的科学观测之后出现的一种理论形式。就细胞理论而言，它积累了2000多年的科学证据。一旦科学观测和理论形式结合起来，提供生命体中存在着细胞以及这些细胞的本质的确凿证据，那么人们就打开了揭开生命起源的大门。

如今，科学家实际上都认为细胞是所有生命有机体的基本单元，同时它也是使生命有机体拥有特定的生命功能和特征的最基本单元。需要指出的是，所有的细胞都有一些共同的特征，但是它们也有一些独一无二的特性，而且这些特性主要体现在形状和功能上。此外，它们与其组织而成的生命体之间也存在着一些共同的特点。

细胞理论推动了遗传学和基因学的发展进程。在早期发展阶段，细胞首先准备好其染色体的复制体。当细胞开始发生分裂时，两套配对的染色体在细胞核的中间位置排列

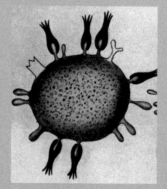

这幅图阐释了德国血液学家保罗·埃尔利希关于血细胞如何制造抗体的理论。

开来。随着细胞分裂的进行，这两套染色体也发生分裂，就像互相交叉在一起的手指慢慢分开一样。每一套染色体都将进入一个新的细胞核中去。同时，化学酶和蛋白质也加入到分子和细胞的微观结构中发生的分裂过程。细胞在其脂质细胞膜中还储备了一种动态的分子制造中心。各种分子不断地送进和送出，化学反应就这样发生了。化学酶是在蛋白质内部结构中合成的。每个过程都是在精确的管理和质量控制之下进行的。不管这一过程中的哪一部分违反了秩序或者速度过快，细胞都会使其暂时停下来。

对于细胞控制动态化学反应过程的能力，我们还需要进行进一步的学习和了解。然而，在健康的细胞体内，分裂的过程几乎都是一模一样的。这种理论认识要归功于细胞理论，而细胞理论也进一步促进了另外一种理论的产生。

"由于细胞复制是所有生物复制的基础环节，"细胞生物学家保罗·纳斯爵士如此写道，"因此另外一个结论自然是，这些完全相同的细胞属性是所有生命有机体进化的基础。"

只是美丽的化身，它们也有许多具有繁殖功能的器官。植物的雄性花蕊可以制造出花粉，而雌性花蕊则可以接受这些花粉，从而培育出种子。

在同一个历史时期，施旺麦丹的同乡、做布匹生意而且没有接受过正规教育的安东尼·范·列文虎克也对这个问题表现出了浓厚的兴趣。由于沉迷于其中，他的布匹生意出现了许多损失。列文虎克的研究是在几近完美的透镜帮助下进行的，他获得了直径高达40～270倍的放大效果，并观察到了把动脉血管和静脉血管连接到一起的毛细血管。同时，列文虎克开始对肌肉组织、眼睛的晶状体、牙齿上的牙垢以及人体红细胞进行观察。此外，列文虎克还看到了比红细胞小25倍左右的物质，这种物质就是细菌。

列文虎克发现了男性精液中的精子，而这一发现引发了对被称为"预先形成"的概念所进行的持续不断的理论争论。哈维、施旺麦丹、马尔比基和其他科学家都认为，未出生的动物的胎儿以细小的单体形式存在于母体之中。列文虎克和另一名荷兰显微镜学家尼古拉·哈特索克则认为，胎儿单体应该早就存在于精液中。此外，哈特索克甚至宣称，他已经观测到了这些单体物质，而且他还把其称为"小矮子"。

罗伯特·胡克

细胞的发现者

1635 年
7月18日，在英国怀特岛的福莱什沃特地区出生。

1655 年
被牛津大学物理学家和化学家罗伯特·波义耳聘为助手。

1660 年
发现了弹性科学定律，后来被命名为胡克定律。一直到了1678年，这一发现才公布于众。

1662 年
担任皇家学会专门负责实验工作的馆长。

1664 年
推断出木星围绕其自身轴线自转。

1665 年
成为伦敦格雷欣学院的几何学教授。

1665 年
公开出版了他最为有名的著作《显微术》，并在书中描述了他通过显微镜所观测到的结果，包括他最早在软木上发现的植物细胞。

1666 年
在专门为皇家学会准备的一次演讲中，他提出了重力能够通过钟摆进行测量的观点。

1672 年
发现了衍射现象，并提出了光波理论。

1674 年
建成了一座格雷果里反射望远镜，并通过这一望远镜获得了非常重要的天文观测结果。

1678 年
运用数学方法对行星的运动轨迹进行描述。后来，牛顿对他的行星运动研究进行了进一步的提高和精确化。

1703 年
3月3日，在英国的伦敦地区与世长辞。

自然选择

哲学家赫伯特·斯宾塞通过"进化"一词来指称达尔文的理论，但是"进化"这个词汇在达尔文的《物种起源》中并没有出现过。一直到了1872年，也就是《物种起源》第6版出版的时候，进化这个词才开始出现。目的论意义上的进化过程将朝着拉马克所提出的完美的理想状态进行演进和发展，也就是说，凭借神的力量注定要达到某个终点或者亚里士多德式的某个终极目的。然而，这并不是达尔文所思考的问题。

达尔文并不是一名自然哲学家，相反，他是一名科学家。达尔文所秉持的观点是：只有通过稳固的提问、观察和实验等一系列过程才能对理论的真理性进行证实。在《进化百科全书》中，理查德·米尔纳就这样写道："达尔文不仅仅只是猜想出某种植物可能已经以飘浮种子的形式传播到遥远的海岛上。他首先把不同的种子浸泡在很多桶盐水中，几个月之后，他把这些种子埋到土里，看看它们能长出什么植物来。"达尔文不仅对物种的多样性提出了设想，他还花

了8年的时间对他从旅途中带回来的数以千计的北极鹅进行详细的描述、记录和分类。他收集了全世界范围内

"格……格……格瑞拉先生"这句结结巴巴的话是这幅创作于19世纪的卡通画的题目。这幅卡通画旨在嘲讽当时的进化论。

的各种植物样本，并对这些植物在世界各地不同地质中所形成的特征进行观察。

达尔文的理论改变了整个世界，这一点几乎是不证自明的。当考虑到马尔萨斯的观点时，达尔文指出：有机物的后代将会以更多的数量存活下来，但是在这些生命个体围绕资源展开竞争的长期过程中，必然会出现变异。

林奈、拉马克和居维叶都已经证实，虽然同一物种中的很多个体看上去非常相似，但是它们可能存在着一

个范围非常大的结构和多样性的组织。达尔文也认识到了一点。在多数的情况下，从残酷的进化斗争中存活下来的后代物种，能够体现出更强的生存弹性，从而能够经得住未来的更多考验。

在究竟是人为选择还是自然选择这个问题上，达尔文不得其解。实际上，基因变化能够通过几代积累起来的基因突变所引发——或者是与其他物种进行杂交，或者纯粹就是一种偶然性的突变。这些变化都是随机性的，并不是为了增强或者减弱单个物种的生存适应性而发生。结果，有些基因变化有利于物种的生存，而其他基因变化则发挥了相反的作用。在多数情况下，为某个物种的个体提供竞争性优势的随机性基因变化似乎都能够被延续和保存下来。

一个物种的进化可能是基于自然选择的结果，但是这并不是必然的。其他变化（比如掠夺行为或者环境变迁）也可能会妨碍进化过程。达尔文所说的进化是以缓慢的速度进行的，它既没有明确的方向，也没有明确的目的。

列文虎克还在一滴水中完成了第 2 个重要的发现。在显微镜的帮助下，列文虎克看到了水滴中无数细小的、以活体的形式出现的生物体，而且这些生物体还会游泳。他把这些生物体称为"微生物"。现在，我们知道这些微生物其实就是原生动物。他的这些发现引发了人们对在亚里士多德之前就已存在的自然发生论的争论。根据这种自然发生论的观点，低等动物（比如苍蝇、蜜蜂乃至两栖动物等）是没有祖先的，它们只是从河床中的泥巴或者正在腐烂的肉中自发形成的。在许多人看来，列文虎克通过显微镜窥探到的这些细小生物的绝对数量只能通过自然发生论进行解释。当时，他们想象不出其他理论对这些微小生物的起源和数量进行解释。

我们似乎可以通过一些简单的科学观测对自然界的一些现象进行证实。在寒冷的冬季，无论在什么地方都找不到青蛙和火蜥蜴的影子，然而，当春暖花开的时候，它们都从有水的地方冒了出来；同时，一堆干草丛里突然间出现了许多老鼠；暴露在外的垃圾堆和下水道似乎就是蛆虫、苍蝇和跳蚤的发源地；制造蜜蜂的方法之一就是杀死一头处于壮年的公牛，然后把它埋掉，在一个月之内，必然会有一群蜜蜂从埋葬这头公牛的地方倾巢而出……1668 年，意大利的一名医学家弗朗西斯科·雷迪在许多罐子里装满了肉。接下来，他对一些罐子进行了密封处理，一些罐子用薄纱盖住，而剩下的罐子则暴露在空气中。结果，苍蝇跑进了那些开着的罐子里。不久之后，那些罐子里的肉上便出现了蛆虫和苍蝇。那些罐口被薄纱盖起来的罐子则引来了许多苍蝇，但是这些罐子里的肉只出现了少量的蛆虫。相反，完全封闭的罐子里的肉既没有出现蛆虫，也没有出现苍蝇。于是，弗朗西斯科·雷迪便做出了如下的推断：那是因为苍蝇无法接触到罐子里面的肉，从而无法在罐子里下"蛋"。

雷迪已经证明，苍蝇是繁殖出来的而不是凭空捏造出来的。但是，即便是那些对雷迪的实验进行模仿的人依然认为，一些更小的生物体，比如列文虎克在水中发现的生物体以及

微生物

19 世纪初，自然发生论已经变得苍白无力，一直到了 19 世纪晚期路易斯·巴斯德发现了它们的繁殖方式起，微生物的起源才被人们逐渐了解。

其他人在煮沸的肉汤中发现的生物体，都是自然生成的。不论存在着多大的局限性，自然发生论从那个时候起仍然继续盛行了150年的时间。

生命的组织

一些科学家通过他们的显微镜和透镜发现了新的生命形式。与此同时，航海家和探险家也为这些科学家提供了令其感到新奇的生物学知识。因此，通过结构性研究所获得的认识（即看似只有一个种类的植物或者动物实际上可能存在着两种或者更多的种类）得出，这个世界需要某种新的生物归类系统。

一些早期的科学家曾经尝试着对世界上的万物进行系统化的分类。亚里士多德曾经运用希腊文"genos"（即属种）和"eidos"（即物种）对大量的植物和动物及其个体进行区别和分类。亚里士多德的学生提奥夫拉斯图斯也曾经把植物分成不同的种类。13世纪和16世纪的时候，这项工作分别由阿尔伯特·马格努斯和康拉德·格斯纳继续进行。17世纪，对所有的生命物种进行分类的工作变得更加复杂。当人们在一些石头中发现了从未见过的树叶、茎干以及动物骨架的痕迹之后，这项工作的复杂程度再次提升。被石化了的残余物被称为化石，那么，这些化石是在什么地方形成的呢？

作为英国的一名自然学家和植物学家，约翰·雷发明了另外一种系统分类法，这种系统分类法主要是通过物种所体现出的差异性和相似性对其进行区分。根据雷深入的检验和考察，某种特征在客观上确实把植物或动物的某个种类与另外一个种类区别开来，而其他特征（比如体积大小和颜色等）只体现了在某个物种中发生的偶然性变化。此外，约翰·雷还提出了一个简单的判断标准：如果一个雄性和雌性能够进行交配，而且它们所创造出来的生命体与其父辈相似，那么这些生命个体就属于同一个物种。

瑞典植物学家卡罗鲁斯·林奈乌斯只看到了约翰·雷对

对于18世纪的科学家来说，植物和动物的世界错综复杂，毫无头绪。他们的当务之急是建立一个系统以提供所有生物的概况。亚里士多德曾试图将动物和植物分类，但是一直没有进行更深入的研究。最终，瑞典人林奈乌斯带来了转机。

物种本身的强调，而忽略了他所提出的具有启发性的属种概念。因此，林奈乌斯并没有对大量的族群进行定义从而把各个物种都归入其中，而是收集了一些在结构上相似的物种，并把它们归入不同的属种。接下来，他把属种分成不同的家族，而家族又分成不同的等级和层级。这种推理方式遵循了培根的归纳科学主义思想，即按照从特殊到一般的顺序进行排列。

林奈乌斯是一位热衷于植物收藏的科学家，因此在他看来，这种推理方式类似于他对野生植物进行鉴别的方法。在了解了纳希米阿·格鲁的研究之后，他把各种植物按照它们的繁殖方式进行分类，也就是说，要把开花或结出果实的植物与没有开花或没有结出果实的植物进行区分。至于哺乳动物，他根据动物的脚趾和牙齿等进行分类；而对于鸟类，则根据它们的喙进行分类。

当法国数学家乔治·路易·勒克莱尔承担起编纂法国博物百科全书的重任时，他把科学的世界分为地质学、自然历史学和人类学3大类。1749年，勒克莱尔关于全部人类知识的百科全书式的著作《博物志》的第1卷面世，这部50卷本的长篇巨著一直到1804年才最终宣告完成。

物种的多样性

在《博物志》一书中，乔治·路易·勒克莱尔试图对到18世纪为止人们所知道的自然界的全部物种进行分类。他所坚持的观点是，自然界的多样性证明这个世界的年龄要比《圣经》上所写的至少大6000岁。

拉马克把长颈鹿作为对他的理论（即后天获得的特征可以进行遗传）进行解释的一个完美例子。换句话说，动物在与环境的互动中所做出的努力（如伸出脖子吃树上叶子）会影响其后代的体形特征。

这部著作是分类学发展史上的一座丰碑，它激励了一代又一代的科学家，在一定程度促使他们把对不同物种在结构上的相似性和差异性进行比较看作是自己不可推卸的责任。比如，脊椎动物存在着许多解剖学意义上的共同特征，这个现象究竟意味着什么？青蛙的心脏功能与人类的心脏功能是完全一样的，这又意味着什么？另外，鸟的翅膀骨架与蜥蜴的脚骨架之间为何存在着相近的特征和功能？类人猿在外表和内部构造上为何与人类存在着如此相似的特征？

上面所提到的最后一个问题就来自于勒克莱尔的鸿篇巨制中。他凭借感觉做出了这样的判断：随着时间的推移，生物体将会发生变化；它们生活的地点和时间使它们形成了与众不同的各种特征。勒克莱尔的助手、他在法国国家历史博物馆的继任者让－巴蒂斯特·拉马克沿着他所指明的道路继续前进。

接受过医学和植物学正规教育的拉马克最终肩负起了对博物馆无脊椎动物（这个新词是他自己发明的）进行收藏的重任。他痴迷于与无脊椎动物的多样性有关的问题。"相对于整个动物王国而言，我们应该把注意力主要放在无脊椎动物的研究上，"1803 年，拉马克如此告诫自己的学生，"原因是它们在本质上存在着异常丰富的多样性。与更为高级的动物相比，这些无脊椎动物的组织系统所体现出来的多样性，以及它们在繁殖方式上所体现出来的特殊性，能够更好地向我们展示自然演化的真实路线。"

同时，拉马克还认为："时间和有利的条件是自然界在创造万物时所采用的两种基本手段。据我们所知，对自然界而言，时间是没有任何限制的，因此它总是按照自己的意愿对时间进行支配和利用。"拉马克把自然界看作一个过程，也就是说，自然环境随着时间的推移而发生变化，生存在其中的任何一个物种也会进行相应的调整，从而形成新的行为模式。相应地，这可能意味着这一物种在解剖学意义上的结构将得以更多或者更少的使用。最终，用处比较大的结构在体积上将会增大一些，而那些没有什么用处的结构则会萎缩甚至消失。这些变化是在漫长的过程中逐渐发生的，而这些物种的改变则会通过代代相传的方式遗传下去。

比如，长颈鹿之所以具有较长的脖子，是因为只有这样它才可以吃到叶子，而这也是拉马克根据直觉做出的判断。通过一代代的繁衍，"长颈"这个特征也被遗传了下来，一直到"完美"的脖子最终形成。正如在

卡罗鲁斯·林奈乌斯

科学命名法的发明者

1707 年
5 月 23 日，诞生在瑞典南部斯莫兰省的拉舒尔特地区，原名是卡尔·冯·林耐。

1727 年
进入瑞典隆德大学攻读医学专业。

1730 年
被任命为乌普萨拉科学院的植物学讲师。

1732 年
踏上对拉普兰德进行科学考察的征途。

1735 年
游历至荷兰，并获得了荷兰哈得维克大学的医学专业学位。

1735 年
公开出版了《自然系统》一书，并在书中描述了关于植物、动物和矿物的全新分类系统。

1741 年
担任乌普萨拉科学院的教授；开始重建这所大学的植物园，并根据他的分类系统来对植物进行重新排序。

1744 年
担任位于乌普萨拉的瑞典皇家科学院的秘书长。

1753 年
公开出版了《植物种志》，这部著作凝聚了他在植物学研究中所取得的最高成就。书中运用全新的科学命名法（即拉丁文二名制）对 5900 多种植物进行了组织和排序。

1761 年
被当时的瑞典国王阿道夫·弗雷德里克授予贵族头衔。

1778 年
在遭受连续性轻度中风的折磨之后，于 1 月 10 日在瑞典的乌普萨拉去世。

他之前的亚里士多德一样，拉马克提出了一种关于世界变化和演进的目的论观点。拉马克认为，物种的进化并不是偶然性的；物种进化的最终目的是物种的复杂化和完美化。或许拉马克在很多事情上都出现了错误，但是他在一件事上的做法是完全正确的，那就是他建立了物种在生长过程会发生变化的理论。这一理论使科学家可以从无脊椎动物中学到更多的知识。

达尔文的革命

如果有人问哪一个发现可以被称作 18 世纪末科学进步的标志，那么答案就是对时间概念的全新理解。尽管拉马克的结论并不是最精确的，但是他认识到了万物演进成为今天的生命体形式所需要的时间远远超过《圣经》上所说的 6000 年。乔治·居维叶对拉马克的许多理论都提出了质疑，然而，正如他对化石和解剖学的研究所证实的那样，他对地球的年龄要比人们所能想象出来的任何事物都要古老得多这一点表示认同。

"为什么没有人知道仅仅根据化石就可以得出关于地球形成的理论呢？"居维叶提出了这样的疑问，"如果没有这些化石，恐怕没有人能够想到地球的形成经历了如此漫长的岁月。"其他科学家也得出了类似的结论，比如丹麦科学家尼古拉斯·斯台诺在 17 世纪晚期便已识别出鲨鱼牙齿的化石，而勒克莱尔则把化石称为"来自地球中心的纪念碑"，并认为"这些已经被石化的材料所含有的鱼类和植物并不属于现存的地球物种"。

在居维叶看来，生物体所具有的共同结构和器官所反应的是共同的功能，而不是血缘上的相互联系。发生变化的生物体将不能适应其生存环境，但是这种生物体并不会因此而濒临灭绝。为了解释那些被化石记录但又消失了的物种，居维叶提出了"自然革命"的说法，即发生了周期性的灾难性剧变使某些物种在瞬间灭绝。

林奈乌斯的《自然系统》在 1735 年发行第 1 版时只有 14 页。但是，它越来越长，到第 12 版时，已经扩展到了卷，长达 2300 页。最后，他命名了大约 13000 种植物和动物。

那么，是什么导致了这些革命性剧变和物种灭绝呢？居维叶没有给出进一步的说明。而那些抱住《圣经》不放的人则认为，挪亚洪水可能就是这样一种革命性的剧变。其他记录正好验证了这一说法：埃特纳山和维苏威火山的喷发，以及南美洲的火山活动和地震活动等。1755 年，在里斯本同时发生的大规模地震和海啸彻底毁灭了这座城市，而且夺去了数万人的生命，以至于人们开始怀疑曾经深信不疑的、在自然界发生灾难时就会出现的上帝是否存在。在不久之后，更多的疑问被提了出来。

1794 年，伊拉兹马斯·达尔文公开出版了包含某种进化论思想的《动物法则》。在这本书中，老达尔文（区别于后来的达尔文）开始思考是否存在作为万物生灵共同祖先的物种，即一种"活体胞丝"。实际上，他的理论暗示着一个物种可以转化为另外一个物种。

同时，伊拉兹马斯·达尔文也提出了一些使当时的人们迷惑不解的假设，比如，因人口过剩而导致的竞争可能促进和推动物种的进化演变、人类与猴子和类人猿之间存在着非常亲近的关系、雌雄淘汰可能在物种形成的过程中扮演了一个不可或缺的角色。"在雄性之间展开的竞争的最终结局似乎就是这样的，"他写道，"最

让－巴蒂斯特·拉马克

早期的进化论者

1744 年
8 月 1 日，诞生在法国的皮卡迪地区。

1756 年
进入位于法国小城亚棉的耶稣会神学院。

1760 年
离开耶稣会神学院，并在七年战争期间加入了在德国发起军事运动的法国军队。

1769 年
开始在巴黎潜心研究医学，不久转向植物学研究。

1778 年
公开出版了他的第 1 部植物学著作《法兰西植物志》。在这部著作中，他对法国境内的所有植物进行了统一分类。

1781 年
成为皇家花园植物标本室的管理员。

1794 年
被任命为法国历史博物馆无脊椎动物专业的教授。然而，他当时对这个专业还知之甚少。

1801 年
公开出版了《无脊椎动物系统分类法》一书。在本书中，他描述了一种专门针对低等无脊椎动物的分类法。

1802 年
公开出版了《水文地质学》一书。这本书包括了地球历史的内容。根据这本书的描述，地球曾经被周期性的洋流所淹没。

1809 年
公开出版了《动物哲学》一书，提出了物种通过对后天获得的特征进行遗传从而发生进化的理论。

1815 ～ 1822 年
公开出版了《无脊椎动物博物志》一书。

1829 年
12 月 18 日，在法国的巴黎去世。

强壮和最活跃的动物才能继续繁殖后代，这样才能达到提高和完善这个物种的目的。"

刚开始的时候，伊拉兹马斯·达尔文的孙子查尔斯·迈尔文（出生于 1809 年，即在其祖父去世 7 年之后）对这些事情并没有太大的兴趣。他的成绩很差，而且他似乎只对不愁吃喝的乡绅生活（比如收藏甲虫和打鸟）感兴趣。在父亲的积极催促下，查尔斯·达尔文准备进入一所神学院进修，但是他突然收到了一封推荐信，让他担任即将进行环球考察的英国舰队"猎犬"号船长的助手。尽管违背了父亲的意愿，但是查尔斯·达尔文还是抓住了这个机会。

1831 年 12 月 27 日，达尔文乘坐"猎犬"号前往南美洲。此前，查尔斯·达尔文准备了很多笔记本和阅读材料，包括查尔斯·莱尔爵士最新出版的《地质学原理》。

"这次出海是我一生当中最重大的事件，它决定了我终生的事业。"在随"猎犬"号踏上征途时，达尔文仅仅是一名初具植物学基础知识的爱好者，对地质学的了解更是一片空白。而当他返回家乡时，达尔文已经完全肯定了进化论的现实性和可行性。

在大量的旅行和考察之后，由律师改行而来的英国地质学家查尔斯·莱尔得出了这样的结论：地球上所发生的变化并不是像居维叶和其他地质学家所认为的那样是通过革命性的剧变所引起的。相反，多数的重要变化是逐渐形成的，而且几乎无法觉察，原因在于这些变化是经过漫长的历史时期才形成的，包括持续不断的风力和水力的作用。随后，莱尔与身为农场主的英国地质学家詹姆斯·赫顿一起提出了均变论，其主要内容是：第一，地球的年龄非常大；第二，地球上的变化是非常缓慢的；第三，任何东西都会发生腐蚀，而且整个过程是持续不断的。

对年仅 22 岁的达尔文来说，完全理解莱尔的理论并不是一件简单的事情，但是他显然能够完全消化和吸收这一理论。"我的思想，"他后来写道，"多半来自于莱尔的大脑。"达尔文的环球考察旅行不仅使他对深入严谨的科学研究提供了刺激和推动力，而且也使他能够有机会亲自观察与生命多样性有关的第 1 手材料。同时，这次旅行也使达尔文开始酝酿关于物种长期演变的新思想。

在接下来的 20 年里，那个被达尔文称为"物种问题"

的疑问在他的脑海中不断地出现和徘徊。期间，他结了婚，并成为10个孩子的父亲，花了8年的时间来对他在旅途中收集到的几千只北极鹅进行了详细地描述和分类。达尔文写过许多论文，但是他只和几个关系密切的朋友（查尔斯·莱尔和植物学家约瑟夫·胡克）讨论过他的"演化假说"，达尔文希望能够通过公开发表无可争辩的论文，从而树立其可靠的信誉，进而确保他的最新理论更容易被人们所接受。与此同时，比他小14岁的另一位英国人也开始形成新的思想和理论，而且这种新的思想和理论与达尔文的理论珠联璧合。

当阿尔弗雷德·罗素·华莱士14岁的时候，他辍学了。由于迷恋于探险家的航海旅行（包括达尔文的环球旅行），他和另外一位志同道合的朋友开始进行航海旅行。刚开始的时候，华莱士希望收集南美洲的各种标本，然后把这些标本出售，以便为以后的探险旅行提供资金。起初，他的计划进行得非常顺利，直到有一天，他所乘坐的船只和他所有的收藏品都付之一炬。然而，这次意外事故并没有吓倒他，华莱士继续航行至马来群岛，并从那里启程继续前行。在旅行途中，华莱士从未停止过对物种的演化方式进行思考。

和达尔文一样，华莱士也受到了

查尔斯·达尔文

进化论之父

1809 年
2 月 12 日，诞生在英国什罗普郡的什鲁斯伯里地区。

1827 年
顺利进入剑桥大学的基督学院，准备以后在教堂中谋职。

1829 年
在跟随 F. W. 霍普进行北威尔士的昆虫学考察之旅后，对昆虫和生物学表现出浓厚的兴趣。

1831 年
收到了邀请，以没有任何报酬的自然学者的身份参加英国舰队"猎犬"号的考察旅行。

1835 年
对加拉帕哥斯群岛进行地质学、动物学和植物学等方面的研究。

1839 年
当选皇家学会的会员。

1840 ~ 1846 年
公开出版了与地质学和动物学有关的多部著作，主要根据他跟随"猎犬"号旅行的所见所闻。

1858 年
学习和了解与阿尔弗雷德·罗素·华莱士的自然选择进化理论有关的内容。其中，一些关键性的概念极为近似地表达和反映了他的观点，但是却没有得以公开发表。

1858 年
与华莱士一起向伦敦林奈学会宣读了关于自然选择进化理论的报告。

1859 年
公开出版了《物种起源》一书。在达尔文的一生中，他对这本书进行了 6 次修订。

1882 年
4 月 19 日，在位于英国肯特郡唐恩村的家中去世，葬于伦敦的威斯敏斯特教堂。

进化的理论

"如果我们展望未来，"《伦敦时报》刊登的查尔斯·达尔文的讣告如此写道，"我们将会看到由达尔文所引发的这场辩论一定会再次上演和继续。"这幅在达尔文死后刊载于美国杂志上的卡通画表明，有些人觉得这场辩论是不会有尽头的。

英国牧师和政治经济学家托马斯·马尔萨斯很多著作和研究成果的影响。1798 年，托马斯·马尔萨斯在《人口论》中提出了这样的理论：在所有物种中，不受任何制约的人口增长最终将会超过维持这些人口生存所需要的资源总量。在马尔萨斯看来，这不仅是对客观现实的数学推断（即人口以几何速度疯狂增长，而食物资源则以算术的速度缓慢增长），而且也是他在伦敦街头上亲眼看见的客观现实。在那里，人口数量日益增长，贫穷无助的人陷入了饥荒的境地。因此，马尔萨斯提出这样的警示：如果人口增长得不到某种程度的控制和约束，那么这些贫困人口将会陷入更加贫穷和忍饥挨饿的不利境地，而且灾难性的传染病将会在这些人中蔓延和肆虐。

在马尔萨斯的理论中，使华莱士和达尔文都感兴趣的内容是：人口增长意味着生存竞争。"它立即使我眼前一亮，因为在这种情况下，有优势的变异将被保留下来，而那些没有优势的变异则只能趋于消亡。"达尔文在谈及马尔萨斯的

思想时说道，"这种演变的结果必然是新物种的出现。就是在这里，我终于找到了一种能够自圆其说的理论。"

华莱士继续从事原来的研究工作，而且把他所完成的论文《论变种无限偏离原始类型的倾向》寄给了达尔文。华莱士指出，如果达尔文认为这篇论文具有公开发表的价值，那么他准备把这篇论文转交给查尔斯·莱尔爵士。

这让达尔文有点惊慌失措，原因是莱尔曾经警告说华莱士的思路与他完全相同。"你所说过的话，"在给莱尔的信中，达尔文如此写道，"确实得到了一个肯定的回答。"

如果达尔文把他的理论公开发表，就有被指责对华莱士的研究成果进行剽窃的危险。然而，胡克和莱尔依然建议达尔文继续撰写他的著作。1858 年，达尔文和华莱士的理论在林奈学会的讨论会上同时出现了。不过，达尔文和华莱士对这一安排都欣然应允。在达尔文的著作《物种起源》出版后，很快成为畅销书。

达尔文《物种起源》一书的封面，于 1859 年出版。第 1 版书上市第 1 天就被抢购一空，然而这部书引起的争议却延续到今天。

身体内的化学奥秘

正如达尔文对生命起源的理解来源于科学先驱的研究成果（比如莱尔的地质学、马尔萨斯的经济学以及拉马克的拉马克主义）一样，动物生理学（即对活体生物的化学、物理和解剖学功能进行研究的学科）的科学解读也来源于这一学科对大量看似风马牛不相及的科学原理进行理解的结果。

首当其冲的便是解剖学。这门学科的名称是提奥夫拉斯图斯为他的解剖学实践所取的名字。大约在公元前 300 年，赫罗菲拉斯在亚历山大医学院进行了人类历史上第 1 次人体解剖实验。在此之后，艾拉塞斯特拉图斯继续进行人体解剖。通过解剖实验他得出这样的结论：空气被吸入到人体的肺部。同时，他提出了是空气而不是血液在心脏和动脉中循环流动的假设。他确实弄清了心脏阀的功能和运作方式，但是他却错误地认为血液只会在静脉血管中流动。

来自意大利的乔瓦尼·巴蒂斯塔·莫尔加尼根据他的解

疾病的始作俑者

经过一生的医学实践和验尸操作，意大利解剖学家乔瓦尼·巴蒂斯塔实了任何疾病都存在着特定的病因（病源）以及病理学。这种思想在18世纪是一种全新的思想。

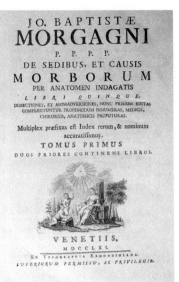

剖学研究得出了更加实用的结论。他以自己的解剖学知识为基础建立了病理学的研究，最终找到了疾病的诱因和治疗方法。1761年，他公开发表了《解剖学研究所解释的疾病发病位置与病因学》。这是一部描述疾病发病率的百科全书，它涵盖了从血液凝块到胆结石的内容。通过他细致地研究和分析，莫尔加尼形成了与疾病诊断有关的新理论。同时，他的著作也是对那个时代不同疾病的发病率以及对这些疾病的诊断的一个宏观描述。

与此同时，显微镜为解剖实践提供了更新的线索和切入点。马尔比基对毛细血管的确认最终为哈维的循环理论画上了一个圆满的句号。同时，胡克也认识到了组织是由细胞组

1831 ～ 1865 年			
1831 年	**1837 年**	**1857 年**	**1858 年**
苏格兰植物学家罗伯特·布朗发现了细胞核。	人们发现了存在于小脑皮质中层内的浦肯雅细胞。这种细胞位于小脑中，是一种带有很多分支纤维的体型较大的神经细胞。	路易斯·巴斯德公开宣称微生物是发酵的原因。	查尔斯·达尔文和阿尔弗雷德·华莱士分别提出了同一种自然选择的进化论。1859年，达尔文公开出版了《物种起源》。

成的。施旺麦丹的昆虫解剖实验也证明，即使是这些细小生物也有极为复杂的功能器官和繁殖系统。此外，居维叶也得出了这样的结论：就每个器官都承担一定的功能而言，所有的生物体都是完全一样的。正如哈维所赞叹不已的那样，身体就是一个完整的系统，与地球或者其他天体上存在的系统十分相似。

如果事实确实如科学家们所说的那样，那么身体功能是否遵循这些科学家正在寻找的、对每个系统进行支配的物理原理呢？具体地说，具有抽送血液功能的心脏、可以膨胀的肺部、能够收缩的肌肉以及能够骤然抽动的神经等，是不是在某种热力引擎的推动下发挥各自的杠杆、弹簧或支点的作用呢？

对于17世纪和18世纪的人们，这些复杂的机制并不是一些熟悉的概念。这些机制表现得非常神秘和怪异，但是它们的功能又是那么的卓越，简直标志着自动机器时代的到来。在日常生活中，人们能够被机械小鸟的歌声所唤醒、魔术盒中的机械手能够把答案写出来，而机器人则能够下象棋。在错落有致的三维"图画"中，有一个不停地移动的数字图形，它被称为"自动舞台造型"（在这个装置中，机器人能够独立完成整个舞台作品）。1752年，对奥地利萨尔茨保附近的海尔布伦戏水宫进行参观的游客则可以看到几百个液压装置的图像。

意大利的数学教授乔瓦尼·博雷利是试图了解人体是否

1858 年	1861 年	1862 年	1865 年
德国病理学家鲁道夫·威尔啸提出，细胞只能从先前存在的细胞中繁衍出来。	巴斯德形成了关于疾病的病菌理论。	巴斯德驳斥了关于细胞生命的自然发生论。	奥地利植物学家格里哥·孟德尔顺利完成了他的豌豆植物杂交实验。

拉瓦锡夫妇画像

玛丽－安娜·皮埃蕾特·鲍尔兹在嫁给法国化学家安托万·拉瓦锡的时候年仅14岁。她的工作是担任拉瓦锡的翻译和实验助手。

具有机械能力的好奇者之一。作为马尔比基的朋友，博雷利对身体的力学原理进行了分析，并把人体看作是一个类似于机器的整体。他对鸟的翅膀和鱼的肌肉进行了研究，并据比精确地描述了飞翔和游泳所需要的不同的机械力。

同时，他还对当处于类似于重力和滑轮系统的状态时，人体如何进行自我调整以及通过双脚保持重心进行考察。此外，他进一步测量了手臂和大腿肌肉所施加的力量，并把这一结果与杠杆部件的力量进行比较。他构建了散步、跑动、跳跃和提重物等运动的力学模型，然后对所涉及的作用力和反作用力进行了分析和研究。

那么，人体的内部器官是否具有类似于机械的装置呢？在博雷利看来，心脏就像一个泵缸内的活塞。同时，他还计算出了把血液输送到身体各个部位所需要的压力值。此外，他还认为胃部就像一个研磨机一样发挥作用，而肺部则像一套风箱设备。而在朱利安·奥夫鲁瓦·德·拉美特利看来，身体就是一个机械复合体。1748年，拉美特利在他的著作《人是机器》一书中表达了极端的、令那个时代的人感到非常震惊的无神论观点：从基本上看，人体就是一部对各种刺激做出反应的机器。在他看来，正如胆汁是由肝脏制造的一样，思想也是大脑的分泌物。

同一年，拉美特利的著作得以公开出版，而在哥廷根大学工作的阿尔布莱克·冯·哈勒也公开出版了人类生理学的第 1 本手册。哈勒不仅是生物学家、植物学家和解剖学家，而且也是一名实验主义的生理学家。他对心脏和呼吸之间的关联机制进行了证实。同时，他对肌肉和神经所进行的实验也证实了感觉引起了神经的细微变化，这些感觉被输送到了肌肉组织，而肌肉组织会在之后做出回应。

哈勒的研究不仅使他声名鹊起，而且也使他在大学里的地位更加稳固。1753 年，他回到了故乡伯尔尼，在那里完成了他 8 卷本的著作《人体的生理元素》，并开始撰写一些诗集和小说。他的这些作品受到了极大的欢迎。

哈勒在实验中所取得的成功对其他研究人员发挥了激励作用。在法国，弗朗西斯·马戎第开始被许多人所熟知，原因不仅在于他精确的分析能力，还在于他残忍的研究手段。刚开始的时候，马戎第按照化学家的标准开展他的早期研究，这些研究主要涉及消化以及吞咽下去的化学物对人体产生的影响等。同时，他还从士的宁、吗啡、可待因以及奎宁中提取了许多活性成分，并把这些物质应用于医学实践。在对专门研究脊髓神经细胞的苏格兰解剖学家查尔斯·贝尔的实验进行了解之后，弗朗西斯·马戎第最终揭示了把感觉输送到大脑以及把信号从大脑输送到肌肉神经

安托万·劳伦特·拉瓦锡

现代化学之父

1743 年
8 月 26 日，诞生于法国巴黎。

1764 年
获得了马萨琳学院的法学学位。

1768 年
成为巴黎皇家科学院的会员。

1769 年
开始制作法国的第 1 张地质图。

1770 年
他在皇家学会上宣读了关于水元素无法转换成土元素的论文。

1775 年
证明燃烧金属吸收了空气中的一种关键性的元素，即氧气。

1775 ~ 1792 年
成为法国火药和硝石管理局的委员，把化学专业知识运用到军事项目上。

1776 年
提出了化学酸中包含氧气的观点。

1783 年
通过氢气和氧气的化学反应得到了水。

1787 年
与三位同事一起公开出版了《化学命名法》一书，并在这本书中介绍了对化合物的命名系统进行描述的办法。

1788 年
当选伦敦皇家学会的会员。

1789 年
公开出版《化学概论》。

1794 年
5 月 8 日，在巴黎去世。

的不同方式。

马戎第的前沿性研究工作为他赢得了实验生理学之父的称号。这一声誉来之不易，原因在于他的研究经常要涉及许多非常残忍的动物实验。1824年，在一次英国巡回演讲中，马戎第通过对许多活生生的狗做实验来证明他的神经切割效果。这些现场实验遭到了民众的普遍指责，进而导致了一场由英国反活体解剖实验主义者发起的抗议运动。

马戎第的学生克劳德·伯尔纳仍然坚持导师的活体解剖方法，但是他把重点放在了身体对其内部环境进行调节的问题上。在伯尔纳看来，为了对其在生理学的正确性进行证明，必须对其在所有活体上的正确性进行证明。如果身体确实是一个自我调节的动态系统而不是什么机器，那么血液和其他液体必然是这种动态平衡（指的是身体内部的平衡状态）的助推器。在这种平衡状态下，细胞能够进行各种正常的活动，比如氧气和二氧化碳的相互交换或者营养成分的吸收等。

克劳德·伯尔纳发现，与传统的保守观点相反，多数食物的分解和吸收是在肠子里而不是在胃部进行的。同时，他对肝脏内的糖分储存物质——肝糖进行了确认。此外，克劳德·伯尔纳也认识到了化学酶在消化中所发挥的作用，以及碳水化合物和糖类被分解成简单糖分物质的具体方法。我们的身体可能是一个非常庞大的网络架构，各种体液在一个由骨头和肌肉组成的生物机械系统中循环流动。人们越来越清楚地认识到，可以通过化学原理对生命和身体进行进一步的了解。

这项工作的大部分任务还要依赖于近100年以前的研究发现，即最终揭开燃素的神秘面纱（人们当时认为可燃物中存在着某种促使这些物体发生燃烧、放出热量的因素）。燃素一词来自希腊文中"易燃的"，把它投入使用的则是德国医学家和化学家乔治·恩斯特·施泰尔。施泰尔需要通过它对自己认为存在于所有可燃性材料之中并促使它们发生燃烧的关键物质进行确认。那么，燃素究竟是什么呢？在施泰

一直到18世纪晚期，科学家们还在寻找完全不存在的东西：变质的气体、氧化钙石灰，尤其是燃素。他们认为，这中间还存在着一种神秘的、能够被电激活的生命力。这就是化学被最终分为两部分的原因。

尔看来，燃素并不是一种真实存在的物质，而只是一种由人们想象出来的、有助于解释燃烧现象的虚幻物质。在他和当时的多数科学家看来，包括生锈、燃烧和呼吸在内的过程必然以某种方式发生联系。

施泰尔之后的科学家开始考虑燃素是否是一种真实存在的物质。然而，如果确实存在着这样一种物质，那么这种物质将具有一些非常独特的属性。在燃烧之后，木头灰烬的重量要比木头本身轻一些。科学家们认为，这种情况出现的原因在于木头中包含的所有燃素已经燃烧殆尽。然而，当硫黄和磷在空气中发生燃烧之后，它们的重量却要比原来重一些。对此，法国化学家安托万·拉瓦锡所得出的结论是：当发生燃烧的时候，硫黄和磷必然吸收了空气中的某些元素。

在更早一些时候，化学家们已经设计出了许多获得各种气体的方法。拉瓦锡继承了父母的大批财产，同时他也是一个精明能干的生意人。因此，他当然有能力为自己建造一座实验室，并配备了各种专门用于气体研究的实验设备。在自己的实验室里，拉瓦锡开始对燃烧期间所发生的事情进行研究。在研究过程中，他表现出了极大的耐性。他会不辞辛劳地关注整个实验进程。如果某一次实验没有获得理想的效果，那么他会毫不犹豫地

约瑟夫·普利斯特里

氧气的发现者

1733 年
3 月 13 日，出生在英国的利兹地区。

公元 1752 年
进入位于北安普敦郡达文垂地区的迪森汀学院。

1755 年
开始担任英国萨佛克郡和柴郡的大臣。

1767 年
发现了木炭的导电性。

1767 年
由于在对电进行实验时所获得的研究发现，当选伦敦皇家学会的会员。

1767 年
在本杰明·富兰克林的鼓励下，出版了《电学史论：以实验为视角》一书。

1771 年
发现了一种由植物释放出来的气体，这种气体被他称为"无燃素气体"。

1772 年
成功地把二氧化碳溶解于水中。公开发表了他的第 1 篇论文《不同气体的实验和观测结果》。

1773 年
由于对气体属性的研究而获得了皇家学会授予的科普利奖章。

1774 年
对红色氧化汞进行加热，从而获得了一种无色气体，他把这种气体称为氧气。

1794 年
移民到美国。

1804 年
2 月 6 日，在美国宾夕法尼亚州的诺森伯兰去世。

更多资源获取 扫码获取

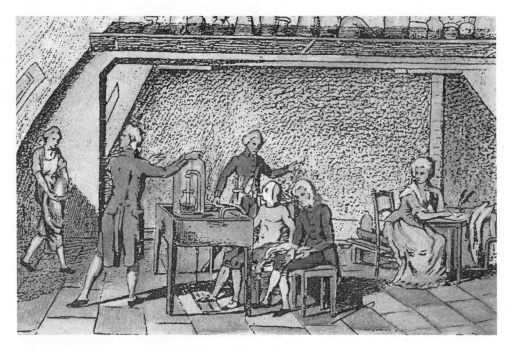

生命的呼吸

在自己的实验室里，拉瓦锡针对由实验对象释放出来的气体进行了许多实验。他的妻子玛丽－安娜以做事精确而闻名，而且也正是她帮助拉瓦锡对实验进行记录。

重新进行这一实验。

1774 年，英国的约瑟夫·普利斯特里已经开始进行了卓有成效的空气实验。他开始认识到，当蜡烛在玻璃实验室中燃烧之后，容器中的残留气体差点使一只老鼠窒息而死。同时，他也发现玻璃室内的一棵植物能够使其中的空气重新用于呼吸，而那只老鼠也因为可以重新呼吸而存活了下来。

对水银和石墨的化合物进行加热也可以重新产生那种一度消失的不明气体。这种气体可以使蜡烛熊熊燃烧。于是，普利斯特里把这种维持生命所必需的气体称为"无燃素气体"。

拉瓦锡的实验也证明了普利斯特里的研究结果，他开始对这种新发现的气体进行实验研究。后来，他发现这种气体就是硫黄和磷燃烧时重量得以增加的原因。当然，这种气体也是当金属生锈时氧化物形成的根源。拉瓦锡把这种气体称为"氧气"，原意是"造酸"。这种新发现的气体能够对燃烧的化学过程进行解释。此外，根据他的推断，燃烧是大气中的氧气和某种可燃性物质通过化学反应结合在一起的结果。由于这种新发现的气体与使实验室里的老鼠存活下来的气体属于同一种物质，因此拉瓦锡确信：燃烧与呼吸之间存在着一定程度的关联性。然而，拉瓦锡的实验只能在一个有利于燃烧的时空中进行。

法国大革命只带来了片刻的举国欢腾，接下来便是全国范围内的混乱状态。拉瓦锡支持自由事业，由于良好的财富状况以及与当时统治阶层在经济上的密切来往，因此当"恐怖统治"时期开始的时候，拉瓦锡便陷入了万劫不复的境地。1794 年，他和其他富庶的金融家遭受到集体围捕，并最终被送上了断头台。

当听到拉瓦锡的悲惨命运时，法国数学家约瑟夫·路易斯·拉格朗日做出了这样的评述："虽然他们（刽子手）只花了片刻的功夫就砍下了那颗脑袋，但是或许 100 年以后也不能有人长出这样的脑袋。"

所有细胞都源于细胞本身

尽管早期显微镜的放大能力非常有限，但是科学家们还是有效地提高了他们对细胞的了解。18 世纪，解剖学家和生理学家开始把身体看作是由各种小部件组成的复合体。比如，解剖学家认为，疾病的诱发因素必然存在于身体内部的器官和组织中。在相对狭窄的研究范围内，法国解剖学家札维埃·毕夏识别出了 21 种不同的人体组织。与此同时，人们认为活体组织本身同样也可以由更小的单元组成，而这种更小的单元或许与希腊自然哲学家早在公元前 5 世纪就提出的原子相类似。如果它们是更小的组织，那么它们是否可以作为身体的原子结构呢？

1805 年，一位名叫洛伦兹·奥肯的德国自然哲学家提出了细胞本身就是活体物质的说法，而这种活体物质与列文虎克在一滴被放大了的水滴中所看到的正在游泳的生物体非常类似。1830 年，奥肯终于确定：这些活体单元的集合体组成了所有植物和动物的组织。这种说法并没有对科学事业产生了很大的影响，原因在于奥肯从来没有使用过显微镜。

拉瓦锡拥有顶级的私人实验室，在那里，光烧杯就有 13000 只。然而，在那个大约有 2/3 的元素未曾被发现的时代里，拉瓦锡没有发现任何一种元素。他把别人的发现拿过来，说明这些发现的意义。

光合作用

光合作用是植物把二氧化碳和水等无机物转化成可以用来促进植物生长以及对植物自身的组织进行修补的有机物质的化学反应过程。虽然光合作用主要是绿色植物所具有的一种功能，但是一些藻类植物，甚至一小部分细菌也可以进行这种化学反应过程。由于多数动物属于食草类生物，因此，就所有食草类动物而言，光合作用就是制造食物的过程。这个化学反应过程是在阳光（或人造光）的参与下发生的。光合作用会释放出氧气，正是这种功能使光合作用具有了双重重要性。

在光合作用的过程中存在着两个阶段：第1阶段是捕捉和使用太阳的光线；第2阶段是对碳进行固定，即对二氧化碳进行固定，并且把它还原为有机物。

大多数绿色植物的光合作用是在植物的叶子当中进行的。作为光合作用过程中一个

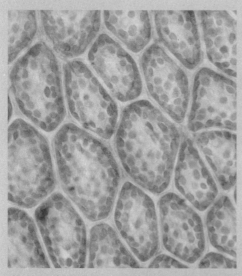

绿色植物的每片叶子平均包含 50 亿个叶绿体，如图所示，它们就是在细胞中的那些微小深色点。

重要元素，水是被植物的根部吸收之后传送到叶面的。与此同时，空气中的二氧化碳通过一种被称为"气孔"的组织进入叶子。水溶解于叶绿体的潮湿内壁，而这种叶绿体是一种包含非常重要的色素（即叶绿素）的透镜形状的微小物体。叶绿体简直就是一个多功能的舞台，它才是进行光合作用的地方。

在第 2 个阶段中，叶绿素扮演了催化剂的角色，也就是说，它促使阳光（或者人造光）把水分子分解成氧气和氢气。这一阶段的连锁化学反应是在一些氢分子与来自二氧化碳的碳元素结合成糖类物质的时候才开始发生的。

然后，糖被进一步转化为淀粉、脂肪、蛋白质维生素以及在植物生长和繁殖的过程所必需的基本化学物质。同时，这些物质也为动物界的食物链奠定了基础。

一小部分没有耗尽的氧气留在了食物制造过程中，它在植物的呼吸过程中发挥了重要的作用。比如，当夜幕降临的时候，植物无法从太阳那里接受能量。这个时候，植物便可以通过对自身所具有的食物进行氧化，从而制造出所需的能量。于是，光合作用中的剩余氧气便通过气孔被释放出来。由此，这些氧气又重新回到了大气中。

绝大多数植物的叶子都是绿色的，这绝对不是一种巧合。当叶绿素被生产出来的时候，太阳光谱中的红色和蓝色为植物提供了这个时候所需的所有能量，而叶绿素则能够非常有效地吸收这些能量。在绿色光谱部分中，只有非常小的部分（500 ～ 600 纳米）被吸收，其余的几乎完全被反射出去，这就是多数植物看上去都是绿色的原因。

　　不过，他的这个论断似乎并不存在什么奇异之处，尤其是当英国植物学家罗伯特·布朗观察到植物细胞中含有一种被他称为细胞核的物质，而且这种物质与列文虎克所发现的微生物具有相似的内在成分时更是如此。捷克生理学家杨·伊万杰利斯塔·浦肯野因其所进行的视觉研究而闻名于世。他也观测到动物细胞组织并非中空，而是充满了被他称为"原生质"的物质。同时，浦肯野宣称他曾经亲眼看到过细胞分裂的过程。

　　哲学无法提供任何关于细胞结构和功能的确凿证据，实地观测也由于技术手段的匮乏而停滞不前。显微镜的透镜确实发挥了重要的作用，但是它还没有达到足够好的地步，除非对结构复杂的透镜效果产生影响的折射现象被彻底消除。到了 19 世纪 30 年代，这些问题逐步得以解决。细胞的结构以及植物和动物细胞之间的相似性也变得越来越明朗。1837年，一位桀骜不驯的德国律师以植物学家的姿态对外宣称，他已经解决了与细胞有关的神秘问题。这个人就是马蒂亚斯·雅克布·施莱登。

　　自从 1837 年以后，施莱登便不再从事与法律相关的任何事务，而是开始在德国的耶拿地区执掌植物学的教鞭。施莱登对当时的多数植物学家所从事的既痛苦又烦琐的植物分类工作没有多少耐心。在一篇关于植物起源的论文中，施莱登大胆地提出了这样的理论：细胞构成了所有有机物的核心单元。

　　他的主张得到了他的朋友、植物学家索多·施旺的支持和赞同。和施莱登一样，施旺的个性比较狂妄。他主要对消化和发酵现象（即糖类转化为二氧化碳和酒精的过程）进行研究。

　　自古以来，葡萄发酵可以酿成葡萄酒、谷物经发酵可以酿成啤酒或者酒精就为人们所熟知。施旺认为，发酵是活体细胞正常生命过程中的一部分。在当时的许多科学家看来，这种观点不仅荒诞不经，而且滑稽可笑。最后，施旺离开德

发酵

　　当路易斯·巴斯德认识到发酵是由微生物所造成的之后，由不同生物体造成的不同类型的发酵现象逐渐被人们发现和确认。酸奶中便包含了单纯乳酸发酵现象，而这正是瑞士乳酪丙酸发酵的突破口。

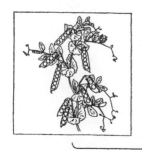

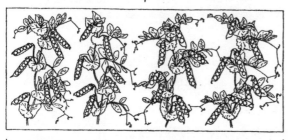
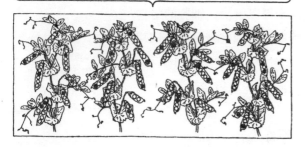

遗传特征

　　根据奥地利植物学家格里哥·孟德尔在 19 世纪 60 年代所获得的研究成果，人们对种子形状分别为圆形和褶皱形的豌豆进行杂交实验。杂交后所培育出的第 1 代植株会结出圆形的种子，但是到了第 3 代植株时，圆形的种子与褶皱的种子数量比为 3：1。

国前往比利时，目的就是避开德国的同事对他的嘲笑。然而事实证明，他的观点是正确的，也就是说，活体细胞通过对糖类分子进行分解，从而获得了所需的能量。

　　在施旺看来，对单体细胞的透彻了解是进一步开展生理学研究的关键。"每一个基本元素都拥有一种属于自身的力量，而这种力量就是属于它自己的生命力量。"1839 年，施旺在名为《关于动植物结构和生长相似性的显微研究》的著作中如此写道，"整个生物体只能通过单个基本元素之间相互作用的方式生存下去。"

　　施旺和施莱登错误地认为，细胞的形成过程类似于水晶的形成过程。同时，他们还认为是某种未知的生命力激活了细胞，从而使其能够按照生物体的共同利益进行运转。尽管如此，他们还是成功地把在细胞理论中发挥限定作用的各种基本因素之间的分界线明确地划了出来。

　　出生于波兰的病理学家鲁道夫·威尔啸对上述两位科学家的研究成果进行了进一步的完善。1858 年，在《细胞病理学》一书中，威尔啸断言：细胞理论中根本不存在所谓的生命力。波兰人罗伯特·里麦克是专门研究动物细胞的，法国植物学家巴泰勒米·杜铭德则是专门研究植物细胞的，而威尔啸就是以这两位科学家的研究成果为基础，从而最终接受了"一切细胞来源于细胞"的理论。在他看来，根本不是什么唯心的生命力在塑造着每一个生物体。他曾指出，细胞"是那些构成组织、器官、系统乃至生命个体的次级形式大链条中的最终连接点"。

作为一名病理学家，威尔啸认为任何疾病都来源于细胞对于异常情况所做出的自然反应。威尔啸把细胞比喻成无数个完全自治的市民，而它们构成了一个生物体社会的全部成员。然而，在这个社会中，每一个单体的行为都要符合其临近的居民乃至整个生命有机物的共同利益。然而，这个规则有时会被违背，而疾病就是这种意外情况的直接结果。任何生命有机物都是其组成细胞的总和，而每一个细胞都是组成生命有机物的基本单元。这些细胞不仅是"生命的根基"，而且也"体现了生命的各种特征"。

遗传定律和法则

虽然细胞理论和进化理论成为19世纪末期科学界的主要研究内容，但是这两种理论都无法解释物质是如何把它们的属性或者与变体有关的信息传递给下一代的。

随着显微镜技术的不断改进和提高，人们越来越清楚地认识到：细胞的复杂性简直达到了令人叹为观止的地步，而且这种复杂性几乎充分地证明了威尔啸得出的结论，即细胞内部包含着有机生物体所有特征的信息。如果这个结论是完全正确的，而且细胞只能从其他细胞中衍生出来，那么这些细胞又是如何把这些信息传递给其他细胞的呢？此外，生物体又是如何把父母的属性和特征遗传下来的呢？关于这一问题的理论诞生于一位波希米亚僧侣所在的花园。

消毒

在医学家伊格纳兹·菲利普·塞米尔维斯、约瑟夫·李斯特和罗伯特·科赫的发现面世之后几年，外科手术便出现了巨大的改变。图为1900年，病理学家鲁道夫·威尔啸观摩一次大脑手术。

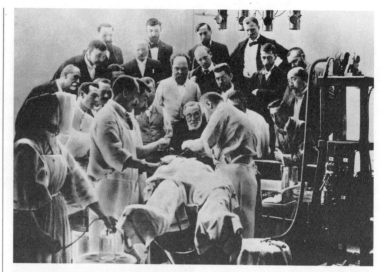

根据约翰·孟德尔的自述，他的青年时期既贫穷又不快乐，而且在他的生命历程中曾经出现了好几次神经衰弱。教堂似乎成了他的最终归宿，在那里，他可以过着无忧无虑的生活。

在孟德尔21岁的时候（即1843年），他进入了摩拉维亚布隆地区的奥古斯丁教义修道院，并开始使用格里哥这个新名字。虽然他对科学，尤其是物理学进行了潜心的钻研，但是他在这方面的能力似乎存在着缺陷，他甚至没有通过教师资格考试。因此，他到维也纳大学待了两年。在这两年时间里，孟德尔认真学习了物理学、数学、生物学和植物学知识。1854年，他重新回到了修道院，并开始在当地的一家职业技术学校讲授自然科学课程。

在接下来的12年里，孟德尔严格实施了由他精心设计的一系列实验计划，实验对象就是他在修道院的花园里种植的豌豆。在一般条件下，这些植物理所当然会使自己受精，从而繁殖出高矮不同、花色不同以及种子形状也不同的豌豆。为了确定这些变种是否存在内在的规律性，孟德尔在实验过程中对这些植物进行了交叉受精，即长得高的植株之间、长得矮的植株之间以及长得高的和长得矮的植株之间这3种交叉受精类型。

　　这个程序本身并不是什么新鲜事物。实际上，通过人工杂交提高和改善庄稼植物品种或者牲畜品种的手段自史前时代就一直存在。然而，孟德尔想要建立一门可以对这些古老的杂交技术进行解释的学科。因此，他小心翼翼地进行着他的实验，并且一遍又一遍重复和检验他的实验结果。最终，他培育出了大约 10 000 株植物。可惜，他的研究结果与当时的主流观点正好背道而驰。

　　在当时的主流观点看来，如果把高的植株和高的植株进行杂交，那么所培育出来的还是高的植株；如果把矮的植株和矮的植株进行杂交，那么所培育出来的也是矮的植株。然而，当孟德尔把高的植株与矮的植株进行杂交，并且把它们进行杂交之后的种子培育出来时，他并没有得到全部为中等高度的植株，也没有同时得到一些高的植株和一些矮的植株。相反，他最后得到的全部都是高的植株。孟德尔对这个意外的结果感到有些惊奇。他继续培育这些高的植株的种子。结果，这些种子所培育出了植株既有高的植株也有矮的植株，两者之间的比率是 3∶1。为了对这一结果进行检验，孟德尔重复进行了这个实验。结果，他得到了相同的答案。那么，这到底是怎么回事呢？

> **豌豆的 7 个性状**
> 　种子表面光滑（皱缩）
> 　种子胚乳颜色黄色（绿色）
> 　种皮颜色灰色（白色）
> 　成熟豆类外形饱满（收缩）
> 　未成熟豆类颜色绿色（黄色）
> 　花朵位于茎干的轴心（末端）
> 　茎干高（矮）

　　根据孟德尔的推断，每一棵植株必然存在着控制其生长高度的两种完全不同的遗传因素，而且其中一种遗传因素来自于上一代雄性植株，而另外一种遗传因素则来自于上一代雌性植株。当他对一棵高的植株和一棵矮的植株进行杂交时，实际上存在着由这两种遗传因素组成的 4 种结合方式，即：高与高、矮与矮、高与矮以及矮与高。由于在 4 棵后代植株中有 3 棵植株是高的植株，因此他进一步推断：高的遗传因素必然是显性的，而矮的遗传因素则是隐性的。

　　在对其他 6 种遗传特征进行实验之后，孟德尔得到了相同的比率。于是，孟德尔得出了如下的结论：每一种遗传特征必然可以通过另外两种遗传因素进行呈现。此外，一个精子或者卵细胞都含有一个遗传因素。也就是说，它所含有的要么是高的遗传因素，要么是矮的遗传因素，但不会出现两者同时存在的情况。最后，他还认识到：遗传因素并不是通过成套的方式进行遗传的。比如，植株的高度和种子的形状并不一定会同时遗传给下一代。实际上，微生物的每一个细胞都是它们上一代的遗传因素进行随机组合的结果。

孟德尔写道："杂交品种除了能够培育出具有父母双方特征的后代之外，还能够培育出与它们自身特征相似的后代，从而使这个引人注目的现象得到了解释。"比如，"矮与高"类型的杂交会培育出"高与矮"类型的后代植株。或者用孟德尔自己的话说就是："在这两种遗传特征中，哪一种属于花粉以及哪一种属于生发细胞，对于受精的结果来说并没有什么区别。"

1866年，孟德尔把他的研究结果公开发表在布隆自然科学学会所创办的期刊上。尽管这篇论文现在被认为是实验设计和实验报告的典范，而且在概率论以及统计分析的应用上也独具匠心，但是这篇研究报告在当时及后来的几十年内几乎没有得到任何植物学家和生物学家的重视，更不用说学术引用了。孟德尔把一份这篇论文寄给达尔文，同样没有任何证据迹象表明达尔文曾经阅读过这篇文章。除此之外，孟德尔再也没有写出任何关于他的科学研究成果的论文。后来，孟德尔当选了他所在的男修道院的院长。此后，他一直担任这个职务，一直到他于1884年去世。

1900年，某个机缘巧合的事件最终促成了孟德尔研究

1876 ～ 1916 年

1876 年
德国胚胎学家奥斯卡·赫特维希和赫尔曼·佛尔证明，受精卵同时拥有雄性和雌性的细胞核。

1882 年
德国解剖学家瓦尔特·弗莱明观测到了细胞分裂，并把这个过程现象称为"有丝分裂"。

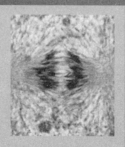

1892 年
俄罗斯微生物学家德米特里·伊凡诺夫斯基发现，存在着某种比细菌更小的、与疾病的形成有关的生物体。他是最早提出病毒概念的人。

成果重新回到了主流科学的研究范围。实际上,在不久之后,孟德尔的研究成果甚至对主流科学的界线进行了重新界定。

3 位独立进行研究的科学家得出了相同的研究报告,即他们同时发现了遗传的过程。这 3 位科学家都宣称,他们在研究工作的最后阶段找到了一位名不见经传的僧侣的研究成果。然而,令所有研究者为之惊奇的是,这位不知名的僧侣不但早已找到了关于遗传现象的基本规律和法则,而且超越了他们所得出的任何研究成果。

正如遗传学家丹尼尔·L.哈尔特和维特茨拉夫·奥雷尔在 1992 年发表的一篇论文中所说的那样,虽然孟德尔实际上是以一名杂交工作者的身份进行他的研究工作,但是却有非凡的洞察力,因为他早已知道:"遗传特征是由那些成对存在的细胞因素所决定的……遗传特征还会经历种种分离和独立的归类,但是却在前后相继的遗传传递中保持其原来的面貌。"

当研究人员重新发现了孟德尔的研究成果时,人们开始讨论这些研究成果究竟会对他们的研究工作产生多大的影响。好在这些科学家把所有的荣誉都加在了孟德尔的身上。在开始的时候,处于萌芽发展阶段的遗传学研究被称为"孟德尔遗传学说",而孟德尔关于杂交品种形成和发育,以及关于遗传因素传递过程的理论则被称为"孟德尔遗传定律"。孟德尔首创的"显性"和"隐性"这两个专业术语也成为遗传学中的通用词汇。如今,这两个术语仍然是这一领域中非常关键

细胞吞噬者

抗生素是一种能够感染细菌的滤过性微生物。发现于 20 世纪 40 年代的抗生素在当时被认为是治疗霍乱和黑死病等疾病的新希望,然而,多次的实验都以失败告终。随着抗生素的出现,人们放弃了对抗生素的实验研究。如今,人们已经恢复了对这种滤过性微生物的科学研究,尤其是耐药性细菌于 20 世纪 90 年代出现之后。

1902 年	1905 年	1911 年	1916 年
美国基因学家沃尔特·萨顿声称,成对的染色体本身可能就是遗传信息的载体。	美国动物学家克拉伦斯·麦克朗证明,雌性哺乳动物有两个 X 染色体,而雄性哺乳动物有一个 X 染色体和一个 Y 染色体。	美国基因学家托马斯·摩根指出,孟德尔法则中的遗传因素,即由孟德尔本人所提出的遗传信息激活元素,分布在染色体的一条链线上。	加拿大微生物学家菲立克斯·德哈瑞利发现了抗生素。

疫苗研究

1946 年 2 月，科学家在位于伦敦的一间实验室里把流感病毒注射到一只被注射了镇静剂的白鼬身上。他们这样做的目的是找到能够杀死这种足以致命的病毒的方法（1918 ~ 1919 年爆发的流感曾经夺走了全球大约 2500 万人的生命）。

的学术语言。

在孟德尔的研究成果得到了充分肯定之后不久，研究人员开始意识到被称为染色体、能够同细胞分裂一样纵向形成和分裂的丝线状物体的重要性——在一个世纪以前，人们通过显微镜发现了这些物质。然而，对于这种物质，人们只得出了某些原则性的结论。幸亏有了孟德尔及其追随者的努力，科学家们总算知道这些物质的功能就是携带遗传因素（遗传因素是由孟德尔提出的），而其中关于生命形成信息的部分后来被称为"基因"。

奇异的新物质

早在 19 世纪 80 年代，人们就已经知道某些细菌会导致相应的疾病。然而，诸如天花和流行性感冒之类的疾病仍然遗留了下来，而且没有人能够找到引发这些疾病的病原体。这些无法被科学所破解的疾病也会对许多植物构成危害。尤其值得一提的是，这种未知的病原体能够在烟草植物中传播疾病。1898 年，荷兰植物学家马尔丁乌斯·贝叶林克发现，从那些因疾病而外形受损的烟草植物体中抽取的汁液，能够把同样的疾病传染给其他烟草植物。有些研究者认为这种汁液中必然存在着某种毒素，但是即使被高度稀释之后，这种汁液仍然能够继续传染疾病。因此，人们得出的结论是：某种微生物必然是这种现象的始作俑者。

无论这种病原体是什么，它似乎已经向科学研究提出了挑战。既然它能够非常轻易地穿越专门用于捕捉细菌的陶瓷过滤器的小孔，那么它必然比任何细菌都要细小。事实上，即使用当时最先进的显微镜进行观测，人们仍然无法看到这种小东西。此外，人们既无法用酒精把它杀死，也无法在一个人造的媒介物中生成这种物质。贝叶林克把其称为"具有传染性的活的流质"，并把它定位为病毒。

在接下来的几十年里，各种用于分离和提取这种病毒的方法只是增加了这种病毒的神秘性——即便是这些病毒中体型最大的个体也无法在显微镜下现出原形。既然每一个已知的生物体和每一个已知的细胞体都包含基因物质的分子，并能够进行呼吸和新陈代谢，那么病毒怎么可能是生命有机体的一种呢？病毒是否只是一种活体化学分子呢？

1932 年，美国生物化学家温德尔·斯坦利发现，高浓度的烟草病毒培养物处理液能够产生包含蛋白质和核酸等化学物质的晶体凝结物（温德尔·斯坦利因此获得了诺贝尔化学奖）。此外，斯坦利还发现，即使这些结晶体被分解或者重组，病毒依然具备感染的能力。

在斯坦利进行这项实验研究之后不久，有一个现象更加突显了出来：虽然这些病毒包含生命的化学属性，但是它们只是寄生虫的精粹。如果没有一个宿主细胞为它们提供寄居的场所，并允许它们肆意劫掠细胞内的物质，从而为它们提供用于新陈代谢、储存能量以及繁殖后代的养料，那么

詹姆斯·沃森

DNA 双螺旋结构的发现者之一

1928 年
4 月 6 日，诞生于美国伊利诺伊州的芝加哥。

1943 年
在 15 岁的时候，他被芝加哥大学录取，并获得了奖学金。

1947 年
获得动物学专业的理学学士学位。

1950 年
获得了美国印第安纳大学的动物学博士学位，并递交了一篇关于抗生素 X 射线效应的论文。

1950 年
在哥本哈根进行为期一年的博士后研究，并成为国家研究委员会的梅尔克成员。

1951 年
在英国剑桥大学的卡文迪什实验室与弗朗西斯·克里克一起研究 DNA 结构。

1953 年
与克里克一起公开发表了《核酸的分子结构》，并公开宣布了与 DNA 结构和功能有关的研究成果。

1961 年
担任哈佛大学的生物学教授。

1962 年
与弗朗西斯·克里克和莫里斯·威尔金斯一起获得了这一年的诺贝尔生理学或医学奖。

1968 年
公开发表了他发现 DNA 的过程，并把 DNA 结构称为"双螺旋"。

1988 年
成为由美国国家健康研究所启动的人类基因组计划的副主任。

1989 年
成为人类基因组计划的主任。

界和域

"Kings play chess on fairly green spaces"，这个句子或者其他与之类似的语句至少已经流传了100多年。它是学生们用来记忆由林奈乌斯于18世纪提出的活体有机物分类层级时所采用的辅助记忆方法：上面这个句子中的第1个英文字母与林奈乌斯的"kingdom、phylum、class、order、family、genus、species"（界、门、纲、目、科、属和种）分类顺序完全一致。在过去的3个多世纪中，这个分类系统不断地得到完善。此外，数以千计的新物种的发现，证明了林奈乌斯的卓越能力。

在显微镜发明之前，人们按照生物体的体积、体色、爪子类型、脚趾数量或者眼睛的形状等来为生物体进行分类。虽然这些标准并不是一种随意性的标准，但是仍然受到与生物体有关的观测信息的限制。此外，进行比较的特征越多，精确度就会越高。鸟类和蝙蝠都有一对翅膀，但这并不意味着它们属于同一个物种。

这听起来似乎有些老生常谈，但是对具体分类位置的争论也同样发生在这种分类的更高层级上。实际上，在过去的50多年里，最大的变动就发

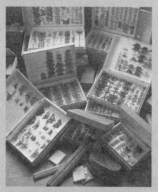

鳞翅类学者经常把他们的标本固定起来，以便对物种的身份进行更好识别和分类。

生在这个分类层级的顶层。首先，科学家对整个细胞进行考察。然后，他们对生命体的分子结构进行研究。在此之后，界的数量从两个（即动物和植物）增加到了5个。

按照林奈乌斯原来的设想，分类学应该以生物体之间关系的亲疏远近为基础。然而，随着细胞理论的不断发展，人们越来越清楚地认识到：虽然人体和其他动物的细胞都有细胞核，但是另外一种动物族群——细菌的细胞并没有细胞核。细菌既不属于植物，也不属于动物。因此，它们有了属于自己的界，即原核生物界。

不久之后，真菌类也从植物界中独立了出来。此外，单细胞生物体也有了一个属于自己的界。由此，这一分类法便拥有了5个界，即：动物界、植物界、原核界、原生界和真菌界。病毒被单独列了出来，因为人们还不知道病毒是否是生物体。

在此之后，DNA的分子研究对一种不同形式的分类法进行了证明。分类学家把物种从一个属转移到了另外一个属，并对那些曾经被称为"品种"的物种进行了增删。后来，伊利诺伊州立大学的卡尔·沃斯发现，与细菌一样，位于原核生物界中的古菌门生物在基因特征上存在着与人类基因不同的特点。因此，界的范围得到了扩展，从而更加精确地反映了进化意义上的物种起源。真核域包括了所有的有核细胞，并把植物界、动物界、真菌界和原生界等都涵盖了进来。此外，新的原核生物界把细菌和蓝绿藻也吸纳进来。分子分类学家把原来的古菌门从原核生物界中抽出来，从而单独成为一个域，进而使域的数量增加到3个，即真核域、细菌域和古菌域。

这些病毒就会丧失所有的活动能力。这些病毒在渗透和进入细胞体方面拥有令人惊叹的、既精炼又老道的策略。一旦它们进入了一个活体细胞，就能够以极快的速度进行繁殖，并制造出新一代的病毒微粒（即病毒粒子）。其实，这些病毒粒子就是和它们一模一样的复制体。与此同时，这些病毒粒子也会加入这些病毒的行列，从而对其他细胞进行侵袭和感染。

幸运的是，多数病毒并不会导致疾病。此外，接触病毒的人能够通过增强与这种病毒有关的免疫力，将病毒及其诱发的疾病都拒之门外。在1000多年以前，中国人早就认识到了这一点，并把这个知识应用于实践。他们的做法是：从已经感染天花的病人的皮肤上提取一些分泌物，然后制成一种药粉，并以这种药粉来控制和预防天花的大规模爆发。尚未被感染的人把这些粉末吸入体内，从而获得对天花病毒的免疫力。如今，人们通过同样的手段接种诸如腮腺炎和麻疹之类病毒的疫苗。当疾病侵入人体之后，免疫系统就会对这种病毒进行识别，进而制造出专门用于抵制它们的抗体。

不幸的是，诸如感冒和流感之类的病毒会发生变异，而且它们进化的速度非常快。因此，某种流感病毒的疫苗并不能有效地抵抗另外一种新的病毒。抗生素可以杀死病菌，但是病毒的情况却不一样。一旦病毒进入了人体的细胞，我们将无法通过抗生素杀死这些病毒，除非把这些病毒所在的宿主细胞一起杀死。这就是我们虽然已经确认了能够导致艾滋病的病毒，但是研究人员仍然无法研制出治愈艾滋病的药物的原因。实际上，艾滋病病毒能够杀死免疫系统中的细胞。因此，对新感染的病毒进行抑制的抗体，甚至是那些非常轻易治愈的感染，都可能成为致命的因素。

如今，我们已经了解了很多与病毒有关的知识。然而，对它们发生进化的原因依然一无所知。只是猜想既然它们的存在依赖于对宿主细胞的功能和组织进行接管，那么它们就应该是从细胞进化而来的，而不是别的途径。

然而，没有基因物质的病原体的存在无论如何都是不可

> 病毒十分微小，较大的细菌可以长达1/10毫米，病毒通常只有细菌大小的千分之一。病毒不能像细菌那样产生能量，或者通过自身的力量繁殖，它必须进入一个细胞，疯狂地"工作"：病毒进入细胞后的一个半小时之内，细胞中就会产生200个新病毒侵入其他细胞。

能的。20世纪80年代，美国神经学家斯坦利·B.普鲁西纳发现了一种完全符合这种特征的病原体。普鲁西纳把这种病原体确认为一种类蛋白质的感染粒子，简称"Prion蛋白"。

Prion蛋白的发现与被称为"痒病"的绵羊神经症状以及被称为"疯牛病"的牛类疾病有关。此外，它似乎是大脑中唯一具有古怪形式的正常蛋白质，也就是说，它是一种能够提供营养物质的既复杂又具有较大体积的分子。然而，某种发生变异的蛋白质将会莫名其妙地把位于这种蛋白质附近的正常蛋白质变成变异的蛋白质，并且数量会不断增长。在此过程中，布满这种蛋白质的神经细胞或者大脑细胞将会相继死亡。这些细胞死亡之后，大脑中将布满了空洞，看上去就像一块海绵。

由Prion蛋白导致的疾病通常是最难以医治的病症。这些病症包括在人体上发作的克雅氏病、吉斯特曼－施特劳斯综合征、致死性家族失眠症和苦鲁病，前面提到过的痒病、牛绵状脑病，以及长耳鹿和麋鹿的慢性消耗性疾病。

如今，我们已经了解了许多与Prion蛋白直接导致的疾病有关的知识。然而，在Prion蛋白的形成和存续这两种根本性的问题面前，我们依然一筹莫展。

生命的呼吸

1779年，出生在荷兰的英国医学家杨·因根豪茨发表了一篇有一个令人难以置信的题目的论文，即《对蔬菜进行实验，从而揭示它们对阳光下空气进行净化以及对隐蔽处和黑夜中空气进行破坏的神奇力量——对大气中有益于健康的成分进行精确测量的最新方法》。

在进行了一系列的实验之后，因根豪茨观测到：暴露于阳光下或者种植于水中的植物会释放出气体。同时，他发现植物必须在有光、二氧化碳和水的环境中才能存活；此外，植物会释放氧气，用他当时的话说就是释放出无燃素气体。与此同时，因根豪茨也开始对光合作用的过程进行观测。

细胞的呼吸作用

细胞的呼吸作用是生物体用以分解食物分子从而获得能量的过程。细胞的呼吸具有两种类型：一是有氧呼吸，即在存在氧气的情况下发生的呼吸作用；二是无氧呼吸，即在没有氧气的条件下发生的呼吸作用。

因根豪茨指出："植物具有净化空气的能力。"此外，他还引用了约瑟夫·普利斯特里的早期发现：关在封闭容器中的老鼠在蜡烛点燃之后不久就会死亡；然而，如果把一盆植物放入这个封闭的容器，老鼠就能够存活下来。

既然植物能够释放出无燃素气体（即氧气），而且动物只有在存在这种气体的环境中才能存活，由此因根豪茨得出了如下的结论：人类生活于其中的大气也同样受益于地球上植物生命所释放出来的气体。这是一个非常伟大的发现，它在科学发展史

绿色世界

　　大约350万年前，当光合作用开始形成的时候，我们所知的生命形态拉开了序幕。在拥有太阳光、二氧化碳和水的环境中，绿色植物能够生产出全世界的动物维持生存所需的碳水化合物。

上占有举足轻重的地位。然而，在2个多世纪之后，人们才逐渐理解到：性质上类似于镜子的两个面的两个基本化学反应不仅对生物体的生存，而且对地球大气的产生和维持都发挥了非常重要的作用。

在光合作用过程中，植物从阳光中获得能量，从而通过这种能量把水和二氧化碳结合在一起，进而制造出碳水化合物（糖类和淀粉）和氧气。此后，动物摄入了这些碳水化合物和氧气，进而把它们转化为二氧化碳和能量。到了19世纪末期，科学家证实这些过程同样发生于生物体细胞内部。然而，直到20世纪科学家掌握了细胞惊人的生物化学功能为止，他们在研究中并没有获得实质性的突破。

20世纪40年代，英国生物化学家罗伯特·希尔发现，在光合作用的过程中，氧气是由植物细胞中的绿色微粒制造出来的。这些微粒被称为叶绿体。从细胞中提取的叶绿体仍

然能够吸收阳光，从而完成光合作用的过程。化学反应所需的氧气来自于被分解的水分子。随后，美国生物化学家梅尔温·卡尔文对植物细胞中碳原子合成碳水化合物的途径进行了研究。20世纪80年代，人们最终发现了这个过程，即太阳的光子激活了光合作用所需分子，从而使这些分子之间的电子交换得以顺利进行。

与此同时，人们很难透彻地了解动物细胞中的能量产物。19世纪，法国生理学家克劳德·伯尔纳证明身体能够储存糖类物质，方法就是把这些糖类物质转化为肝糖（即肝脏中的一种碳水化合物）。然而，一直到了1939年，捷克裔美国人、生物化学家卡尔·科里和盖蒂·科里才最终证明细胞如何对肝糖进行分解，从而为细胞活动提供所需能量。几年之后，德裔美国人弗里茨·阿尔伯特·李普曼进一步证明：被称为"三磷腺苷"的磷酸盐分子摄取了由食物分子分解所产生的能量，并把其输送到了细胞的其他部分。出生于德国的生物化学家汉斯·克雷布斯终于弄清了这个既复杂又先进的循环过程：柠檬酸被用于新陈代谢，从而产生了细胞所需的能量，同时释放出二氧化碳和水。

环境的影响与作用

俄罗斯农业科学家特罗菲姆·李森科认为，环境因素能够独立地改变遗传特征。但20世纪30年代，这种理论却在科学家那里失宠了。

到了20世纪末期，分子生物学家已经找到了一个令人信服的例子：在17.5亿年前，地球上的生命只包含两种类型的细胞，即没有细胞核的原核生物和缺少一个细胞核的古菌。在20世纪70年代，美国生物学家卡尔·沃斯对这两种细胞形式进行了区分。后来，古菌被氧气杀死，许多被杀死的古菌形成了甲烷（沼气）。当时，古菌在地球上最为极端的环境中生存，比如含盐度极高的水、深海泥以及温度接近沸点的其他水源。同时，沃斯也发现，虽然这些微生物与细菌有所不同，但是它们的基因物质与高级植物的基因物质非常相近。这两种细胞可以通过自身的特征促进第 3 种类型的细胞——真核细胞的形成。真核细胞是一种拥有细胞核的细胞，植物和人类的细胞都属于真核细胞。

对生命进行解密

正如人们通过显微镜发现了细胞一样，20 世纪的新技术也促使人们发现和掌握了与细胞内部复杂结构有关的知识。

1912 年，英国物理学家威廉·布拉格和劳伦斯·布拉格父子获得了新的发现：当他们从水晶体提取 X 射线的时候，X 射线光束被水晶的原子所散射，从而形成了能够反映水晶内部分子三位排列的图像。同时，他们也发现了后来为人们所熟知的"X 射线结晶学"。

与此同时，细胞科学家开始对细胞内单个分子的结构进行考察。分子的结构能够提供与分子的功能有关的线索。在了解了这种情况之后，科学家认识到这一知识对理解和掌握细胞的运作方式发挥了非常重要的作用。比如，人们发现了蛋白质如同长链一样的结构，它们与氨基酸分子联结在一起，从而曲卷成了多种复杂的形状。

虽然生物化学家已经开始对细胞复杂的化学属性进行研究，但是这些布满分子的包膜如何顺利地把自身以及生物体完整的遗传特征传递给下一代的，依然是一个谜。实际上，除了格里哥·孟德尔在 19 世纪 60 年代提出的简单遗传知识之外，没有多少人对遗传学有更为深入的了解。更为精良的显微镜的发明为更加细致的科学观测提供了可能，并在发现"染色体"的遗传功能上扮演了非常关键的角色。在显微镜之下，我们可以清楚地观测到这些染色体在细胞分裂期间经历了自我拉伸、自我复制以及发生分裂的过程。

孟德尔早就认识到必然存在着两种遗传因素与他所研究的每一种遗传特征之间存在关联。然而，他的实验只关注了一小部分遗传特征，其实生命有机物具有数不胜数的遗传特

染色体

染色体是细胞核内由核蛋白组成、能用碱性染料染色、有结构的线状体，是基因的载体。1879 年，德国生物学家弗莱明通过实验发现了这一物体，1888 年，该物体被正式命名为染色体。

征。那么，染色体是否就是这些遗传特征的答案呢？许多科学家对此抱有怀疑的态度，并继续寻找关于遗传特征的其他解释。

俄罗斯农业科学家罗菲姆·李森科把马克思主义和拉马克学说结合在一起，并且公开宣称：包括营养物质在内的环境因素是改变遗传特征的原因。20世纪30年代，李森科的理论成为当时苏联官方的基因理论。因此，对这种"科学"理论提出的任何质疑都将导致非常危险的后果。比如，对李森科的学说提出质疑，并提出了与之背道而驰理论的俄罗斯基因学家尼古拉·瓦维洛夫最后惨死在一座监狱中。到了第二次世界大战期间，科学因极端国家主义而遭受磨难。第二次世界大战期间，许多科学家因纳粹分子的迫害而被迫逃离了德国，并在德国纳粹占领的地区继续他们的逃亡生涯，以避免遭受纳粹分子的迫害。

美国生物学家托马斯·亨特·摩尔根也因为同样的原因而身陷囹圄。在对果蝇进行了细致的研究之后，摩尔根发现果蝇只有4个染色体。与此同时，他也提出了这样一个疑问：如此简单的结构怎么可能携带众多的遗传信息呢？最后，他得出了如下的结论：如果遗传特征是由在复制期间进行重新组合的染色体的各个组成部分所携带的，那么这个不寻常的过程还是有可能完成的，而染色体的这些组成部分就是我们现在所知道的基因。这个结论在揭开生物遗传的神秘面纱上迈出了非常重要的一步，但却依然没有彻底解决这个难题。然而，这些组成部分（虽然比我们所知道的染色体数量要多，但是相对而言还是一个较小的数量）如何能够承载它们所直接决定的众多遗传特征的信息呢？

1929年，俄罗斯裔美国人、化学家费伯斯·莱文尼发现，细胞核中的酸性物质含有两种不同类型的糖类成分。其中一种是核糖，它以核糖核酸（简称RNA）的形式存在，另外一种是去氧核糖（脱氧核糖），它以脱氧核糖核酸（简称DNA)的形式存在。染色体是由DNA和各种蛋白质组成的。

> DNA的数量如此之多，几乎每一个细胞核内部都有近2米长的DNA。而每个单位长度的DNA约包括32亿个密码字母，其所能产生的组合数字如果影印成册，则相当于5000册普通大小的书。有统计显示，人体内DNA总长度达2000万千米。

它们是否就是携带基因遗传信息的物质呢？由 20 种氨基酸组成的蛋白质具有与 DNA 完全不同的结构，原因在于 DNA 只有 4 种基本的"化学材料"，即胞核嘧啶（或者氧氨嘧啶）、鸟嘌呤、胸腺嘧啶和腺嘌呤。1944 年，在研究人员所进行的实验中，蛋白质和 DNA 分子被贴上了放射性同位素的"标签"，从而受到了跟踪考察。在观测到许多病毒粒子（这些病毒粒子没有属于它们自己的 DNA 物质）选取了大量的基因物质作为它们传播的物质基础之后，奥斯瓦尔德·T. 艾弗里、科林·马克聊德和马克林·马克卡提得出了如下的结论：携带细胞遗传基因信息的真正载体是 DNA 物质。虽然这个结论并没有回答遗传信息如何被加载到 DNA 分子之中的问题，但是它向科学家们表明，对生物体所开展的研究不仅涉及生物学和化学，而且还要涉及物理学。

把这个学科称为"生物物理学"的人就是威尼斯物理学家埃尔温·薛定谔。1933 年，薛定谔因反对和抵制纳粹的政策而逃离德国。"薛定谔断言，从分子和原子结构的角度对生命有机体进行思考和研究的时代已经到来，"《罗萨琳·富兰克林：DNA 研究的灰姑娘》一书的作者布伦达·马多克斯如此写道，"在生命体和非生命体之间并没有明显的界线。它们都遵循相同的物理和化学的定律与法则。"

科学家认为，DNA 能够携带如此巨大信息的原因必然存在于它们内部结构的更深层次。然而，与 DNA 的运作方式有关的问题在 9 年之后才得到了解答。

第二次世界大战以后，对 DNA 的结构开展研究成为世界范围内许多研究小组的研究热点。在美国，蛋白质分子螺旋形状的发现者莱纳斯·鲍林开始与加州理工学院的同事一起对这个课题开展研究。在英国，物理学家弗朗西斯·克

双螺旋结构

DNA 螺旋的华丽结构由通过化学原子对连接起来的糖酸长链组成。它携带了组成含有生物体遗传密码的蛋白质时所需要的信息。

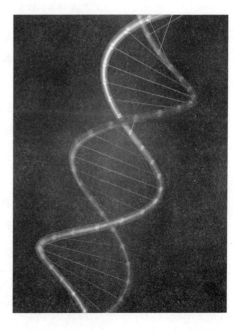

罗萨琳·富兰克林

在伦敦伯克贝克学院的晶体学实验室中，罗萨琳·富兰克林对烟草花叶病毒的分子结构进行了细致的研究。她发现，这种病毒细胞中的核糖核酸是一条单链，而不是在其他生物体细胞核中发现的双螺旋结构。

里克与美国分子生物学家詹姆斯·沃森为了揭开这个问题的谜底并肩作战。与此同时，生物物理学家莫里斯·威尔金斯与来自伦敦国王学院的分子生物学家罗萨琳·富兰克林，也从 X 射线晶体学的角度对 DNA 进行细致的研究与考察。

罗萨琳·富兰克林的研究图像非常具有启发性。在很早以前，她已经开始通过使 X 射线的光束变窄而获得效果更好的成像。20 世纪 20 年代，在当时的晶体学研究中处于领军地位的 J.S. 伯纳尔认为，罗萨琳·富兰克林的 DNA 图像将会是"所有物质中最美丽动人的 X 射线照片"。她的照片对这种物质可疑部分的结构进行了放大，在那里，DNA 看上去似乎是一层层不断重复的螺旋体结构，就像一堆硬币叠放在一起所形成的弯曲形状一样，而且其横向宽度是固定不变的。1938 年，晶体学家威廉·阿斯特伯里发现了这个位于基础层之间的、具有相同空间的结构体。但是，他认为遗传基因物质是蛋白质而不是核酸。1950 年，专门研究 DNA 四种基本元素的分布状况的生物化学家埃尔温·查伽夫得出了最后的结论：每一个生命细胞都含有数量完全相同的胸腺嘧啶（T）和腺嘌呤（A）碱基对，以及数量完全相同的鸟嘌呤（G）和胞核嘧啶（C）碱基对。

在自己的研究和观测结果的基础上，同时参考了阿斯特伯里的研究结果，沃森和克里克断定：胸腺嘧啶（T）总是和腺嘌呤（A）连接在一起，而鸟嘌呤（G）则总是和胞核嘧啶（C）连接在一起，这种组合方式正是复杂的 DNA 分子在细胞发生分裂进行自我复制的过程中很少出错的原因。在自我复制的过程中，DNA 长链会对称地分解成两个相等的部分，每一个碱基对都被分离了出来。此后，在形成一个新分子的过程中，某个碱基只会与其对应的补足物结合在一起，即胸腺嘧啶（T）和腺嘌呤（A）以及鸟嘌呤（G）和胞核嘧啶（C）。这些结合到一起的碱基对便形成了一个新的DNA分子。

接下来要做的事情就是对这些与糖类物质和核酸物质混合在一起的碱基对进行概念化。然而，沃森和克里克似乎陷入了束手无策的境地。在重新回到他的双螺旋结构理论之后，身处加利福尼亚的鲍林似乎要切入正题了。在英国一间距离克里克和沃森的实验室并不太远的实验室中，罗萨琳·富兰克林在她越来越清晰的衍射图像中已经观测到了DNA的结构。克里克和沃森曾经与罗萨琳·富兰克林进行过探讨，但是他们之间无法形成相互协作的关系。而个性上的冲突使罗萨琳·富兰克林和莫里斯·威尔金斯之间的关系也越来越疏远。因此，她的主要研究工作是她独立完成的。

尽管这个故事有许多不同的版本，但是威尔金斯在某个时候确实为克里克和沃森提供了罗萨琳·富兰克林衍射图像的复印件。克里克、沃森和威尔金斯认识到分子的形状是一种螺旋状的结构时，罗萨琳·富兰克林早已认识到了这一点。此后，DNA的具体模型越来越清晰：DNA由两根螺旋状的糖酸物质长链组成；这两根长链以螺旋状长梯的形式盘旋在一起，而且

罗萨琳·富兰克林

X射线晶体学的先驱

1920年
7月25日，诞生在英国的伦敦。

1938年
被剑桥大学纽纳姆学院的自然科学专业录取。

1941年
顺利毕业，继续留在剑桥大学，在罗纳德·诺里斯的指导下专门研究气相色谱法。

1942年
受不列颠煤炭利用协会的委托，专门研究煤炭的物理和化学结构特性。

1945年
获得了剑桥大学的物理化学博士学位，研究方向是碳和石墨的显微结构。

1947年
开始在巴黎国家化学实验室研究X射线晶体学。

1951年
进入伦敦国王学院生物物理实验室，与莫里斯·威尔金斯开展合作。

1952年
通过运用X射线晶体学的方法，顺利捕捉到了"51号X射线衍射照片"，完美地显示了DNA分子的螺旋状结构。

1953年
开始在伦敦伯克贝克学院的晶体学实验室进行实验研究，并开始研究烟草花叶病毒的分子结构。

1958年
4月16日，因卵巢癌在伦敦去世。

1962年
詹姆斯·沃森、弗朗西斯·克里克和莫里斯·威尔金斯共同获得诺贝尔奖，获奖原因是他们对于DNA结构和功能的伟大发现，他们的研究成果得益于罗萨琳·富兰克林的51号X射线衍射照片。

这个长梯上的每一个横梯都由相互配对的碱基组成。1962 年，克里克、沃森和威尔金斯因这一研究成果而共同获得诺贝尔生理学或医学奖。然而，这三个人都没有公开承认罗萨琳·富兰克林为这个成果做出的贡献。而当时，罗萨琳·富兰克林已因患卵巢癌不幸去世，年仅 37 岁。

新的 DNA 模型澄清了这样一件事情：分子中的每个基因都携带着把细胞中不同的氨基酸组建成某种蛋白质所需要的指令信息。然而，那些在细胞液或者细胞质中的氨基酸并不在 DNA 所在的细胞核中。美国生物学家马龙·霍格兰和保罗·伯格发现，细胞质中的 RNA 链专门用于捕捉氨基酸。这些 RNA 短链的不同序列（即转运 RNA，简称 tRNA，亦称受体 RNA）决定了不同蛋白质的合成模式。它们从"分子信使"（信使 RNA，简称 mRNA）那里接收到了"解读"DNA 的信息。当 tRNA 链与 mRNA 联结到一起的时候，它们就能判断出应该选取哪一种氨基酸物质来形成对应的蛋白质。一旦这些基因指令信息嵌入到蛋白质中，基因密码和生物体的遗传特性就会最终得以设置。

深度和极限

当卡尔·沃斯得出古菌生物属于生物体的结论时，没有人认识到这些古菌究竟有什么不同之处，也没有人知道这些生物究竟存在着多少种不同的种类，以及它们生存在什么地方。这些生物没有细胞核，它们能够在温度超过 100℃ 的深

1935 ～ 1996 年

1935 年	1937 年	1937 年	1967 年
美国生物化学家温德尔·斯坦利成功地获得了病毒的结晶体。	乌克兰裔美国人、基因遗传学家西奥多修斯·杜布赞斯基（1900 ～ 1975 年）在《基因遗传学和物种起源》一书中把进化论和基因变异联系到了一起。	德国出生的英国生物化学家汉斯·阿道夫·克雷布斯发现了对细胞呼吸发挥重要作用的柠檬酸循环（又称三羟酸循环）。这种柠檬酸循环后来被命名为克雷布斯循环。	英国生物学家约翰·戈尔登运用核移植技术，成功地克隆了一只爪蛙，从而使其成为第 1 种被成功克隆的脊椎动物。

海裂谷、含盐量极高的死海、美国黄石国家公园的温泉、奶牛和白蚁的内脏，甚至地球内部离地面大约 3 千米的地方等恶劣环境中生存。有些古菌生物已经在这些地方生存了 10 亿年。它们生存于温度高达 75℃ 的环境中，而且只能以水、氢气和二氧化碳为生。考虑到其恶劣的生存环境，最近发现的这类生物有机体被冠以"地狱细菌"的名称。康奈尔大学的托马斯·戈尔德所得出的计算结果是，地下所有微生物的质量总和相当于地表所有生物体的质量总和。

深海潜水

为了进行深海探索，人们需要发明出能够承受深海寒冷和高压环境的潜水装置。由威廉姆斯·毕比和工程师奥狄斯·巴顿共同发明的"深海潜水球"正是这种装置。

人们对新物种的探索之旅从未停止。2002 年，遗传基因学家 J. 克雷格·文特启动了一项对海洋物种进行探索的计划。文特从新斯科舍启程。他驾驶着安装有特殊装备的轮船向大西洋的马尾藻海进发。在航行途中，他每隔 300 千米提取 200 升的海水样品。文特发现，每毫升海水中大约含有 100 万个细菌和 1000 万个病毒。在历时 3 年的航行中，他所获得的基因总数比当时科学界所知道的基因总数要多一倍。海洋中挤满了各种各样的生物，而且许多生物是人类从未见过的。此后，文特运用类似的手段对大气进行采样研究。

在此期间，科学家继续寻找那些躲藏在海底甚至更深处

1974 年
被命名为"露西"的原始人类祖先化石在非洲被发现，这种化石提供了与人类起源有关的更多重要信息。

1977 年
以化学合成为基本生存方式的动物群体在加拉巴哥峡谷的海底火山口附近被发现。

1996 年
多莉羊在英国诞生，它是第 1 个由成年哺乳动物细胞克隆出来的生物体。

的新物种。2003 年，马萨诸塞州大学的微生物学家德雷克·洛维利发现了典型的古菌生物——121 号。121 号生活于海底大裂沟的热水喷口。它们的生存环境位于地表以下 4 千米处的中洋脊附近。这里是地球板块开始延伸的地方，从这里喷发的岩浆的温度超过 1000℃，而岩浆冷却后就凝结成海底的新外壳。

洛维利发现的微生物呈现出被他称为"一种全新形式的呼吸"的特性：这种微生物通过铁元素对食物进行消化，并通过这种元素制造生命所需的能量。此外，它们只能通过氧气进行呼吸。当温度达到 121℃ 的时候，这些微生物仍然可以逍遥自在的生活。然而，人们在此之前所知道的所有微生物都无法在这个温度下继续存活。因此，洛维利直接用这个温度为这种微生物命名。

这个温度之所以如此重要，还存在着其他几个方面的原因：第一，自路易斯·巴斯德那个时代以来，121℃ 一直是对外科手术设备进行消毒所必须达到的温度；第二，人们曾经热烈地讨论在类似于热水喷口的环境中是否存在着生命物种的起源形式，而另外一个争论则是在这一高温下，生物能否继续存活下去。

如果这种令人吃惊的"极端微生物"确实存在于地球之上，那么在其他星球上是否也可以找到这种生命形式的踪影呢？当我们越来越接近生命起源的最初形式时，对生命的定义也变得越来越宽泛。因此，在德雷克·洛维利看来，121 号只是"打开了一扇新的窗户。在这扇窗户里，生命能够在更加宽泛的环境中生存"。

那么，这些深海喷口是不是就是开启生命之源的钥匙呢？与地面的生态系统相比，人们对海洋微生物生命形式的了解非常匮乏。地面生态系统覆盖了地球表面 70% 的面积，而且其平均深度只有 4 千米。然而，中洋脊在地球上的伸展长度达到了 70000 千米。与此同时，太阳的能量只能穿透地表以下几千米的深度。由于海底沉积着低温的海水，因此深

深海潜水球

1930 年，威廉姆斯·毕比和奥狄斯·巴顿首次通过深海潜水球下潜到了大约 400 米的深度。由于在这个钢铁容器里进行探险的危险性极大，因此这个深海潜水球最终被一种更为安全的深海潜水球和中视镜所取代。

潜入大海深处

1974 年，进行深海考察的潜水艇"阿尔文"号首次进行潜海操作。它环游了各个大洋，其下潜深度为 4570 米。结果，这艘潜水艇首次发现了海底火山喷口和深海山脊。

海是一个极为寒冷的地方。在这里，任何想要生存下来的生物必须经受住绝对的黑暗以及比地面气压高出 1000 多倍的恶劣环境。

深海一直被认为是一个不适合生存的死亡区域。然而，1884 年，法国生物学家 A．瑟特却在 5180 米的海底发现了许多微生物。与海洋生命有关的更多证据是在英国轮船"挑战者"号进行航行期间发现的。1872 ～ 1876 年，在长达 68000 海里的航程中，船员们不断地采集生物样本。后来，人们根据这次探索旅行写出了长达 50 卷的科学报告。

人类对深海的探险开始于 1943 年。当时的美国动物学家威廉姆斯·毕比和工程师奥狄斯·巴顿通过深海潜水球下潜到 914 米的深度。当时的深海潜水球是一个圆球形钢铁容器，它通过一条钢缆与洋面的轮船进行连接。对这个带有缆绳的器具进行实际操作是非常困难和危险的。如果钢缆被切断，那么这个深海潜水球就会像发射出去的加农炮一样沉入海底。然而，作为一名勇敢的作家，毕比仔细地观察容器窗口之外的所有物体，并把这些物体都记录下来，从而实现了对他所观测到的海底生物进行的科学考察。

生于瑞士的比利时物理学家奥古斯特·皮卡德以毕生的时间和精力对他设计的热气球内部的气体原理进行专门的研究和探索。1953 年，他通过深海潜水球下潜到了海平面以下3050米的地方。深海潜水球是一种形状类似于现代潜水艇，但是体积较小的潜水容器。它以螺旋推进器作为动力源，并与一个装满液体的水面浮标相连。1960年，皮卡德以骄傲的眼神目睹了由他的儿子雅克设计的第2代深海潜水球的诞生，其下潜到了10670的地球最深处（即关岛附近的马里亚纳大海沟）。

法国和美国共同制造的"阿尔文"号潜水艇有7.6米长，它装备了更为先进的操作系统。1977年，这艘潜水艇搭载着两名地质学家下潜到了位于厄瓜多尔海岸线附近的加拉巴哥峡谷。在距离海平面2.4千米的地方，这两位地质学家发现了温泉，并在那里找到了一个汇集了许多神秘海洋生命形式的深海区域。虽然当时的科学家曾经预测在深海山脊处可能会找到一些地热孔，但是他们从未预料到在这些到处都是硫黄、温度高达300℃的环境中仍然可以找到生命形式：异乎寻常的蛤类、类似于螃蟹的动物、巨型的蚌类、2米长的巨型管虫、海葵以及体积更大的鱼类生物。

那么，这些生物是如何存活下来的呢？1981年，也就是首次发现这些生物聚集区的时候，"阿尔文"号搭载的地质学家之一约翰·科利斯指出，在没有太阳光的情况下，热能和已经溶解的氢化硫以及海底喷发的液体中含有的甲烷等物质，为各种生命形式提供了充足的能量。

如果科利斯的假设是成立的，那么这个海底生态系统就对新的生命适应理论进行了证明。根据这种新的理论，化学能量和化学合成取代了光能和光合

温泉

即使在寒冷的冬季，美国黄石国家公园的温泉仍然处于活跃期，这为能够经受住极限温度考验的细菌和古菌生物提供了特殊的生存环境。

作用。耐热微生物（比如 121 号）构成了这一新食物链的基础，它们所需的能量来源于高温海水硫化物的氧化产物，而它们最终为整个生态系统制造出生物所需的各种化合物。这些化学合成的微生物既不能成为生活于海底火山口的软体动物的食物，也不能与食物链中更高级的动物建立共生关系。

有些珊瑚虫能够以寄居在它们身体上的黄藻所提供的氧气和废弃物为生。与此同时，那些生活于热水喷口或者海底火山喷口的巨型管虫也可以和寄居在它们身上的微生物建立共生关系。

如果没有那些位于它们的腮部、有刚毛而且血色素旺盛的红色丝线状微生物帮助吸收附近水域的氧气、二氧化碳和硫化氢，那么这些没有嘴巴、胃部和肠的巨型管虫就要忍饥挨饿了。巨型管虫的心脏把溶解于水的气体输送到占它们身体很大体积的液囊中，那里充满了与细菌聚集在一起的细胞。巨型管虫通过这些寄居细菌合成有机碳物质，而这些有机碳物质就是宿主虫和它们的食物。

尽管这些生态系统中的物种并不丰富，但是却因为含硫化物矿物质的存在而生生不息。20 世纪 70 年代以来，新发现的 300 多个新物种（其中多数是以前不为人所知的）都来自于海底火山喷口附近。这些区域位于太平洋、印度洋和大西洋，包括加拉帕哥斯烟囱口和大西洋中部的"迷失之城"。此外，人们在远离海底火山口的地方也找到了其他化学合成生物聚集区。

这些生物聚集区与生存于地球表面、以太阳光为生的生命形式之间难道不存在任何联系吗？事实并非如此。海水中

红色耀斑

　　图为 1977 年"旅行者 1"号宇宙飞船飞过木星时捕捉到的巨型红色耀斑。100 多年以前，人们就从地球上观测到这种高压风暴，只是至今都未发现其中的任何生命迹象。

扫码获取更多资源

的二氧化碳就来自于地球表面的生命形式。此外，这些生物体的幼虫也可能会飘浮到水位较浅的水域，并以这些水域中的漂流生物体为食。目前，化学合成生物已经促使科学家重新思考可能存在生命的环境范围，并且试图重新建构关于生命起源的理论和学说。

这些海底火山口无疑顺利地躲避了地球表面发生的多次生物体大灭绝，从而成为古代生物的形成区域。那么，滚烫的海底火山口和寒冷的深海之间的温度差异是否为生命有机分子提供了特殊的庇护所呢？毫无疑问，这些喜热的细菌和古菌生物必然是最为古老的生命形式，同时它们可能也是具有最强的环境适应能力的生命体。

最近，俄勒冈州立大学的史蒂芬·乔瓦尼在305米下的太平洋海底发现了另外一个细菌群落区，这里的每一个微生物都属于一个全新的物种类别。此外，这个深海生物群落与其他深海细菌群落之间几乎不存在任何的共同点。其中数量最多的物种是一种能够从氢气和硝酸盐的化学反应中获取能量的细菌生物体。这一发现使我们看到了一个可能不依赖太阳能量的更大生态系统。

这些既新奇又极不寻常的发现促进了天体生物学和太空生物学的诞生。天体生物学家和太空生物学家的研究目的，并不是与人类相近的火星人或者金星人取得联系，而是在太阳系或者银河系找到其他一些星球，在这些星球上，生命所依靠的是化学合成而不是光合作用。

到目前为止，在地球之外尚未找到任何生命形式。然而，对火星和木星、土星的卫星进行近距离观测的太空飞船所提供的线索却使我们对此充满了期望。

宇宙里充满了有机分子，先进的太空望远镜已经在距离地球大约几亿光年之外的新星附近的云状物中发现了它们的存在。此外，那些穿越银河星系的彗星中或许也存在着这些有机分子。

我们对生命存在可能性的研究或许才刚刚开始。

> 在地球上，物种灭亡是一种"生存"方式。迄今为止，地球已经目睹了5次大的灭绝事件——奥陶纪、泥盆纪、二叠纪、三叠纪和白垩纪。

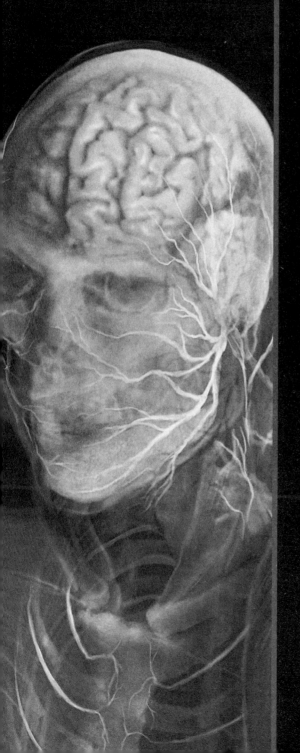

第四章
思想和行为

　　如今，在越来越多精密仪器和先进技术的帮助下，科学家能把人类大脑中与感知能力和思维能力有关的细微电荷准确地测量出来，并绘制成图像。与此同时，认知科学家开始对与人类学习、感知和处理信息有关的课题进行研究。此外，心理学家和精神病学家努力揭示人类行为发生的原因，并且寻找能够改变不健康行为的方式。

　　现在，研究人员正在努力解答从古希腊时代流传下来的医学和哲学教科书中所提出的基本问题。这些基本问题包括：思想究竟是什么？思想是如何与身体联系在一起的？意识究竟从何而来？我们是如何获得感知、思考、想象以及梦想的能力的？我们的行为以及反应的根源是什么？我们能够把其控制在什么范围内？我们被它们控制了吗？

　　数千年以前，古希腊的哲学家已经发现生命和思想并不是一回事。在那些因战争或者意外事件而使头部受到创伤的人中，许多主要功能（或者说维持生命的功能）并没有丧失，但是意识及与其有关的功能却并没有那么幸运；那些胸部遭受严重创伤或者失血过多的人不仅将丧失意识，而且也将丧失生命。因此，心脏和大脑似乎就是掌管生命和思想的"判官"。

公元前6世纪，生活于意大利南部的古希腊医学家阿尔克莽实施了多次解剖手术。在进行这些解剖手术的过程中，阿尔克莽注意到：眼睛通过视觉神经与大脑联系在一起，进而与大脑的感觉能力联系在一起。

之后，著述颇丰的医学家希波克拉底获得了进一步的发现。在《论圣病》中，希波克拉底认为大脑是与意识、情绪和思想有关的核心部位。

我们可以说我们能够"感觉"到心脏中的情绪，但是在这种以大脑为中心的理论中，大脑才是精神体验的核心位置。"人们应该知道，"希波克拉底在论文如此写道，"就是大脑产生了喜悦、快乐、欢笑和计谋，以及悲痛、忧伤、沮丧和悲情。通过大脑这个特殊的器官，我们不仅获得了智慧和知识，而且还增长见闻，从而知道如何分辨美丑、识别善恶，以及知道什么是好吃的，什么是难吃的。本人的观点是：大脑是人类最伟大力量的执行中心。"

然而，亚里士多德却指出人类的感观部位是心脏而不是大脑。在亚里士多德看来，永不停止跳动的心脏似乎才是人体中最具生命力的部分。如果心脏停止跳动，那么生命也随之结束。

癫痫症

世界上大约有5000万癫痫病患者。癫痫病是一种神经功能出现紊乱的疾病，它的症状是经常性的突然发作。患有癫痫病的人经常会出现异常的行为和古怪的身体动作。

约公元前 4000 ～ 1000 年

约公元前 4000 年	约公元前 2500 年	约公元前 2000 年	约公元前 500 年
最早以书面形式对人类大脑的活动进行记录的是古代闪族人，他们用书面的形式描述了人们在吃下能够改变精神状态的罂粟之后所出现的感观变化。	古埃及纸草以书面形式记述了最早的大脑解剖。这些纸草记录了26个受伤大脑以及对其进行治疗的病例。	欧洲和南美洲开始使用环钻术（即因医学或者精神疾病而对头骨进行钻孔手术）。	古希腊医学家阿尔克莽认为，感觉和思想的核心器官是大脑而不是心脏。

根据亚里士多德的观点，与心脏相比，大脑是惰性的、无生命活力的部位，它的主要功能是通过冷却血液的方式对心脏跳动的速度进行调节。然而，亚里士多德没有找到思想在心脏中的具体位置。

思想（或者灵魂）是整个机体的功能、目的及其表现形式的现实化概念。灵魂不存在于任何一个具体的部位，也不属于身体的生理器官，但是它与身体之间存在着不可分割的联系。因此，亚里士多德认为"心"是意识产生的根源。这种观点在古代被人们广为接受。如今，我们仍然可以在日常用语中找到这种观点的踪迹，尤其是当我们用"心痛"来表达悲伤或者用"心碎"来表达恋爱中的感受时。

然而，进一步的研究，尤其是人们在亚历山大城进行的探索性解剖实验改变了这种观点。随着研究人员对神经系统进行进一步的探索，新发现的关于大脑和身体其他部位之间的解剖学关联，把人们更多的注意力引向了那个容易被忽视的器官——大脑。

医学家盖仑一方面吸收了前人的研究成果，另一方面结合自己的实践经验，提出了一种更为复杂的理论。

古希腊学园

正如这幅18世纪的蚀刻版画作品所描绘的一样，亚里士多德是一名睿智的自然学家。公元前335年，亚里士多德在雅典的一片小树林里创办了自己的学校。

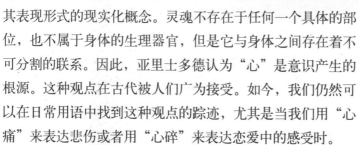

约公元前 400 年	约公元前 350 年	约公元前 220 年	约 1000 年
希波克拉底提出了4种个性类型，它们分别与4种体液以及4大元素相对应。	在《论灵魂》中，亚里士多德把思想看作是灵魂的理性思考部分。	希腊医学家埃拉西斯特拉图斯证明，人类大脑中存在着比其他动物更多的褶皱部分。同时，他把这个物理特征与人类高级的思维能力联系起来。	阿拉伯医学家阿维森纳把人类大脑的3个脑室分别与5大功能联系起来，即常识、想象力、思考能力、判断力和记忆力。

雅典学园 拉斐尔

正如拉斐尔作品中所描述的那样，柏拉图和亚里士多德在思想、大脑和灵魂等方面提出了不同的观点。

柏拉图曾把人类的精神领域区分为3个不同的种类，即思想、精神和欲望，同时将它们与完美社会所需要的3类人群联系起来，即知识分子、士兵和商人（这3类人群是按照美德进行降序排列的）。盖仑借鉴了柏拉图的分类法，并把其中的每一个种类都与人体中的具体器官对应起来。他认为推理和智力的高级能力源于大脑，情感或情绪源于心脏，而胃口和欲望则源于肝脏。当我们对朋友说"用你的脑袋想一想，而不是用心脏"时，我们实际上是在重复盖仑和柏拉图的观点。

早期的人类大脑解剖实践揭示了那些被称为"脑室"的腔体。如今，我们知道这些器官就是脑脊髓液的源泉和储藏处，而脑脊髓液是一种缓冲和清洁大脑的液体，但是古代人却把它与高级的大脑机能联系起来。比如，公元前5世纪的基督教神学家和哲学家圣奥古斯丁，以书面形式描述了那个时代的医学家发现了人类大脑的3个脑室：第1个是离脸部最近的感觉脑室器官；第2个是黑色的、控制记忆能力的脑室；而第3个脑室位于脖子的背面，它支配着运动功能。在接下来的1000年里，与这些脑室的实际数量、排序以及特别的功能有关的说法发生了巨大的变化，原因在于各种理论都竭力把新的思想和观测结论纳入其中。

中世纪时，人们发现了一种被称为"脑蚓体"的解剖学结构。这是一种大脑组织的分支部分，它发挥了在脑室之间打开和关闭输送管阀门的作用，从而使感觉、想象和推理等精神活动能够轮流进行。10世纪，医学家运用这一理论对人们在回忆某件事情时总喜欢往上看一下的现象进行解释：使眼睛往上移动的肌肉能够打开控制记忆的脑室阀门。虽然这个说法最终被证明是错误的，但是它是人们努力将精神官能与大脑的特定物理区域对应起来的证据。如今，这项研究仍在进行。

　　柏拉图把思想和身体分离开来。他认为，在身体死亡之后，灵魂可以继续存活下来，个性也保持完整，并最终将进入另一个身体中。然而在这个理论上，亚里士多德无法与他的老师取得共识。尽管他在自己的著作中对人的哪些部分可以在死亡后继续存留下来仍然持模棱两可的态度，但亚里士多德认为思想是无法从身体中分离出来的。圣奥古斯丁在引用脑室理论的时候认为，这些解剖学特征是独立存在的，它们既不是灵魂，也不是灵魂的永久驻留地，只是发挥和执行精神力量的器官而已。

　　思想和身体的完全分开发生于数个世纪之后，也就是在法国数学家勒内·笛卡儿提出了他的核心理论的时候。由于这个理论的重要性，它现在以笛卡儿的名字来命名，即笛卡儿二元论。

　　笛卡儿把物质世界和人类生命看作是两个不同的部分。一方面存在着物质，这种物质在我们身边随处可见，它的属性是总会占有一定的空间。物质是由运动着的微小原子组成的，它既没有生命，也无法被激活。另一方面，存在着另一种并不占有空间的东西，它不是由原子或者其他物质体组成的，其核心属性就是会思考。笛卡儿将这种物质称为"思维实体"。这种思维实体就是灵魂或者思想的构成元素。

　　笛卡儿对思想和身体的区别是如此根深蒂固，以至于有时候很难不去思考这个问题。然而，这个理论也给我们留下了一些问题。比如，如果思想和身体在实质上是完全不同的，那么它们之间是如何发生互动的呢？就是说，心中的冲动或者欲望是如何使我们向朋友说出了问候以及如何使我们的胳膊抬了起来？在笛卡儿看来，这是松果腺在发挥作用，这种位于大脑的较小实体组织就是灵魂"驱动"身体的源泉。在与笛卡儿同一时代的人中，很少有人对这种说法持肯定态度，相反，多数人认为这个说法非常荒谬。

大脑即灵魂

　　太平洋岛屿上的毛利人通常保存晾干的敌人的首级。他们已经清楚地认识到头对身体的功能是至关重要的。

大脑机能

这幅引自勒内·笛卡儿《人类视觉成像原理》中的图画显示出松果体（用英文字母"H"标注的地方）是把视觉和相应的身体运动联系起来的部位。

生物电连接

从古代社会一直到文艺复兴时期，解剖学家逐渐发现了神经系统连接了大脑、脊椎以及一个充满神经物质的系统。它们共同构成了一个网络，而大脑就是通过这个网络对全身发挥作用的。然而，这一作用是如何实现的呢？是什么使信息和指令在这一系统中来回传导呢？

最为常见的答案就是神经是中空的，其中充满了某种敏感的精细物质或液体。根据这种说法，神经系统就像一个管道系统或者像一个复杂的水压机。在全身进行循环的神经液体常常被称为"生气"、"活力"、"生命元气"或"生命力量"。这些精神物质概念指的是一种微小的物质元素，而不是唯心的实体或者虚无的幽灵。

这些生气和活力通过神经系统的运动促使身体和大脑之间进行沟通（比如脚觉着烫），从而使大脑的指令能够传递到身体的各个部位（比如把脚从火堆上挪开）。17世纪出现的身体机械观认为，一种阀门开关系统掌控了思想的流动。这些思想也相应地驱使肌肉发生收缩，从而导致运动的出现。笛卡儿等人利用力学原理对"反射作用"进行解释——在碰到一个滚烫的火炉时迅速把手臂缩回来，其间并不需要进行任何思考。

现在我们已经知道神经并不是包含液体的中空脉管，早期的理论家也是在正确的轨道上前进。虽然神经网络并没有把信号传递到身体的每个角落，但是它们却是生物电信号，而不是生气或者活力。然而，直到一些实验在18世纪的意大利被顺利实施之后，这种说法的准确性才得以证明。18世纪七八十年代，意大利博洛尼亚大学的鲁依吉·加尔瓦尼教授发现了生物电和肌肉之间的连接。加尔瓦尼发现，在有静电发电器或者附近有闪电风暴天气的条件下，只要他用金属工具触碰一下死青蛙的腿部，那么青蛙的腿部就会出现抽动。于是，他开始相信被他称为"生物电"的物质的存在。在加尔瓦尼看来，产生于大脑并通过神经系统进行传导的生物电是肌肉收缩的原因。

与加尔瓦尼同一时代的意大利帕维亚大学的阿雷桑德罗·伏特对这个问题也产生了浓厚的兴趣，但是却持质疑的态度。1800 年，在得知了加尔瓦尼的青蛙实验之后，伏特制造了一个蓄电池。后来，这个设备以他的名字进行命名，即"伏特堆"。同样，电疗法一词的英文"galvanism"也是由伏特发明的，它最早指的是加尔瓦尼发现的肌肉对电流的反应现象。

加尔瓦尼的侄子阿尔蒂尼·加尔瓦尼把这个实验正式搬上了舞台，从而使全欧洲的观众都以此为乐，同时也感到一丝恐怖——阿尔蒂尼·加尔瓦尼把伏特蓄电池中的电线连接到身体的各个部位，导致了那些被砍下来的狗头、牛头以及被执行死刑的罪犯尸体的头部发生不同程度的扭曲。

这不仅仅只是为了哗众取宠，阿尔蒂尼也把这一原理应用于电疗。他的第 1 个病人是一名饱受忧郁症折磨的意大利农夫。阿尔蒂尼让他赤手空拳地握住一个伏特堆。伏特堆上端的一根电线被紧紧地缠在这个病人的脑壳上。在经过常规的电疗之后，这名病人的心情逐渐好转，几周之后，竟完全康复了。

将电作为治疗手段，阿尔蒂尼开并非第一人，在公元 1 世纪的时候，罗马医学家司克里波尼乌斯·拉古斯就已经尝试过用活的电鳗对头痛和痛风进行治疗。然而，阿尔蒂尼运用电流对抑郁症病人进行治疗，是第 1 次目的非常明确的尝试，而这一尝试在后来被称为电休克疗法。

病态的思想和精神

数个世纪以来，在对思想及其对应的身体器官进行探索的漫长岁月中，状态欠佳的思想或者精神一直是一个富有挑

电疗法
　　医学上把频率超过 100 000 赫兹的交流电称为高频电流。应用高频电流防治疾病的方法称为高频电疗法。在临床上常用的高频电疗法有短波疗法、超短波疗法和微波疗法。

战性的问题。古代的医学家早已对精神疾病耳熟能详。希波克拉底医学派的一名作家对他关于精神疾病的起源和诱因的诊断充满自信。他断定精神疾病来自于大脑，"我们变得疯狂或者神态失常，畏惧和恐慌袭击了我们，有时在晚上，有时在白天。我们整天胡思乱想，而且不时会出现精神恍惚，无法集中注意力……所有这些症状都在大脑失去健康状态之后出现，可能是大脑比正常状态更热、更冷、更潮湿、更干燥……大脑由于不适合的湿度而诱发精神疾病"。

虽然特尔斐的古代神谕把"圣病"归结为上帝的感召，但是古希腊和古罗马的医学家通常把这些精神疾病归结为身体不适。这些医生试图通过食用某种食品或者药物对这些精神疾病进行治疗。比如，白藜芦被认为是治疗神经病的药物。公元前 2 世纪的希腊医学家阿斯克勒必阿底斯开出的药方中就包括新鲜的空气、良好的饮食、按摩推拿和身体锻炼、音乐和葡萄酒。其中，有一些药方是我们今天所无法赞同的。

有一个比较流行的说法是：在中世纪的时候，人们由于迷信而把精神异常归结为诸如魔鬼或女巫之类的超自然力量在作怪。然而，在整个中世纪，医学家都继续对精神疾病的身体诱因及其治愈方法进行研究。同时，中世纪时期的哲学家和神学家也没有把精神疾病看作是原罪的体现或者是因原罪而受到的惩罚。保存下来的文献表明，中世纪的医学家都在寻找对精神疾病进行治疗的方法。他们观察病人的饮食习惯、精神压力状况、生活条件、体液失衡状况以及身体所受到的伤害，并把这些因素看作是病痛产生的原

生物电

鲁依吉·加尔瓦尼通过用金属工具触碰死青蛙大腿的办法使其产生了抽动反应。虽然他错误地认为这种现象出现的原因在于青蛙的肌肉产生了电，然而，他所提出的生物电概念却开始流行起来。这个概念包含了一定的合理成分，因此它一直沿用至今。

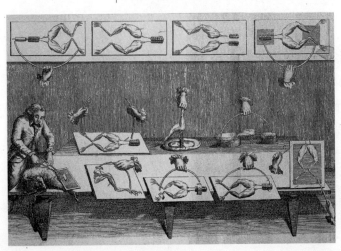

因。

传说中世纪的欧洲人实施了环钻术，即通过外科手术把头骨的一片切除，从而达到"使魔鬼离去"，治愈神经疾病的目的。然而，在中世纪，那些接受过文化教育的人绝不会认为某种非物质的魔鬼或者妖精会进入人们

中世纪医药学

15世纪的医学手册《奥尔蒂斯·桑尼塔蒂斯：健康原论》收录了各种来自于迷信仪式的草药酊剂治疗方法。

的大脑。大约在17世纪，人们曾经实施过环钻手术，但是当时的目的是为了减轻头颅内的压力或者治愈头部创伤。

最近，11世纪时实施过环钻手术的农民头骨在英国被挖掘出来。验尸报告显示，这位农民头部的创伤可能是在与其他人发生争吵的过程中遭受钝器打击所致。显然，进行环钻手术是为了减轻因头骨裂开所造成的大脑颅内压。研究表明，这种手术挽救了这个病人的生命，而且他在手术后继续生活了很长时间。

此外，那些无药可治的精神疾病在中世纪时也受到了医学家的广泛关注。13世纪的英国法律记载了那些具有先天性精神功能缺陷的人与因后天因素而引发精神疾病的人之间的区别。就后一种情况而言，调查委员会将对一个人的作证能力进行检验，通常的做法是提出一些简单的问题让其回答，比如：今天是星期几？你儿子的名字是什么？一个先令有几个便士？那些被认为无法照顾自己的人被宣布进入受保护状态，而他们的财产将由其继承人进行保护。在保存下来的几百件关于这类调查的历史记录中，描述了许多与今天的精神错乱、未老先衰、产后抑郁以及其他精神疾病非常类似的症状。

中世纪晚期，专门为这些精神病患者开设的特种医院——精神病院得以创建。15世纪上半期，仅西班牙就至少建立了5座这样的医院。然而，精神病院并不一定会提供人道的

伯利恒疯人院

位于伦敦摩尔菲尔德地区的伯利恒医院后来被改名为疯人院。1547 年，它被改造成专门收容精神病患者的监狱。17 世纪，任何人只要支付参观费就可以在整座疯人院里面游览。

治疗方法。

在这些特种医院中，最臭名昭著的就是伦敦伯利恒圣玛利医院。这家医院早期是一家修道院。1547 年，它被改建成一座专门收容精神病人的监狱。这家医院的简称"Bethlem"被改成"Bedlam"。后来，这个词专门用来指称一种骚乱和混乱的场景。与圣玛利医院有关的记载表明，那个地方就是一个混乱不堪的疯人院。17 世纪后期，英国作家约翰·艾文林对这个地方进行了探访。"我踏入了伯利恒的大门，"他在后来这样写道，"在那里，我看到了几个被锁链铐住的可怜动物，当时的情景惨不忍睹。"

虽然对那些患有精神病的人采用了惨无人道的治疗方法，但是他们的病情还是有所改善。1793 年，法国医学家菲利普·皮内尔非常大胆地打开了巴黎一家精神病院囚犯身上的枷锁。在英国，基督教公谊会的成员开始经营更加人道的精神病医院。结果，他们所取得的成功对这个领域内的其他人也产生了影响。

当各种条件在 19 世纪中期得到了极大的改善之后，美国缅因州的托罗西亚·琳黛·迪克斯成为一名坚定的改革

1543 ～ 1890 年

1543 年
意大利解剖学家安德烈·维萨里公开出版了《人体结构论》一书。这部著作中包含了与神经和大脑运作有关的重要内容。

1690 年
英国哲学家约翰·洛克的论文《人类理解论》对新生儿的大脑中是一片空白，所有的思想都来源于对感官体验的积累这一理论进行了阐述。

1791 年
意大利医学家鲁依吉·加尔瓦尼认为动物组织能够产生电，他的实验促进了人们对于神经活动的理解和掌握。

者。她在自己的回忆录中写道,在参观女性精神病院的时候,她注意到这些精神病患者都被锁在一个寒冷和潮湿的地下室里。当她质问牢房的看守为什么没有火炉时,看守人的回答非常简单:"患精神病的人是感觉不到寒冷的。"迪克斯把毕生的精力都投入到创立精神病院的事业中,而且还劝导其他人不要把将精神病患者关闭起来作为对他们进行治疗的办法。

治疗策略

即使是在条件稍微好一些的医院中,也没有几个医护人员确实了解如何应对严重的精神疾病。虽然更为广泛意义上的分类(比如癫狂、精神忧郁症和精神分裂症等精神疾病之间的区分)开始形成,但是没有人真正了解这些病症,更不知道发病的原因。因此,对精神疾病的本质进行了解和掌握的研究工作变得越来越重要。这项研究工作可以分为两个方向,即生理学和心理学。

德国精神病学家汉斯·伯格尔开始对大脑的活动进行研究。1929 年,他获得了第 1 张脑电图。与此同时,其他科学家开始对电休克治疗(简称 ECT)进行研究。这是一种比 18 世纪晚期由阿尔蒂尼发明的电疗法更为残酷的治疗方法。在短时间内,电休克疗法似乎减轻了许多精神疾病的症状。如今,这种疗法仍然被人们所采用。此外,实践经验证明,它对某些精神抑郁症也有一定的疗效。现在的电疗法把电

1837 年	1861 年	1879 年	1890 年
捷克生理学家杨·伊万杰利斯塔·浦肯野在大脑皮质中发现了带有分支部分的较大神经细胞,这些神经细胞现在被称为"浦肯野细胞"。	法国外科医生保罗·布洛卡找到了人类大脑中的语言中枢。	德国心理学家威廉·冯特建立了自己的实验室,并成为第 1 个对人类行为开展科学研究的人。	美国心理学家威廉·詹姆斯出版了《心理学原理》。在这本书中,他提出人类行为并不是随意产生的,相反,这些行为具有特定的功能。

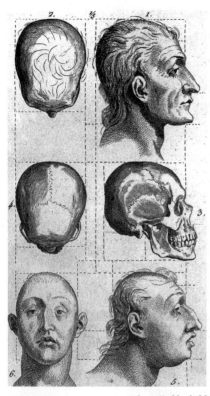

精神疾病

19世纪之后，人类头部的形状被认为是内心思想特征的线索。人们对不同种族的精神病患者、罪犯以及其他人的头骨进行了精确的测量，从而寻找人类行为的发生机制。

极连接到太阳穴，在几秒钟之内对大脑施加电压为110伏的电流。对于抑郁症，一般需要10～12次这样的电疗过程。患者在接受ECT疗法之后会出现暂时性失忆，而如果实施过多的电疗，就有可能发展成为永久性失忆。如今，ECT疗法的理论依据是：电疗法不仅可以改善和提高大脑中的神经传递物质、提高酶的活性以及增进血液循环，而且可以促进人体内抗抑郁物质的释放和分泌。反对者认为这种疗法的程序是非人道的。然而，对于那些通过电疗法使病症得以缓解的抑郁症患者来说，这种疗法确实具有一定的疗效。

20世纪早期形成的更为极端的治疗手段是前脑叶白质切除术。19世纪后期，当人们通过外科手术成功地把狗脑的额叶切除之后，狗的病情有所好转。这个手术的成功促使人们开始思考是否能够对人脑进行同样的手术，以改善那些出现极端焦虑、痛苦、创伤性记忆、暴力倾向以及其他精神疾病的病人的生活。

葡萄牙神经医学家安东尼奥·埃加斯·莫尼兹试图对人实施这种手术。20世纪30年代，他率先对人脑实施了前脑叶白质切除术。他首先通过注射酒精的方法把这些组织杀死，然后用一根细线把前脑叶白质切下。同时，莫尼兹研制出了一种在前额两边进行钻孔的技术，从而使医生能够接触到位于中脑和脑前额叶之间的组织。

埃加斯·莫尼兹的外科手术在治疗极端恐惧、紧张和焦虑，以及某些精神分裂和妄想症等精神疾病中确实取得了成功。1949年，他获得了诺贝尔生理学或医学奖，而由他首创的治疗方法也得到了肯定和赞誉。然而，这种治疗方法在刚开始的时候曾经受到了强烈的反对和声讨。在全世界范围内，相关的法律法规都极力限制着前脑叶白质切除术的实施范围。不久之后，一种能够使精神病人的生活重新恢复平静的新技术出现了，那就是药物治疗。

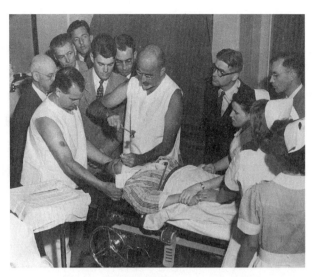

大脑里有许多传递神经冲动、控制思想和情绪以及承载信息的化学物质。一直到 20 世纪 50 年代，这方面的知识才被人们所理解和接受。研究人员开始探讨精神类药物是否可以发挥控制精神疾病症状的作用。锂盐是一种极为普通的含有金属元素的物质，它被用于研制治疗躁狂抑郁症的药品（即氯丙嗪）。同时，这种药物还是一种专门治疗精神分裂症的安定药。随着时间的推移，一大批调节心情、抑制情绪、减轻帕金森综合征震颤症状以及改善好动症状的药品被研制出来。20 世纪 60 年代，一种轻度镇静剂"安定"在很短的时间内就成为美国境内最为流行的处方药。

随着人们对大脑化学信使物质以及与这些物质存在关联的接收器位置的了解，药物学家找到了更多防止神经传递素发挥作用的新方法。大脑生理学和神经系统生理学对这种新的、治疗精神疾病药物的出现发挥了重要的作用。比如，在 20 世纪 90 年代，包括普罗采克在内的抗抑郁药物曾经引起轰动。这些药物能够提高位于神经细胞之间细小空间内的神经传递介质（即复合胺）的自然分泌。有些专家认为，在 20 世纪，化合物药品将能对几乎所有的最为严重的精神疾病进行控制。

虽然医学和药物学疗法证明它们对精神疾病的治疗发挥了重要的作用，但是实践证明：以谈话、倾听、分析和人际互动为基础的治疗方法也具有一定的疗效。20 世纪初期，

前脑叶白质切除术

这种外科手术出现在 20 世纪四五十年代。它通过对脑前额叶进行改进或者直接将其从大脑中切除，达到使焦虑症患者镇定下来的目的。

这些治疗方法是精神疗法（心理疗法）的重要组成部分。如今，这一个术语包括通过语言沟通和非语言沟通对异常行为进行矫正。

这种精神疗法与药物、电击或者外科手术完全不同。它试图通过帮助患者理解自己的行为，或者帮助他们识别和纠正错误行为，从而改变其病态的心理。在一些技术手段中，病人被告知要与专家开展充分的合作，并毫无保留地报告他们的各种想法。通过与治疗专家进行会谈，病人把他的问题详细表述出来，而这种顺利进行的交流行为或许就是治疗轻度抑郁症和常规精神疾病所需要的全部内容。当谈话疗法不能充分发挥作用的时候，有些人愿意采用一种强度更高的治疗方法，即心理分析。通过这种手段，病人能够深入挖掘自己过去的记忆，并以此找到精神问题的根源。

心理分析理论是由奥地利精神分析学家西格蒙德·弗洛伊德创立的，对20世纪的行为研究和思想研究产生了巨大的影响。弗洛伊德引入了一个新概念,他把这个概念称为"潜意识"。潜意识是人类意识中的一种力量，发挥了非常重要的作用。

弗洛伊德认为，人们的言行举止都不是无意识的。失言、误解和错觉等现象都源于潜意识，因此它是人们常常不以为然的情绪和态度的储藏库。在弗洛伊德看来，梦是"通往与人类潜意识活动有关知识的康庄大道"，对梦的解析可以揭示更多的信息。

弗洛伊德把思想分为3个部分，即"本我"、"自我"和"超我"。"本我"是完全无意识的,它不仅是本能冲动的源泉，而且也是对原始需求立即得以满足提出的要求。"自我"是有意识的，它是一种对自身的清醒感受，通过思想、行为和决策等表现出自己。"超我"是思想的一部分，能够判断对错。此外，它经常与思想的其他两个部分发生冲突，尤其是本我。

根据弗洛伊德的说法，严重的冲突将会导致精神障碍。在弗洛伊德看来，这些冲突中的多数都源于早期的性冲动，

精神外科手术

从20世纪40年代一直到50年代，也就是在精神类药物开始投入使用之前，前脑叶白质切除术得到了越来越广泛的实施。如今，人们仍然在一些更小的大脑区域实施精神外科手术，但是实施这种手术的病例仍然很少。只有在其他方法都宣告失败之后，人们才不得不实施这种手术。

因为社会总是对其打上了羞耻和偏见的烙印，因此经常会导致这些欲望处于被压抑的状态（弗洛伊德认为这种一味地逃避态度最终会演化成一种潜意识）。然而，如果冲突在人们的行为和思想上出现，那么这些行为和思想则常常是反社会

弗洛伊德和荣格

西格蒙德·弗洛伊德和卡尔·古斯塔夫·荣格的精神分析理论对 20 世纪与人类行为和精神障碍有关的理论产生了巨大的影响。虽然精神分析法通常被看作是弗洛伊德的杰作，但是它实际上来源于他从同事约瑟夫·布洛伊尔的"谈话疗法"中所获得的灵感。约瑟夫·布洛伊尔认为，他可以通过引导病人回忆减轻他们歇斯底里的症状。在治疗过程中，布洛伊尔还使用催眠术，但是弗洛伊德最终还是决定放弃对催眠术的使用，原因在于他认为这种手段会增加病人的依赖性。他所创立的精神分析法能够使病人进行自由的思考，从而使治疗专家能够进行全面观察，进而得出科学的解释。

弗洛伊德对精神分析进行了深入的研究。他研究了自己的过去、深藏起来的情感秘密以及各种梦境。他总结说，梦境是与意识和潜意识中的欲望（尤其是性欲）联系在一起的，而且它是通往思想及其动机的大门。儿童的性心理发育从口腔期开始，经过童年对父母产生强烈吸引，最后到青春期开始对父母产生排斥的整个过程。因此，儿童性心理的发展成为弗洛伊德的心理学理论的基本内容。

弗洛伊德的学生荣格创

卡尔·荣格认为共享的符号对人类的多数行为进行支配。

建了自己的分析心理学专科学校，但没有把太多的重点放在性因素上。荣格认为，一种被称为"力必多"的本能不仅包括性冲动，而且也包括创造力这种引导所有人类行为的天然能量。与弗洛伊德不一样的是，荣格认为性欲在青春期到来之前并不是行为的重要动力因素。

同时，荣格还认为，潜意识包括人们无法意识到的个人冲动和经验，比如从祖先那里遗传下来的先天性态度（即集体的种族意识）。集体意识包括那种被称为"原型"的传统思维模式，即被集体成员所共享的图像和符号的信息库。然而，上述图像或者符号可以在梦境和神话中出现，它包括引导所有的人性本能的智慧。

20 世纪上半叶，是弗洛伊德和荣格理论的鼎盛时期。然而，精神健康专业人员对这种理论的接受和认可却出现了下滑。尽管如此，他们所创立的精神分析理论仍然产生了深远的影响，这种影响不只限于治疗领域，还包括其他文化领域。

的或者是自我摧残的。

弗洛伊德特别强调性欲或者性冲动的重要性，而他的学生卡尔·古斯塔夫·荣格则认为，除了性因素之外，其他因素也能够对行为产生刺激。荣格最突出的贡献之一是，他认为人可以分为性格内向和性格外向两种类型。这两种类型分别表现为主要通过自身来满足需要的人以及通过其他人来实现个人满足感的人。针对弗洛伊德关于思想的三分法，荣格提出了集体潜意识的概念，原因在于他认为人们对潜在的知识宝库中的神话、符号和信仰进行共享，而且体现于人们的所有行为中。

行为的根源

在19世纪下半期，随着一个全新的研究领域——人类学的发展，对人类文化的研究得到了进一步的拓展。

颇具影响力的人类学家（比如20世纪初的弗朗兹·博厄斯及半个世纪之后的克洛德·列维·施特劳斯）认为，社会必须被理解为一个存在着组织系统的概念，它对人类生活进行调节，并赋予其意义。同时，每一种文化都具有实现这些目标的方式。与此同时，文化也会对人类的发展、思想和身体产生影响。"一个人的行为，"博厄斯如此说道，"并不是由他的种族关系决定的，而是取决于他祖先及其所在的文化环境的特征。"

出生于布鲁塞尔但在巴黎接受正规教育的结构主义人类学家列维·施特劳斯，把文化看作是一种

斯金纳的鸽子

美国心理学家伯尔赫斯·弗雷德里克·斯金纳利用鸽子对他提出的行为心理学理论进行检验。精心设计的赏罚程序使他能够让这些鸟儿做出比较复杂的行为。

YELLOW BLUE RED GREEN

与语言有些类似的沟通系统。他的主要研究工作就是试图识别并找到人类思想中的统一结构。他认为自己能够通过寻找文化在神话、符号和社会组织形式中所体现出的内容而把它识别出来。"我所要展示的，并不是人们在神话中是如何思维的，"列维·施特劳斯曾经这样说道，"而是人们没有意识到这一事实的情况下，神话是如何在人们的头脑中运转的。"

当人类学家把他们的注意力转向了与文化有关的行为时，心理学家已经开始寻找对物种、动物和人类行为进行研究的新途径，并探索在这种统一的体验模式（比如学习和交配）中究竟是什么在发挥作用。就动物的行为而言，研究人员的目的是判断哪些行为可以归结为基因遗传，哪些行为是个体学习的产物。

奥地利动物学家康拉德·劳伦兹被认为是动物行为学之父，他对于上述第1个问题十分感兴趣。比如，他试图说明小鸟是如何识别它所看到的较大的移动物体（不论是鸟类、人类，还是其他物体）是否是它的同类。

1975年，当哈佛大学的生物学家爱德华·威尔逊认为大量的动物行为（从蚁群、火鸡群到人类社会的组织和习惯）都可以被理解为进化性适应和遗传基因的历史产物时，在关于行为、遗传基因和进化的研究中出现了

西格蒙德·弗洛伊德

精神分析法的先驱

1856 年
5月6日，出生在摩拉维亚的弗莱堡。

1873 年
中学毕业之后进入维也纳大学，开始学习和研究医学。

1881 年
受到维也纳一名精神病医师的聘用，担任其助手。

1885 年
对可卡因的药物效果进行研究，并发现其具有止痛的作用。

1892 年
成为一名治疗专家，开始使用自由联想方法，这是一种被用于精神病治疗的评估和治疗的技术手段。

1895 年
与约瑟夫·布洛伊尔一起撰写《歇斯底里症研究》一书。

1897 年
开始进行自我分析。

1900 年
出版《梦的解析》，提出了他的潜意识理论。

1905 年
发表了《关于性欲理论的三篇论文》、《开玩笑及其与无意识的关系》以及《一个歇斯底里个案分析的片断（杜拉）》等作品。

1919 年
成为维也纳大学的教授。

1935 年
当选为英国皇家药学会的荣誉会员。

1938 年
为逃离纳粹迫害，离开奥地利，并重新在英国定居。

1939 年
9月23日，在伦敦去世。

最具有煽动性和争议的综合性理论。根据威尔逊的说法，曾被誉为人类善良本性的利他主义行为与白蚁出于本能的合作精神完全不同；人类的求爱模式与豪猪和孔雀的求爱方式之间存在着惊人的相似。虽然威尔逊的理论体现出了人类智慧所具有的魅力，但是这一理论却遭到了人本主义者的质疑。

另外一名没有遭到陌生人攻击的行为科学家是美国心理学家伯尔赫斯·弗雷德里克·斯金纳。斯金纳认为，行为在很大程度上是人们与其所在的环境进行积极或消极互动后的产物。他认为，在塑造人类行为中占重要地位的是外部影响力，而不是内部影响力。因此，在斯金纳看来，长期以来被看作是对人类行为产生重要影响的内部促进因素（即自由和自由意志）只是一种幻想。

斯金纳认为，人类很容易受到赏罚机制的控制。他设计了许多科学实验来证明条件作用在塑造行为模式中所发挥的作用。研究人员成功地纠正了各种行为，并对不同动物（比如老鼠、鸽子和人类）的学习过程进行引导。他们所用的方法是一种简单的食物疗法，即对按照要求开展行为的个体进行奖励，而对不按照要求开展行为的个体不予奖赏或者做出消极的回应。

巴甫洛夫的狗

俄罗斯神经学家伊凡·巴甫洛夫发现，一旦实验室中的狗将铃声和食物联系在一起，那么当铃声响起的时候，它们就会分泌唾液，即便不存在任何食物。

这些方法构成了行动主义研究的基础，而这一关于人类和动物的心理学理论直接与斯金纳建立了联系。行为主义可以追溯到 19 世纪晚期俄罗斯神经学家伊凡·巴甫洛夫所进行的研究。这位一丝不苟的实验主义科学家对神经系统、循环系统和消化系统之间的联系进行了考察。

在实验室中，巴甫洛夫为几条狗安装了胃部吻合分流装置，并通过这一装置收集狗的胃液。在这项实验中，巴甫洛夫注意到狗一旦看到食物便会分泌唾液，这是一种正常的条件反射。此后，巴甫洛夫发现，他能够训练这些狗把其他刺激（比如铃声）与食物联系起来。当刺激条件发生的时候，这些狗也会分泌唾液，而不论食物是否确实存在。在这个时候，这些动物已经形成了一种条件反射，这属于斯金纳行为主义心理学的研究内容。

从总体上看，斯金纳行为主义心理学理论中所推崇的治疗方式，并不像弗洛伊德的心理分析理论那样重视潜意识的作用。同时，在这些治疗方式中，那种埋藏于病人回忆中的、难以言表的事物的重要性也受到了严重削弱。相反，行为主义的治疗专家主要关注现在的行为及其存在的障碍。根据这种理论，无论是轻微的神经衰弱，还是严重的精神疾病，都不是来

伊凡·巴甫洛夫

条件反射的发现者

1849 年
9 月 14 日，诞生于俄罗斯的梁赞地区。

1875 年
于圣彼得堡大学毕业，在帝国医学研究院担任助理研究员。

1879 年
完成了医学研究课程，并获得了金质奖章。

1883 年
发现了心脏的动力神经，提交了医学博士学位论文。

1890 年
担任帝国医学研究所的教授，同时成为一名药理学教授。

1890 年
成为实验医学研究所生理学系的系主任。

1897 年
发表了《对消化腺主要功能的讲解》，并展示了他在消化研究中所取得的成果。

1903 年
阅读了《动物实验心理学和精神病理学》上的论文，包括与条件反射的研究成果有关的文章。

1904 年
由于在消化腺上的研究而获得了当年的诺贝尔生理学或医学奖。

1921 年
列宁亲自签署政府令，授予他荣誉奖章。

1935 年
苏联政府专门建立了研究条件反射的实验室。

1936 年
2 月 27 日，在列宁格勒（现名彼得格勒）去世。

扫码获取更多资源

源于潜意识的压抑，相反，它们都来源于患者所养成的不良习惯，是可以进行纠正的。正如巴甫洛夫实验中的狗一样，具有某种症状的病人也可以通过条件作用进行治疗。根据这一逻辑，人们并不需要建立医生与病人之间的关系从而获得精神健康，相反，他们完全可以通过自己的努力，消除那些令人讨厌的行为。毋庸置疑，斯金纳的许多理论都引发了争议。反对这一观点的人认为斯金纳的思想有些不近人情，并提出了这样的质问：人类是否也能够或者应该被训练成像他的实验室里的鸽子一样？此外，反对者还认为斯金纳的错误在于他忽视了现代学习理论和人类发展的自然阶段。

瑞士心理学家让·皮亚杰提出了一种关于人类心理学的理论，他认为童年发展阶段是非常重要的。作为对儿童智力和认知发展进行研究的先驱，皮亚杰认为在适应环境的过程中，所有人都会经历几个不同的阶段。

比如，人类从控制事物的演化到掌握抽象的思想观念；从满足自己的需要到学会如何把自己的需要与社会的需要结合起来。皮亚杰把儿童的发展分为 4 个不同阶段：从出生到 2 岁，即感知运动的智力阶段；从 2 岁到 7 岁，即前运思阶段；从 7 岁到 11 岁，对具体运算进行完美化的阶段；从 11 岁到 17 岁，更加正式和抽象的运算学习阶段。

与尤其关注环境问题的斯金纳以及强调情绪和本能因素的弗洛伊德所不同的是，皮亚杰注重思考对事物和思想的控制能力（即认知能力）。皮亚杰把他对人们发展阶段的认识建立在既理性又拥有敏锐的感觉，同时又渴望对世界进行体验的儿童成长模式的基础上。"如果我们在观察孩子的活动之后了解了他的内心世界，那么我们当然能够了解所有与心理学有关的事情。"

然而，大量具有挑战性的心理学课题也不断出现。据统计，有 1/6 的美国老年人遭受抑郁症的折磨，而 1/50 的老年人患有某种精神疾病。在 85 岁以上的老年人中，有 35% 的人患

> 我认为，对行为的科学分析必须坚信，一个人的行为是由他的基因和环境的历史控制的，而不是具有主动性和创造性的人本身控制的。
> ——斯金纳

有某种老年痴呆症。

人们过去往往不太重视老年人的精神障碍问题。据说提比利亚·恺撒曾经这样说过，如果60岁以上的老年人还让医生把脉，是相当愚蠢的。多年以来，老年痴呆成为人们对所有老年人患有的精神障碍的统一称谓。一直到了最近，人们也没有对各种老年痴呆疾病进行分类。同时，人们对大脑在老龄阶段的化学知识也知之甚少。

爱利克·埃里克森是极少数对老年医学表现出浓厚兴趣的心理学家之一。埃里克森创建了一个把人类的生命历程划分为8阶段的理论。同时，他指出人们在每个阶段都会遇到一些危机或转折点，但是这些危机是可以解决的，它们并不是致命性的事件。因此，在每一次危机解决之后，健康的发展将得以继续。在埃里克森的第8个也就是最后的一个阶段中，人们将会面临人生圆满和陷入绝望的激烈冲突。这种考验将会在较晚的生命阶段中出现，也就是说，当一个人开始对自身的价值进行评判时，这种考验就会出现。如果问题能够顺利解决，那么智慧将是最后的回报。

部分心理学家认为，仅仅凭借内在的冲动是无法解释所有行为的。因此，他们创建了社会心理学，从而对

让·皮亚杰

发展心理学之父

1896 年
8月9日，出生于瑞士的纳沙泰尔。

1918 年
出版了哲学小说《求索》。

1918 年
获得了纳沙泰尔大学的科学博士学位，他的博士论文与瓦莱州的软体动物有关。

1921 年
开始研究儿童心理学。

1924 年
出版《儿童的判断与推理》。

1926 年
出版了《儿童关于世界的概念》。

1929 年
担任日内瓦大学的教授。

1936 年
出版了《儿童智力的起源》。

1940 年
成为心理学实验室的主任，并担任瑞士心理学会的会长。

1955 年
在日内瓦创建了国际发生认识论中心，并对这个中心的工作进行指导。

1972 年
界定出了智力发展的4个不同阶段。

1972 年
被授予埃拉斯姆斯奖。

1974 年
出版了《意识的领会》。

1980 年
9月16日，在日内瓦去世。

其他影响因素进行研究。在普鲁士出生的美国人库尔特·勒温进行了群体动力学研究，从而使他成为他所在的行为科学领域的知名人物。勒温认为，为了全面理解和充分预测人类的行为，我们必须从整体的角度看待那些发生在一个人的心理领域，或者被他称为"生活空间"中的全部事件。因此，在勒温看来，心理条件和环境条件（包括与我们存在联系的人和社会群体）都促进了我们个性的形成，从而左右了行为的发展。

与此同时，勒温也是格式塔心理学的倡导者。格式塔理论所强调的是，每一种心理体验、生理体验和行为体验的结构都会以完整形态体现在人们的行为中，因此需要以这种完整的形态对人们的行为进行分析。

根据格式塔理论，思想以完整的状态进行感受，而不是以某种不连续的离散部分。比如，人们通常把三角形看作是一个完整的整体，而不是把它看作是三条线段。再比如，在听交响乐的时候，人们通常会从整体上对其进行欣赏，而不会刻意地把交响乐分成不同的音符。与此同时，行为也应该被看作是对某种情况所做出的整体性回应。此外，格式塔疗法也涉及从整体的角度看待患者的内容，包括患者的生理因素、器官功能、与外部世界的相互关系以及内在的心理体验等。

就 20 世纪的心理学正统理论及其疗法而言，曾经存在着一种恶意诽谤的说法。心理学有时被指责为只是一种不

1891 ～ 1987 年

1891 年
俄罗斯神经学家伊凡·巴甫洛夫开始研究条件反射现象。

1900 年
奥地利神经学家西格蒙德·弗洛伊德出版了《梦的解析》。他认为梦可以发挥实现潜意识的作用。

1913 年
美国心理学家约翰·华生最早提出了行为主义，进而形成了一个新的心理学流派，这个理论在后来得到伯尔赫斯·弗雷德里克·斯金纳的进一步发展。

甚精确的科学，充满了草率而又不能被临床实践所证实的种种抽象诊断和结论。随着人们对大脑与神经系统的化学和物理运作机制的深入了解，药物已经成为对精神疾病进行治疗的必要手段。这种情况与心理学在过去几年中的状况是完全一样的。

多年以前，精神病学家罗纳德·D.莱涅激起了同一领域中的其他学者的愤怒，原因是他认为个人的疯狂症状只是社会病态和罪恶的反映而已。莱涅认为精神分裂并非精神疾病，而只是一种"人际关系的崩溃"。美国教育家和哲学家约翰·杜威对心理学也持怀疑的态度。他曾经说："一时受宠的心理学只是某些医学从业人员最值得炫耀的、充满了虚伪和愚弄的迷信学说。"虽然存在着这些草率的批判论调，但是心理学理论依然生生不息地延续了下来。

聆听大脑的声音

神经系统科学是一门致力于研究大脑和神经系统的学科。神经科学家注重大脑和与其连接在一起的神经系统的生物化学、解剖学和电学之间的关联。神经外科已经开辟了一个全新的领域，它对曾经被认为完全属于心理学范畴的行为和疾病进行研究。这一领域促进了针对大脑受损或者神经系统紊乱的治疗方法的出现。

后来的神经科学家延续了自希波克拉底和加尔瓦尼以来竭力理解和掌握精神状态的物理推论的传统。弗朗兹·约瑟

1936 年
德国医学家汉斯·贝格尔成功发明了脑电图描记器，从而对大脑电活动进行测试。

1936 年
瑞士心理学家让·皮亚杰出版了《儿童智力的起源》，专门描述了被他称为"发生认识论"的理论。

1950 年
英国数学家阿兰·图灵研制出对人工智能进行测量的方法，而这种方法后来被称为图灵测试法。

1987 年
抗抑郁病药普罗采克被美国礼来公司投入医药市场。

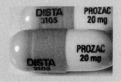

夫·加尔是当代神经科学的鼻祖，1758 年出生于德国。他认为人类头骨中存储着与大脑有关的信息，同时也存储了与个性有关的信息。

加尔发现了颅相学这一新研究领域，即对头骨形状的研究。加尔认为头骨与众不同的特征能够揭示出个人性格的特征以及智能的细节信息。

加尔对人类大脑内的 20 多个器官进行了识别和命名。他认为，这些器官分别与人类个性的 20 多种功能相对应。在加尔看来，一个人的各种能力在出生时已基本上定型，后天的教育只能发挥轻微的作用。在这种能力概念的推动下，加尔的理论把个性、大脑和头骨等联系了起来。此外，他认为头骨是大脑的物理匹配物，因此头骨是人类个性的一面镜子。

与此同时，加尔还把头骨的形状、隆起和凹入等等，与道德、性格、情绪和智力等联系起来。为了取悦神学家，他甚至认为头骨上的隆起部分与神灵和宗教情感具有联系。不久之后，一些江湖骗子对他的理论进行了利用。这些人在医药市场上四处游荡，声称可以通过观察人们的头骨来判断出他们的个性特征以及财运。与此同此，通过把注意力转移到心理学和人们的精神状况上来，颅相学促进了针对罪犯和精神病人的更加文明的治疗方法的诞生。

加尔关于大脑不同区域的思想，在数年以后关于大脑半球和四叶及其对人类行为所发挥的独特作用的研究中找到了对应物。实际上，大脑结构的现代演绎及其内在的运作机制，就来源于中世纪的心室理论。

大脑皮质对感知、沟通、记忆、理解科学和欣赏曲调的能力发挥了非常重要的作用。它看上去似乎是一个折叠很深的圆形物，位于大脑的前部和中心位置。大脑皮质的右半球支配了身体左侧的运动机能，而大脑皮质的左半球则负责身体右侧的运动。其实，古代希腊的医学家已经发现了这个事实。当时，阿尔蒂尼注意到：对尸体大脑右侧进行震动可以

大脑构造

大脑主要包括左、右大脑半球，是中枢神经系统的最高级部分。半球表面凹凸不平，布满深浅不同的沟裂。这些沟裂将大脑半球分为 5 个叶：中央沟以前、外侧裂以上的额叶，外侧裂以下的颞叶，顶枕裂后方的枕叶，外侧裂上方、中央沟与顶枕裂之间的顶叶，以及深藏在外侧裂里的岛叶。

使身体左侧的肌肉发生运动。与此同时，语言障碍会在大脑左半球受到损伤之后出现；而记忆损伤则会发生在大脑右半球受伤之后。

神经学家不仅对大脑进行研究，还对整个神经系统进行了考察。西班牙神经解剖学家圣地亚哥·拉蒙·伊·卡哈尔对大脑和神经系统的连接处、重叠处和延伸处的所有部分都进行了系统的研究。心灵手巧（可能是他早年当过制鞋师和理发师的原因）的卡哈尔特别擅长把他在解剖以及通过显微镜观测时所观测到的东西进行素描，而这一特长对于保存他的研究成果具有非常重要的意义。同时，他研制出了硝酸银滴液，并把其滴入大脑特别细小的部分以及他在显微镜下观测到的神经部分之中，从而把神经细胞和神经纤维清晰地展现出来。此外，卡哈尔还描述了他所看到的来自热带森林中的网状藤蔓植物和苔藓植物。

值得一提的是，卡哈尔对神经的发展和结构基础（即遍布神经系统的基本细胞）进行了标准的描述。他对神经冲动以"神经细胞—神经细胞"的方式进行传导的过程，以及这些神经系统发生退化和重生的过程进行了详细的描述。卡哈尔的研究成果是否能够使与神经功能和 20 世纪神经科学的重大发现有关的现代理论成为可能？在充分把握神经系统的重要性以及对在威尔啸和施旺生命细胞研究中的分支进行理解之前，人们还需要进行更多的观测。渐渐地，神经细胞的基本结构及其连接处（即神经键）也开始出现。

神经细胞在不停地接收和传送由电脉冲所发射的各种信号。这些信号在神经细胞之间传输，从而增进细胞之间的交流与沟通，促进身体状态和身体内部功能的运作。数量极少的化学物质通过被称为"轴突"的较长连接纤维在细胞之间进行流通。同时，这些化学物质穿过了位于细胞和受体细胞的狭小空间。细胞释放出化学传导素，而这些化学传导素也相应地被受体细胞吸收，从而沿着网状物传导到神经细胞的

神经元突起是神经元胞体的延伸部分，由于形态结构和功能的不同，可分为树突和轴突两种。树突是从胞体发出的一至多个突起，呈放射状，具有接受刺激并将冲动传入细胞体的功能。轴突较树突细，粗细均一，表面光滑，分支较少。轴突的主要功能是将神经冲动由胞体传至其他神经元。

长链当中。科学家通过对大脑器官的解剖学特征进行分类，了解到海螺只有 2 万个大脑细胞，而一个新出生的人类胎儿却有 10 亿个大脑细胞。正如卡哈尔曾经说过的一样："我们的研究程度与我们对自身的理解程度成正比。"

随着对神经传导系统了解的深入，人们越来越清醒地认识到神经系统存在着种类繁多的细胞。首先，有些神经细胞通过数种不同于神经传导素的方式进行沟通。其次，神经传导素不只是与一两种受体蛋白建立关系，而是与几十种以上的受体蛋白形成合作关系。这种分叉关系是非常引人注目的。同时，这一化学变化也表明，与人们所想象的情况相比，大脑细胞或许能够做出更加敏锐的反应，而这也是我们的感觉能够对颜色、声音、味道、气味和纹理结构的细微差别进行过滤的原因。

这种多功能性也为新一代精神药物的诞生铺平了道路，而这些药物能够对某些精神疾病的症状进行识别和控制。研究人员已经确认了不同的神经传递素，多巴胺受体与精神分裂存在着极大的关联。降肾上腺素是另外一种与焦虑症和抑郁症有关的神经传递素，而复合胺与抑郁症存在着关联，它对复合胺再吸收抑制剂类的抗抑郁药的药效发挥了非常重要的作用。

虽然受到了研究设备的限制，但是早期的神经解剖学家仍然成功地对神经细胞、神经纤维管道和神经灰质细胞进行了确认。研究人员甚至非常精确地绘制出了大脑皮质的细胞结构图。实际上，它就是一幅与细胞内在结构有关的图像。然而，当时的解剖学知识和仅仅凭借肉眼进行的观测根本无法与 20 世纪后期的精确工具相比，而通过 20 世纪的新设备所获得的大脑视图是我们从未想象过的。

脑电图是能够提供大脑活动图像的设备。作为对 18 世纪电流工具的改进，脑电图能够测量出经过大脑的电脉冲。20 世纪 20 年代出现的脑电图由一整套传感器组成。当连接到头部之后，传感器可以把大脑的脉冲传导到一台机器上，

脑磁图

脑磁图可以对大脑中的各种信号进行记录，即对神经细胞的微弱电荷形成的磁场活动进行记录。通过这一技术手段，科学家能够精确地找到不同活动（比如散步、做梦、说话、指认图形或者听音乐等）所涉及的大脑部位。

而这台机器就会把这些大脑脉冲信号以线条的形式在一张图像上描绘出来。正常的、不正常的或者兴奋的大脑活动不停地在图像上画出了不同的线条形状。脑磁图是一种与脑电图有关的技术，它根据大脑中的磁场变化对大脑的电脉冲信号进行记录。

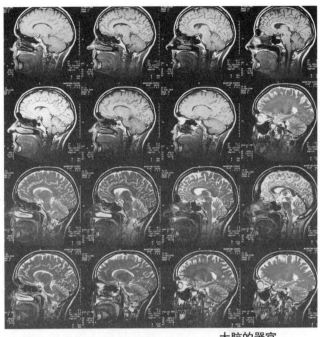

大脑的器官

通过磁共振成像形成的一组彩色图案显示了大脑结构：大脑是体积最大而且具有思维能力的部分；小脑不仅体积小而且位置低，它能够对身体平衡进行控制；位于中央位置的脑干把大脑和脊髓连接起来。

正电子发射断层扫描的广泛应用始于 21 世纪初。它通过非常精确的技术把放射性原理和粒子物理学应用于大脑及其内部器官的成像。人们把受到控制的放射性物质放置在患者身上，正电子发射断层扫描仪能够把大脑中放射性物质所释放出的辐射信号捕捉下来，从而形成大脑截面的图像。由于健康的组织对辐射物质的吸收能力比那些不健康的组织要好一些，因此屏幕上的图像能够通过鲜明的色彩把这些差别体现出来。

现在，人们通过功能性磁共振成像技术获得具有更高分别率的大脑深层活动图像。这是一种对某种原子在神经活动区域的核磁共振中所出现的差别进行扫描的技术。

2005 年，宾夕法尼亚大学医学院的研究人员展示了功能性磁共振成像所具有的强大能力。这种非侵入式的技术能够使我们看到与焦虑和抑郁有关的大脑区域的状态。通过功能性磁共振成像技术，研究人员能够观测到抑郁症患者前额皮质中的血液流量出现增加。同时，他们也观察到：即使在压抑的根源被解除之后，增加的血流依然保持不变。这说明抑郁症的影响要比人们过去所认为的更加长久。

如果我们对这些技术进行综合利用，就会形成与大脑处理信息的方式有关的图像。如今，成像技术使科学家能够对大脑头骨内的神秘思维器官进行探索。

智能还是模仿？

只要人类依然是人类，那么人类的思想就会继续做出各种决定，而大脑将继续保持其智力储藏室的地位。然而，自从电子计算机问世之后，科学家就开始尝试通过机器的运作机制对人类的计算能力和记忆能力进行合成。

最早的计算机是为实现数学计算功能而专门设计的，算盘就是一个非常经典的例子。第1台实用性的计算机被称为计算器，它是由法国数学家布莱兹·帕斯卡尔于1642年发明的。

数字齿轮通过测头进行转动。这个设备被用来计算货币总数，但是只限于简单的加法和减法。不久之后，新发明的设备能够通过重复进行加法的方式来进行乘法计算。19世纪末期，通过人工进行操作的计算机器开始在市场上出现。它们最初是通过齿轮和杠杆进行运转的，然后是通过电气设备，后来出现我们今天所知的电子模式。

计算尺是由位于其中心位置一个可以移动的部分与一把标尺共同组成的计算设备，曾经是所有工程师的必备工具。计算尺的两个部件通过显示刻度的影线标记进行区分。这两把尺子同时进行操作就可以得出乘法、除法以及更高

计算机天才

艾伦·麦席森·图灵和他的同事一起对由英国政府发起的"费兰蒂马克I号"计算机进行研究。这台计算机成为另外一台商业计算机的雏形。然而在此之前，图灵已经于1943年开始对"巨人"计算机进行研究，而这个"巨人"就是世界上第1台可以编程的电子计算机。

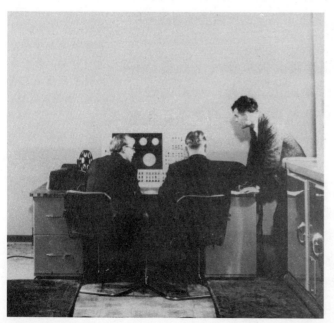

级别的数学计算的答案。

　　二进制数字系统是由数学家戈特弗里德·威廉·莱布尼茨于17世纪创建的。从理论上看，二进制数字系统把每一个数字都转化成通过"1"和"0"这两个数字进行表示的形式。这个原理使莱布尼茨发明出了最早的计算器，即踏式计数器。从长期来看，二进制系统把所有问题都简化成一个简单的逻辑，而发明家则根据这一逻辑制造出能够进行计算的机器（或者说是一台可以进行思考的机器）。

　　思维机器的概念（人工智能的思想）与一名英国数学家的想法一拍即合。在第二次世界大战期间，逻辑学家艾伦·麦席森·图灵决心对纳粹德国的密码进行破解。他最先建立了计算机理论。在那个连计算器都极为罕见的时代，图灵就对设计出具有思考能力的计算机深信不疑。

　　图灵说："我认为我们能够制造出对人类的思考行为进行模仿的机器。这一新发明可能时常出错，而且可能时常给出一些既新颖又有趣的说法，然而从总体上看，人们对这些机器所发挥的作用的关注程度与人们对人类思想的关注程度是一样的。"

　　第二次世界大战使大西洋两岸的工程师产生了对图灵曾经设想过的能

艾伦·麦席森·图灵

计算机科学之父

1912 年
6 月 23 日，出生在伦敦。

1931 年
以一名数学学者的身份进入剑桥大学国王学院。

1935 年
因其高等学位论文《概率中心极限定理》而被选为国王学院的成员。

1937 年
发表了题名为《论可计算数及其在判定问题上的应用》的论文，并因此获得了普林斯顿大学的研究员资格。

1939 年
帮助破译了德国的"艾尼格码"密码。

1940 年
构思出了可以进行编程的计算机，并将其命名为"巨人"。 3 年之后，第 1 部"巨人"计算机在他的理论基础上被成功地研制出来。

1943 年
在贝尔实验室专门研究语言加密项目。

1945 年
开始设计一种存储程序机器，即 MOSAIC。这台机器可以在电子存储器中存储数据和程序。

1948 年
在曼彻斯特大学对原型计算机（即 MADAM）进行研究。

1950 年
公开发表了《计算机和智能》一文，并在这篇论文中介绍了后来被称为图灵测试的方法。

1952 年
发表了《形态发生的化学基础》一文。

1954 年
6 月 7 日，在英国柴郡的威姆斯洛自杀身亡。

够思维的机器进行研制的冲动。在第一次世界大战期间，德国的情报官员已经开始通过机器把信息转化成二进制代码，并使这些信息在军事人员之间传递。英国军队虽然能够在中途对这些信息进行拦截，但是却无法对其中所包含的内容进行破解。于是，他们便通过发明"巨人"电子数字计算机予以回击。这台计算机接收已经打孔的纸带，这些纸带上有用"1"和"0"这两个数字标记出来的序列（它的运算速度是每分钟5000次），从而把密码转换成语言形式。

2年以后，弹道研究实验室的工程师研制出了一台ENI-AC。这台设备可以处理弹道测试中所需要的复杂计算。ENIAC重达30吨，由多台机器组成，其内部运作机制完全依赖于电子和原子微粒的运动。

ENIAC和后来研制出的所有计算机都依赖于一种被称为"布尔代数"的二进制系统，而布尔代数是由19世纪的数学家乔治·布尔发明的。布尔把所有的决策形式都简化为一套由3种心理操作组成的系统，即"和"、"或"和"不"。这些操作能够通过二进制代码中的两种数字清晰地表达出来："和"由数字"1"和"0"来表示；"或"则由"1"或者"0"来表示；而"不"则既不用"1"也不用"0"来表示。因此，布尔逻辑使更高级别的问题可以被简化为二进制的操作。

虽然这一概念看似简单，但是这一概念所需的机器却非常庞大，这就是ENIAC重达30吨的原因。这台机器的

国际象棋终极决战

国际象棋冠军盖瑞·卡斯帕罗夫与运算速度为每秒2亿次的IBM"深蓝"计算机进行对垒。开始的时候，卡斯帕罗夫把这台计算机玩得团团转，但是在后来的对垒中，卡斯帕罗夫却屡遭败绩。

内部结构包括 19 000 个真空管、1 500 个电子信号继电器以及几十万个控制电子路径的内部设备。同时，这台计算机需要 200 千瓦的电力才能够运行起来。

对这台 ENIAC 计算机的各种操作功能进行完善花费了数年的时间。1949 年，研究人员认为这台机器可以在 30 秒内精确地计算出一颗导弹的轨道，而这 30 秒钟占整个发射过程的一半。如果让一个正常人完成这一计算，则需要 20 个小时的时间。20 世纪 50 年代中期，ENIAC 计算机已经被美国政府应用于气象学、原子能、空气动力学、天体物理学和其他领域的研究。1949 年，得克萨斯州仪器公司制造出了第 1 个集成电路。它的内部结构和机制与 ENIAC 非常相似。1964 年，IBM 生产出了第 1 批办公室计算机，即被称为"主机"的"System/360"。

在许多科学家看来，计算机的操作在半个世纪以来虽然得到了极大的提高，但是它们的运作依然无法与人类智能相媲美。棋艺精湛甚至能够击败棋坛大师的计算机终究不是人类本身。计算机没有诸如感观和知觉之类的高级意识，而这种高级意识就是早期的心理学家（比如弗洛伊德和荣格）的研究对象。

1996 年，备受吹捧的 IBM"深蓝"计算机在一次国际象棋比赛当中击败了世界冠军盖瑞·卡斯帕罗夫。这台计算机的运算速度是每秒钟 2 亿次。虽然它并没有人类的知觉，但是却能以强大的计算能力来弥补这一不足。然而，人工智能领域的研究人员所面临的富有挑战性的课题依然存在。他们继续寻找各种不同的方法，以便研制出能够对人类的思维能力——包括复杂的决策能力、对图像的识别能力、意向性以及对自然语言的运用能力等——进行复制或者模拟的机器。

美国哲学家约翰·罗杰斯·希尔勒因对人类思想和潜意识进行了卓有成效的研究而闻名于世。在研究过程中，希尔勒将对人工智能的探索推进到一个理性的阶段。在希尔勒

特罗特

英国外科医生和社会学家威尔弗雷德·特罗特对"群居本能"一词进行普及，因为它适用于包括人类在内的所有社会性动物。1916年，他的社会心理学著作《和平和战争中的群体本能》出版。

看来，所有能够成功被研制出来的计算机都只是一种模仿，只是我们误以为它们拥有实际的思维能力。人类对规则的遵守是有意识的，但是看似强大的计算机却做不到。它们的"行为"似乎遵循了各种智力规则，其实只是根据一些物理学和力学的定律进行机械运作而已。在人类大脑中，信息与其他心理机能（比如思维和感知等）联系在一起的。正如希尔勒所描述的那样，在计算机中，"认知科学的计算模型所描述的信息处理机制，就是对一组输入符号做出回应的另外一组输出符号"。我们或许可以制造出一台不能思考但能学习或者不能学习但能思考的计算机，但是数学编程逻辑与人类大脑中所发生的复杂思维过程终究不是一回事。

英国外科医生和社会学家威尔弗雷德·特罗特把人类逻辑看作是"人类取得的所有成就中不可或缺的一个必要因素。正是这种逻辑能力使人类能够学习、增长知识，并把它保存下来，从而可以随心所欲地进行艺术创作、开展科学研究，进而创造人类文明"。他的评论不仅适用于计算机试图对思维过程进行复制，而且也适用于已经在人类历史中存在了很长时间的研究内容，即对诸如观察、测量和理解之类能力的探索，换句话说，就是对万物通论进行不懈探索。

ATLAS COELESTIS;
seu
HARMONIA
MACROCOSMICA